RESEARCH ON DEVELOPMENT
STRATEGY OF MEDIUM AND LOW
SPEED MAGLEV TRANSPORTATION

中低速磁浮交通发展战略研究

钱清泉 高仕斌 ◎ 著

西南交通大学出版社
·成都·

图书在版编目（CIP）数据

中低速磁浮交通发展战略研究 / 钱清泉，高仕斌著 . —成都：西南交通大学出版社，2019.1
ISBN 978-7-5643-6359-8

Ⅰ. ①中… Ⅱ. ①钱… ②高… Ⅲ. ①磁浮铁路 – 交通运输发展 – 经济发展战略 – 研究 – 中国 Ⅳ. ①F532

中国版本图书馆 CIP 数据核字（2018）第 190011 号

中低速磁浮交通发展战略研究

钱清泉　高仕斌　著

责 任 编 辑	姜锡伟
助 理 编 辑	梁志敏
封 面 设 计	曹天擎
出 版 发 行	西南交通大学出版社 （四川省成都市二环路北一段 111 号 西南交通大学创新大厦 21 楼）
发行部电话	028-87600564　028-87600533
邮 政 编 码	610031
网　　　址	http://www.xnjdcbs.com
印　　　刷	四川煤田地质制图印刷厂
成 品 尺 寸	170 mm × 230 mm
印　　　张	21
字　　　数	244 千
版　　　次	2019 年 1 月第 1 版
印　　　次	2019 年 1 月第 1 次
书　　　号	ISBN 978-7-5643-6359-8
定　　　价	128.00 元

图书如有印装质量问题　本社负责退换
版权所有　盗版必究　举报电话：028-87600562

前 言
FOREWORD

城镇化是人类文明进步和经济社会发展的重要特征之一，是农业化国家向新型工业化国家转变的必由之路。我国自十五届三中全会提出"小城镇、大战略"以来，城镇化进程显著加快。

在建设以"效率、集约、智能、绿色"为核心特征的新型城镇过程中，我国亟待解决城市交通、能源和环境等问题。作为一种高效、便捷、节能、经济、安全、环保、大运量的运输方式，轨道交通是解决城市快速发展进程中交通拥堵、人口与土地资源利用、环境压力等城市化问题的有效手段，也是提高运输效率、提升城镇品质、发展区域经济的重要举措。目前，我国的高速铁路、地铁、轻轨、有轨电车蓬勃发展，取得了显著的成效。同时，由中国工程院7名工程院院士（其中双院士1位）和10名国内磁浮专家组成的课题组对我国发展中低速磁浮交通进行了科研课题研究（2014年），得出了以下明确的结论。

一、我国城镇化战略的实施需要大力发展城市轨道交通

20多年来，我国城镇化进程取得了显著成绩，2014年年底，我国城镇化率达到了53.73%，但与世界发达国家相比还有显著差距，例如，日本城镇化率为93%，英国为82%，美国为81%，法国为

79%，德国为75%。在城镇化进程中，城市发展所带来的问题应引起高度重视，特别是城市交通、城市能源和城市环境等方面的突出问题亟待解决。

中低速磁浮交通相对轮轨交通具有运营更安全、环保性能好、工程造价低、运维成本低、耐气候性强、利于社会和谐等优势，因而研究和实施我国中低速磁浮交通的建设，具有重要的轨道交通建设战略意义。

二、在我国发展中低速磁浮交通的特点与优势

作为一种新型轨道交通，中低速磁浮交通是指最高运行速度不超过120 km/h的磁浮交通。它通过电磁力实现列车在轨道上的悬浮和导向，由直线电机牵引列车沿轨道无接触运行，主要有以下特点：振动噪声低，环保性能好，线路适应性强，选线灵活，工程建设投入低、工期短，运行安全，乘坐舒适，综合运营成本低。这些突出的特点与优势，将使中低速磁浮交通在城市轨道交通发展中发挥重要作用。

三、我国已拥有自主知识产权的中低速磁浮交通系统技术

20世纪80年代，我国开始开展磁浮交通技术的研究。90年代开始，在国家科技专项和相关企业的持续支持下，我国国内团队针对中低速磁浮交通的核心技术、关键技术、试验验证技术和标准体系，开展了自主研发。

1. 核心技术。中低速磁浮交通的核心技术是悬浮导向技术。它通过可控电磁力实现列车非接触支承与导向，使得列车运行从轮轨接触跨越到非接触运行，主要包括悬浮气隙检测技术、悬浮控制技术。

2. 关键技术。中低速磁浮交通系统组成与城市轨道交通系统类似，与之不同的关键技术包括：磁浮列车技术——悬浮架结构技术、直线电机驱动技术、总体集成技术；线路工程技术——选线技术、F轨排技术、道岔技术等。

3. 试验验证技术。2007年，国家磁浮交通工程技术研究中心与上海电气集团、西南交通大学等单位合作，在上海建成1.72 km长的工程化试验线；2008年，北京控股磁悬浮技术发展有限公司、国防科技大学、唐山轨道客车公司和铁道第三勘察设计院集团有限公司等单位合作，在唐山建成1.55 km长的工程化试验线；2012年，南车株洲电力机车有限公司、西南交通大学和中国中铁二院工程集团有限责任公司等单位合作，在株洲建成1.57 km长的工程化试验线：为中低速磁浮交通系统技术工程应用提供了试验验证平台。

4. 标准体系。我国建立了中低速磁浮交通工程的基础、通用和专用等三类标准体系，颁布了《中低速磁浮交通车辆通用技术条件》（CJ/T 375）、《中低速磁浮交通轨排通用技术条件》（CJ/T 413）等国家、行业标准5项；《中低速磁浮交通设计规范》等相关行业标准亦将陆续颁布。结合北京S1线和长沙机场线工程，我国制定了相应的设计、施工、制造、验收、维护等系列规范。

5. 知识产权。至2014年，我国拥有授权专利200项，其中发明专利140项，实用新型专利达137项，软件著作权100余项。

四、我国已形成中低速磁浮交通的完整产业链

1. 市场前景。截至2014年12月，我国已在22个城市建有101条城市轨道交通，运营总里程3155 km，居世界第一。在过去的5年中，城市轨道交通的建设投资为年均2500亿元人民币左右。我国人口超过100万的城市有133个，人口在50万至100万之间的中等城市有103个，城市轨道交通的发展潜力巨大。快速城镇化带来的区域发展不平衡问题决定了我国在新型城镇化的过程中，交通建设发展模式的变化。中低速磁浮交通系统能够扬长避短，充分发挥非接触运行、坡道与弯道能力、噪声振动低的优势，可以用中低速磁浮轨道交通实现若干种制式的轨道交通综合应用才能达到的效果。因此，作为一种战略新兴产业，中低速磁浮交通将具有十分广阔的产业前景。

2．产业基础。我国在传统轮轨轨道交通领域所取得的巨大成就，特别是高速、重载铁路的发展，所形成的技术平台、制造平台和人才队伍，可以支撑中低速磁浮交通新兴产业的发展。

中低速磁浮交通的列车、线路、供电系统和运控系统的大部分部件、组件与传统轮轨交通相类似，在产业化方面完全可以利用轮轨交通的制造企业，特别是高速列车、大功率机车制造企业的制造平台和生产装备。我国已经形成了以国防科技大学、西南交通大学、同济大学为技术支撑，以南车株洲电力机车有限公司、北车唐山轨道客车公司、上海建工集团股份有限公司、莱芜钢铁集团有限公司、南车株洲电力机车研究所等为代表的磁浮车辆、线路轨道、牵引与供电、通信信号装备制造的完整产业链。

3．产业辐射。中低速磁浮交通的技术与产业发展，除推动中低速磁浮交通的产业化、规模化与国际化外，还会带动电磁推进、磁浮轴承、真空管道、高速电梯的技术创新与产业发展。

五、我国已确定中低速磁浮交通发展的指导思想、基本原则与发展目标

1．指导思想。我国中低速磁浮交通发展的指导思想是：立足市

场需求，发挥政府政策和资源配置的引导作用，通过用、产、学、研一体化的创新组织和需求驱动与用户主导的商业模式，促进我国中低速磁浮交通的规模应用和可持续发展。

2．基本原则。中低速磁浮交通遵循低成本、低排放、易发展、可复制和可持续等原则。

3．发展目标。我国中低速磁浮交通的发展目标拟分三个阶段进行：

第一阶段：近期目标（2020年）——加快示范，实现产业化。建好长沙机场线和北京S1线，推动深圳8号线的建设，积极推进中低速磁浮交通的应用，形成产业规模的发展能力和自主品牌，建成5条以上商业运营线路。

第二阶段：中期目标（2025年）——全面推广，实现规模化。规划和建设基于中低速磁浮交通的城际客运线、城市轨道交通线、旅游风景区交通线和市郊线，形成规模效益。

第三阶段：远期目标（2030年）——持续发展，实现国际化。进一步推动中低速磁浮交通成为未来城市轨道交通的重要方式之一，同时在国外市场推广应用，走向世界。

六、发展中低速磁浮交通的政策建议

1．明确中低速磁浮交通为国家战略新兴产业。给予中低速磁浮交通系统关键技术和设备的工程化应用与产业发展的政策扶持。

2．扩大推广应用规模。在长沙机场线和北京S1线建设的同时，推进在城市繁华区、旅游风景区和城际客运线的示范线规划和建设。

3．采用多元融资模式发展中低速磁浮交通。鼓励采用市场化手段发展中低速磁浮交通，引进社会多元投资，实现可持续发展的商业模式。

　　磁浮交通技术是世界上先进的交通技术，中低速磁浮交通是世界上少数国家在研究和实施的交通方式。本书从中国的国情和磁浮交通技术研究的情况出发，全面探讨了在中国实施中低速磁浮交通的价值和前景，内容包括：中低速磁浮交通和国家交通、能源、环境与城镇化发展协同研究；中低速磁浮交通技术发展战略研究；中低速磁浮交通新兴产业发展战略研究；中低速磁浮交通产业化发展和商业模式研究。

　　本书由中国工程院院士钱清泉和西南交通大学高仕斌教授著写，同时感谢西南交通大学张昆仑教授、张卫华教授、罗世辉教授，同济大学林国斌教授，深圳大学曹广忠教授，中铁第六勘察设计院集团有限公司张佩竹高工对本书出版所做的贡献。由于本书以中低速磁浮交通课题组2014年结题研究成果为基础，而目前高速磁悬浮交通的研究课题已经开始，为了反映历史研究原貌，本书的资料及历史事实以当时为准，也为后续研究成果写作留出了时间段和空间段。鉴于本书因各种原因推迟了出版时间，可能书中的即将进行时工作已经成为过去式，因而某些需要说明的地方加了备注，但遵从当时的阐述；同时，书中的不足之处，希望读者见谅。

作者
2018年3月

目 录
CONTENTS

1 中低速磁浮交通概况

1.1 中低速磁浮交通的产生背景 ·················· 003
- 1.1.1 交通问题 ·················· 004
- 1.1.2 能源问题 ·················· 008
- 1.1.3 环境问题 ·················· 009
- 1.1.4 结构问题 ·················· 011

1.2 中低速磁浮交通的比较优势 ·················· 014
- 1.2.1 中低速磁浮交通的特点 ·················· 014
    1. 振动噪声低，环保性能好 ·················· 014
    2. 线路适应性强，选线灵活 ·················· 016
    3. 工程建设投入低，工期短 ·················· 016
    4. 运行安全，乘坐舒适 ·················· 017
    5. 综合运营成本低 ·················· 017
    6. 转弯半径小 ·················· 017
    7. 爬坡能力强 ·················· 019
    8. 环境污染小 ·················· 020
    9. 电磁辐射小 ·················· 020

1.2.2 中低速磁浮交通与其他轨道交通的综合比较 …………………… 024
 1. 磁浮与市域铁路的比较 …………………………………… 026
 2. 磁浮与地铁制式的比较 …………………………………… 027
 3. 磁浮与轻轨制式的比较 …………………………………… 027
 4. 磁浮与有轨电车的比较 …………………………………… 027

1.3 国内外中低速磁浮交通的发展概况 ……………………………… 029

1.3.1 国外中低速磁浮的发展概况 ………………………………… 029
 1. 日本 ………………………………………………………… 029
 2. 韩国 ………………………………………………………… 030
 3. 德国 ………………………………………………………… 031
 4. 美国 ………………………………………………………… 033

1.3.2 国外中低速磁浮交通实例 …………………………………… 036
 1. 日本HSST磁浮列车系统 ………………………………… 036
 2. 韩国UTM磁浮列车系统 ………………………………… 045

1.3.3 我国中低速磁浮的发展概况 ………………………………… 046
 1. 我国中低速磁浮交通发展历程 …………………………… 046
 2. 我国中低速磁浮交通体系 ………………………………… 050

1.3.4 我国中低速磁浮交通试验线 ………………………………… 053
 1. 上海中低速磁浮列车试验线 ……………………………… 053
 2. 唐山中低速磁浮列车试验线 ……………………………… 060
 3. 株洲中低速磁浮列车试验线 ……………………………… 066

1.3.5 我国中低速磁浮交通发展实例 ……………………………… 073
 1. 北京S1磁浮工程线 ……………………………………… 073
 2. 长沙机场磁浮工程线 ……………………………………… 077
 3. 深圳地铁8号磁浮工程线 ………………………………… 081

1.4　发展中低速磁浮交通的意义 ……………………………………083
　1.4.1　中低速磁浮交通有利于节能 ……………………………083
　1.4.2　发展中低速磁浮交通有利于促进新城镇化的健康发展 …084
　1.4.3　中低速磁浮交通为解决大城市公共交通提供了途径 ……085
　1.4.4　中低速磁浮交通提升方便乘客出行的网络化接驳水平……085
　1.4.5　中低速磁浮交通支撑新城镇化发展水平 ………………086

❷ 中低速磁浮交通的发展协同性研究

2.1　中低速磁浮交通发展协同的需求分析 ………………………088
　2.1.1　中低速磁浮交通发展协同的政策分析 …………………088
　　　1. 机会 …………………………………………………088
　　　2. 挑战 …………………………………………………089
　2.1.2　中低速磁浮交通协同发展的经济分析 …………………090
　　　1. 机会 …………………………………………………090
　　　2. 挑战 …………………………………………………092
　2.1.3　中低速磁浮交通协同发展的社会分析 …………………095
　　　1. 机会 …………………………………………………095
　　　2. 挑战 …………………………………………………097
　2.1.4　中低速磁浮交通协同发展的技术分析 …………………098
　2.1.5　协同的机会与挑战 ………………………………………098
　　　1. 信息化技术成就磁浮交通 …………………………098
　　　2. 中低速磁浮交通高安全可靠性 ……………………099

2.2　中低速磁浮交通与国家交通发展的协同关系 ………………103
　2.2.1　国家交通的现状及发展趋势 ………………………………103

2.2.2　国家交通与社会、经济发展的关系 …………………… 104
　　2.2.3　中低速磁浮交通和国家交通发展的协同关系内涵 …… 105

2.3　中低速磁浮交通与国家能源发展的协同关系 …………… 106
2.3.1　国家能源的现状及发展趋势 ………………………………… 106
2.3.2　国家能源与社会、经济发展的关系 ………………………… 110
　　1. 经济社会发展推动能源需求增长 ……………………………… 110
　　2. 能源在社会发展、经济增长中的作用 ……………………… 111
2.3.3　中低速磁浮交通和国家能源协同关系的内涵 …………… 112
　　1. 中低速磁浮交通技术创新发展和国家能源发展协同 …… 112
　　2. 中低速磁浮交通产业发展和国家能源战略相互促进、共同发展 …………………………………………………………… 113

2.4　中低速磁浮交通与国家环境发展的协同关系 …………… 114
2.4.1　国家环境的现状及发展趋势 ………………………………… 114
2.4.2　国家环境与社会、经济发展的关系 ………………………… 116
　　1. 环境污染已是中国社会发展和经济发展面临的重大问题　117
　　2. 保护环境、环境的改善有助于社会的发展、经济的增长　118
　　3. 实现环境、社会和经济的和谐发展 ………………………… 119
2.4.3　中低速磁浮交通与国家环境协同关系的内涵 …………… 120
　　1. 中低速磁浮交通的运营将对我国的环境具有推动作用 … 120
　　2. 保护城市环境是发展中低速磁浮交通的前提 ……………… 122
　　3. 减少污水的排放，有利于城市生态环境 …………………… 122

2.5　中低速磁浮交通与国家城镇化发展的协同关系 ………… 123
2.5.1　国家城镇化的现状及发展趋势 ……………………………… 123

2.5.2 国家城镇化与社会、经济发展的关系 ……………………… 124

2.5.3 中低速磁浮交通与国家城镇化协同关系的内涵 ……………… 124

2.6 发展协同的战略制定及选择 …………………………………… 129

2.6.1 指导思想 …………………………………………………… 129

2.6.2 基本原则 …………………………………………………… 129

  1. 低成本原则 ……………………………………………… 130

  2. 低排放原则 ……………………………………………… 130

  3. 易发展原则 ……………………………………………… 130

  4. 可复制原则 ……………………………………………… 131

  5. 可持续原则 ……………………………………………… 131

2.6.3 战略目标 …………………………………………………… 131

2.6.4 战略制定 …………………………………………………… 132

2.6.5 战略选择 …………………………………………………… 134

2.6.6 发展协同的战略实施 ………………………………………… 134

  1. 将中低速磁浮交通作为国家战略新兴产业 ……………… 135

  2. 扩大示范线建设规模 …………………………………… 136

  3. 采用BOT（建设—经营—转让）模式发展中低速磁浮交通 ………………………………………………………… 136

  4. 加强宣传，形成共识 …………………………………… 136

  5. 加大基础研究，建设创新平台 ………………………… 137

3 中低速磁浮交通技术可行性研究

3.1 磁浮技术与磁浮交通概述 ……………………………………… 139

3.1.1 磁浮技术概述 ……………………………………………… 139

1. 吸力悬浮 …… 139
2. 斥力悬浮 …… 142
3. 钉扎悬浮 …… 146

3.1.2 磁浮交通分类 …… 147
1. 按运行速度分类 …… 147
2. 按悬浮原理分类 …… 148
3. 按驱动方式分类 …… 149

3.2 中低速磁浮交通系统技术特征 …… 151

3.2.1 中低速磁浮列车车辆系统 …… 151
1. 车辆概述 …… 151
2. 线路结构 …… 178
3. 供电系统 …… 183
4. 运行控制 …… 185
5. 安全运行 …… 189

3.2.2 中低速磁浮交通系统关键技术 …… 195
1. 悬浮电磁铁结构 …… 195
2. 悬浮气隙检测 …… 196
3. 悬浮控制策略 …… 198
4. 直线异步电机设计 …… 200
5. 牵引控制策略 …… 201
6. 液压制动系统 …… 202
7. 悬浮轨制造与安装 …… 206
8. 正负轨供电网 …… 208
9. 车载设备轻量化 …… 209

3.2.3 现有中低速磁浮交通系统技术的优化 …… 211

　　　　　1. 降低车载设备噪声 ·· 211
　　　　　2. 提高车辆承载能力 ·· 215
　　　　　3. 提高直线电机效率 ·· 222
　　　　　4. 提高车辆悬浮功能冗余度 ·· 239
　　　3.2.4 现有高速磁浮交通系统低速应用可行性 ························· 233
　　　　　1. 现有高速磁浮交通系统概述 ······································ 233
　　　　　2. 高速磁浮交通系统技术特征 ······································ 233
　　　　　3. 高速磁浮低速应用可能性 ··· 236
　　　　　4. 高速磁浮列车低速运行的附加条件 ····························· 239
　　　3.2.5 中低速磁浮技术的独有特点与不足 ······························ 240
　　　　　1. 中低速磁浮交通的独有特点 ······································ 240
　　　　　2. 中低速磁浮交通的不足 ··· 242
　　　　　3. 我国突破中低速磁浮关键技术的对策 ·························· 243
　　　　　4. 我国中低速磁浮交通的相关标准 ································ 244

3.3 新型中低速磁浮列车系统技术方案的发展研究 ·············· 248
　　　3.3.1 直线同步电机驱动的被动导向磁浮列车方案 ················· 248
　　　3.3.2 准连续直线异步电机驱动的磁浮列车方案 ···················· 249
　　　3.3.3 永磁混合悬浮集中绕组同步驱动磁浮列车方案 ·············· 251
　　　3.3.4 永磁混合悬浮异步直线电机驱动磁浮列车方案 ·············· 253
　　　3.3.5 中低速永磁电动悬浮与同步驱动磁浮列车方案 ·············· 255
　　　3.3.6 小结 ·· 256

4 低速磁浮交通产业发展战略研究

4.1 中低速磁浮交通的战略意义和市场需求 ························ 261

4.1.1 中低速磁浮交通是技术创新的载体 ………………………………… 261
4.1.2 中低速磁浮交通适应我国新型城镇化需求 …………………………… 262
4.1.3 发展中低速磁浮交通产业有利于产业升级 …………………………… 263
4.1.4 我国城市轨道交通发展现状与未来需求 ……………………………… 264
4.1.5 六大制式城市轨道交通系统的特点 …………………………………… 266
4.1.6 我国磁浮交通产业的战略地位 ………………………………………… 269
4.1.7 中低速磁浮轨道交通的特点与市场定位问题 ………………………… 272
4.1.8 发展中低速磁浮交通产业的战略意义 ………………………………… 274

4.2 中低速磁浮交通的产业概况及产业基础 ……………………………………… 275
4.2.1 国际轨道交通装备制造业的基本情况 ………………………………… 275
4.2.2 我国轨道交通领域制造业发展现状 …………………………………… 276
　　　1. 高铁领域的产业基础 ……………………………………………… 277
　　　2. 城市轨道交通领域的产业基础 …………………………………… 279
　　　3. 轨道交通产业规模 ………………………………………………… 283
　　　4. 轨道交通制造业创新能力 ………………………………………… 283
4.2.3 我国轨道交通装备制造业的优势与制约因素 ………………………… 284
4.2.4 中低速磁浮交通的产业基础 …………………………………………… 286
　　　1. 车辆 ………………………………………………………………… 286
　　　2. 线路 ………………………………………………………………… 287

4.3 中低速磁浮交通技术和产业的前景和规模 …………………………………… 290

4.4 中低速磁浮交通的战略规划 …………………………………………………… 292
4.4.1 产业发展战略目标 ……………………………………………………… 292
4.4.2 既有资源、技术的整合和集成 ………………………………………… 293
4.4.3 商业模式创新带动产业起步 …………………………………………… 294

4.4.4　产业可持续发展的途径 ………………………………… 295
4.4.5　国家政策扶持 ……………………………………………… 296
4.4.6　明确重点任务形成发展路线图 ………………………… 298

4.5　中低速磁浮交通产业链 ……………………………………… 300

4.5.1　传统轨道交通产业链 …………………………………… 300
　　　1. 高速铁路产业链 ………………………………………… 300
　　　2. 城市轨道交通产业链 …………………………………… 301
4.5.2　中低速磁浮交通产业链 ………………………………… 302
　　　1. 日本中低速磁浮商业示范线路产业价值链 …………… 302
　　　2. 韩国仁川机场中低速磁浮联络线投资 ………………… 303
　　　3. 有利于系统推广的成本估算 …………………………… 303
4.5.3　低速磁浮交通产业的投资规模 ………………………… 304
4.5.4　中低速磁浮交通产业链条各部分的价值 ……………… 304
　　　1. 工程建设 ………………………………………………… 304
　　　2. 列车制造 ………………………………………………… 305
　　　3. 供电系统 ………………………………………………… 305
　　　4. 运控系统 ………………………………………………… 306
　　　5. 车站系统 ………………………………………………… 306
　　　6. 中低速磁浮交通系统在我国的综合成本估算 ………… 306

4.6　中低速磁浮交通人才队伍建设 ……………………………… 307

4.6.1　企业人才队伍的建设与局限 …………………………… 307
4.6.2　院校人才队伍的建设与局限 …………………………… 308
4.6.3　以国家磁浮产业联盟聚集人才队伍 …………………… 309
4.6.4　以重点任务为契机多领域培养人才 …………………… 309

4.7 中低速磁浮交通发展任务 ……………………………………… 310
  4.7.1 近期任务 ………………………………………………… 310
  4.7.2 中期任务 ………………………………………………… 310
  4.7.3 长远任务 ………………………………………………… 310

参考文献 ……………………………………………………… 312

课题组成员名单 …………………………………………… 318

1
中低速磁悬浮交通概况

中低速磁浮交通是指：最高运行速度不超过120 km/h，通过电磁力实现车辆的悬浮和导向，由直线电机牵引列车沿轨道无接触运行的新型轨道交通系统。

中低速磁浮列车的悬浮、导向与驱动原理如图1-1所示。悬浮控制器根据传感器检测的悬浮间隙大小控制悬浮电磁铁电流，进而控制电磁力，再控制电磁铁的运动，最终使悬浮间隙稳定在一定范围内而实现稳定悬浮；当悬浮电磁铁与悬浮轨有横向错位时，悬浮轨将对电磁铁产生一个横向恢复电磁力，使悬浮电磁铁回到与悬浮轨的对中位置，从而实现磁浮车的导向；安装在悬浮模块上的直线异步电机定子绕组产生的移动磁场与安装在悬浮轨上的直线电机反应板相互作用对模块产生向前的推力，从而实现磁浮列车的牵引驱动。

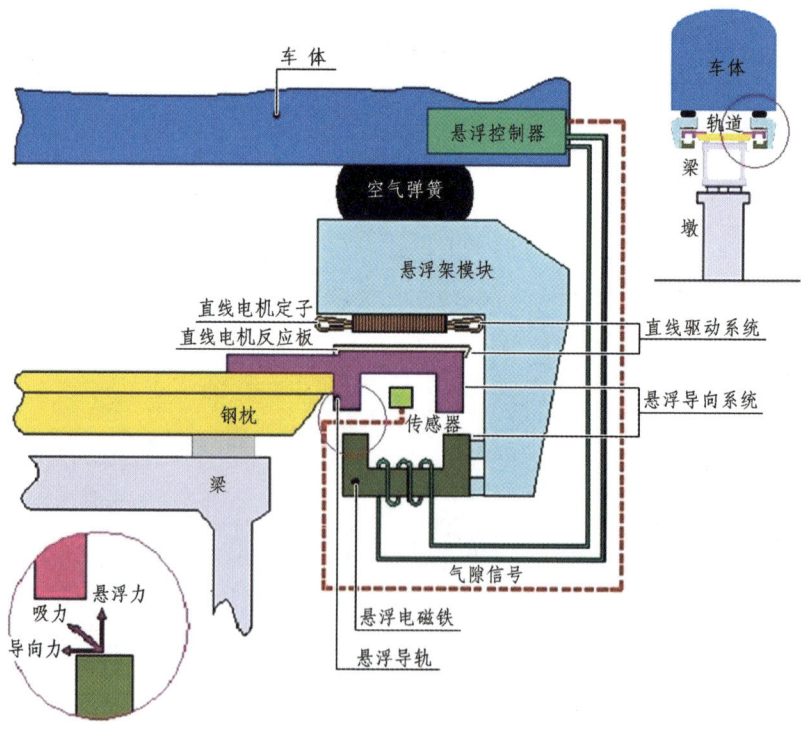

图1-1　中低速磁浮交通列车悬浮、导向与驱动示意

1.1 中低速磁浮交通的产生背景

城镇化是人类文明进步和社会经济发展的重要特征之一,是农业化国家向新型工业化国家转变的必由之路。

我国自十五届三中全会第一次提出"小城镇、大战略"以来,一系列党的决议、中央政府的规划,一直把推进城镇化进程作为21世纪重要的发展战略,城镇化进程取得了巨大成就。

首先,城镇化水平大幅度提高。如图1-2数据显示,1978年我国的城镇化率是17.9%,2012年达到52.6%,2014年年底达到了53.73%。编者注:据国家统计局最新发布数据,2017年年末,我国城镇化率已达58.52%。)这意味着,在过去35年中,我国的城镇化率平均每年都要增加1个百分点以上[1]。但与世界发达国家相比还有显著差距,例如:日本城镇化率为93%,英国为82%,美国为81%,法国为79%,德国为75%,如图1-3所示。

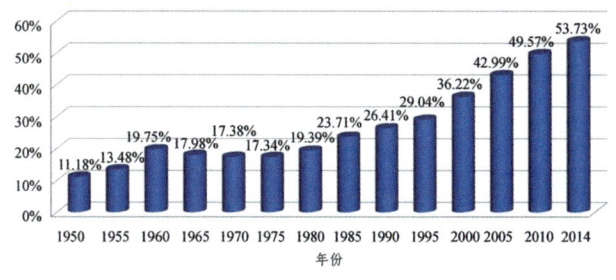

图1-2 中国城镇化率

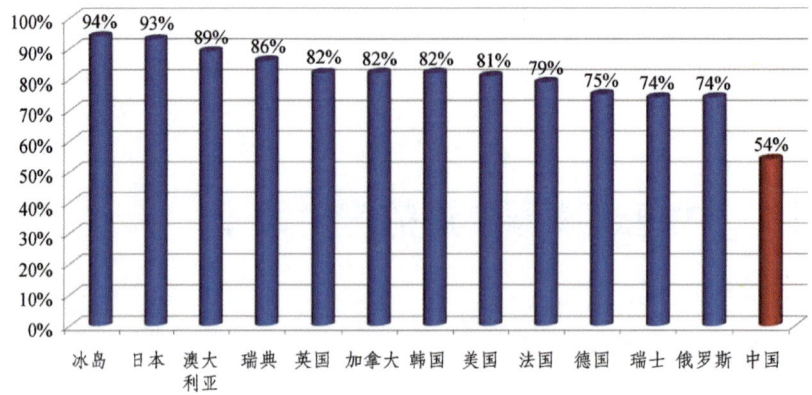

图 1-3 世界部分国家城镇化率

其次,城市数量不断增加、规模不断扩大。到2011年年底,全国共有657个设市城市,建制镇增加至19 683个。全国有30个城市的常住人口超过800万人,其中13个城市超过1000万人[2]。

再次,城市社会事业和公共服务水平持续提高,教育、卫生、基本社会保障等公共事业持续发展,覆盖范围不断扩大。

最后,户籍制度改革取得实质性进展。2013年,《国务院关于城镇化建设工作情况的报告》称,我国将全面放开小城镇和小城市落户限制,有序放开中等城市落户限制,逐步放宽大城市落户条件,合理设定特大城市落户条件,逐步把符合条件的农业转移人口转为城镇居民[3]。

但是,在肯定城镇化进程中取得成绩的同时,也应该清醒地认识到城市发展所带来的问题,特别是城市交通、城市能源、城市环境、城市结构方面的突出问题。

1.1.1 交通问题

(1)交通拥堵。交通拥堵在发展中国家是相对普遍的现象。交通拥堵已成为城市居民感触最深、影响最大、积怨最多的城镇化问题。它严重破坏了使用机动车的初衷——提高人与货物的空间位置移动的便捷性和可达性,降低了城市效率和质量。在2010年左右,全球汽车保有量约为10亿辆,中国占据其中的10%,已经超过日本成为仅次于美国的世界第二大汽车保有国。根据中华人民共和国工业和信息化部(以下简称:工信部)预计,到2020年中国汽车保有量将超过2亿辆[4]。(编者注:据公安部交通管理局2018年1月15日公布的数据,截至2017年年底,我国机动车保有量已达3.1亿辆。)交通拥堵是城市机动车辆急剧增加与城市道路总面积、道路布局、公共交通设施建设缓慢、交通管理落后等因素综合作用的必然结果。在中国657个城市中,约有2/3的城市早晚出行高峰时段遭受着交通拥堵问题的困扰[5]。早在2010年召开的"和谐城市与支撑系统"论坛上,中国科学院(以下简称:中科院)可持续发展战略研究组首席组长、首席科学家牛文元即根据其最新研究成果表示:中国百万人口以上的50座主要城市的居民平均单行上班时间要花39分钟,且因为交通拥堵及管理问题,中国15个城市每天损失近10亿人民币[5]。几个特大城市采取了买车摇号、拍牌、上路限号等治标不治本的行政措施,这些均是权宜之计,那么解决我国城市交通拥堵问题路在何方[6]?

(2)交通事故频发。交通事故频发也是城市交通主要问题之一。由于城市车多路少,新司机比例大,交通管理和交通设施跟不上发展需要,交通事故居高不下(见表1-1)。据中国统计年鉴的数据,2005年全国共发生交通事故45万多起,造成9.87万人死亡,直接经济损失达18.84亿元,而城市交通事故占了很大比例。例如,京津沪三大直辖市人口占全国3.3%,2005年发生交通事故20 008起,死亡人数达3878人,直接经济损失为13 332万元,分别占全国总数的

4.4%、3.9%和7.1%[7]。2013年全国交通涉及人员伤亡的交通事故20多万起，死亡人数约6万人。

表1-1　中国历年交通事故及相关数据统计表（2001-2014）

时间	交通事故发生数总计/起	交通事故死亡人数总计/人	交通事故受伤人数总计/人	交通事故直接财产损失总计/万元
1995年	271 843	71 494	159 308	152 267
1996年	287 685	73 655	174 447	171 769
1997年	304 217	73 861	190 128	184 616
1998年	346 129	78 067	222 721	192 951
1999年	412 860	83 529	286 080	212 402
2000年	616 971	93 853	418 721	263 290
2001年	754 919	105 930	546 485	308 787
2002年	773 137	109 381	562 074	332 438
2003年	667 507	104 372	494 174	336 915
2004年	517 889	107 077	480 864	239 141
2005年	450 254	98 738	469 911	188 401
2006年	378 781	89 455	431 139	148 956
2007年	327 209	81 649	380 442	119 878
2008年	265 204	73 484	304 919	100 972
2009年	238 351	67 759	275 125	91 437
2010年	219 521	65 225	254 075	92 634
2011年	210 812	62 387	237 421	107 873
2012年	204 196	59 997	224 327	117 490
2013年	204 196	58 539	213 724	103 897
2014年	196 812	58 523	211 882	107 543

（3）交通能耗高。城市交通是一种资源占有型、能源消耗型行业，具体消耗的能源包括汽油、柴油、电力、天然气等。随着我国城镇化规模的扩大、城市人口和车辆的快速增加，由于以可再生能源为动力的交通工具不可能在短时间内得到普及，我国城市交通能耗逐年增加。城市交通运输能源消耗总量占城市总能源消耗量的比例超过30%[8]。2009年，国家统计局数据显示，交通运输行业汽油、煤油、柴油及燃料油的消耗量分别占各类油耗总量的46.68%、91.3%、57.37%及44.23%[3]。另外，国务院发展研究中心的预测显示，如果不采取积极有效的解决方案，我国交通运输行业的石油能源消耗量在2020年将达到2.56亿吨，增长速率和幅度远远超过其他相关行业，占到总的石油消耗量的57%[9]。这些问题将对我国能源安全保障、新一轮城镇化进程以及国民经济发展产生严重不利影响，交通用石化能源的结构急需调整。

（4）交通污染严重。随着城市机动车辆保有量和拥堵的加剧，交通排放的污染已经成为城市环境污染越来越突出的问题，特别是交通引起的噪声污染及尾气排放污染。在噪声污染方面，尽管城市道路噪声均值普遍能够达到国家标准，但是大部分城市主干道路噪声超标率依然很高。随着我国城市发展，噪声污染已被公认为是城市环境污染中仅次于大气污染和水污染的第三大公害。现代城市噪声污染主要源于交通运输、工业生产和公共活动，而交通运输，特别是交通线的噪声扰民是主要因素。有关资料表明，城市环境噪声中有70%左右来源于交通污染。在尾气排放污染方面，情况同样不容乐观。环境保护部在《2012年中国机动车污染防治年报》中称，我国已经连续三年成为世界机动车产销第一大国，机动车污染已成为我国空气污染的重要来源，是造成灰霾、光化学烟雾污染的重要原因。机动车主要的污染排放物包括氮氧化物（NO$_x$）、颗粒物（PM）、碳氢化合物（HC）、一氧化碳（CO）。据相关检测显示，2011年全国机动车排放污染物4607.9万吨，比2010年增加3.5%，其中氮氧化物（NO$_x$）637.5万吨，颗粒物（PM）62.1万吨，碳氢化合物（HC）441.2万吨，一氧化碳（CO）3467.1万吨，汽车排放的氮氧化物（NO$_x$）和颗粒物（PM）超过90%，碳氢化合物（HC）和一氧化碳（CO）超过70%。总之，近30年来尾气排放总量增加了14倍[10]。（编者注：虽然近年国家大力加大环境保护工作，也加强对机动车排放的多源管控，有效遏制了机动车排放污染物的势头，据2017年环境保护部公布的《中国机动车环境管理年报》数据，全国机动车排放污染物比2015年削减1.3%，但2016年仍有4472.5万吨。）"汽车是污染物总量的主要贡献者。"环境保护部新闻发言人陶德田如是说，可见机动车污染防治的紧迫性日益凸显。

1.1.2 能源问题

2012年中国的城镇化率达到了52.6%，城镇人口达到7.1亿。（编者注：2017年年末，我国城镇常住人口已达8.1亿，城镇化率达58.52%。）据预测，到2030年，中国城镇化率将达到65%，这意味着每年将有1000多万人进入城市。快速城镇化必然会带来更多资源的消耗[11]。美国自然资源保护委员会能源、环境与气候变化高级顾问杨富强曾撰文称，未来一个时期，中国的城镇化进程将加快发展，2020年中国的城镇化率将为55%～60%。而我国城镇人口年均消耗能源约为农村人口的3.5倍。依此规律，21世纪头20年城镇化水平即使每年提高一个百分点，每年也将增加至少1300万城镇人口，需要大量的新增能源[12]。

新型城镇化将给这个人均自然资源短缺的国家提出更大挑战。仅仅电力需求一项，到2040年将增长400%[12]。另据水利部统计，全国669座城市中有400座供水不足，110座严重缺水；在32个百万人口以上的特大城市中有30个长期受缺水困扰；在46个重点城市中，45.6%水质较差，14个沿海开放城市中有9个严重缺水[13]。城镇化率每提高一个百分点，能源消费将增加8000万吨标准煤。2020年城镇化率达到60%时，将拉动全国8亿吨标准煤能源消费。这个数字相当于法国、意大利和西班牙三个国家能源消费之和，接近南美洲能源消费总量[14]。新型城镇化应对能源匮乏的解决之道，主要是开源节流。一方面需要对能源进行储备，积极开发新能源；另一方面也要使利用现有资源的方式更加可持续，即加强对传统能源的高效利用和节约控制（节能）。

1.1.3　环境问题

快速城镇化进程中人口高速向城镇大规模聚集，毋庸置疑将增加"三废"排放，降低环境自我恢复能力，增加城镇的环境压力。国务院发展研究中心社会发展研究部研究员周宏春在接受中国经济时报采访时表示，城市环境突出的问题主要表现为水污染、空气污染和垃圾围城[15]。

（1）水污染。快速城镇化加剧水污染。2000—2010年，城镇新增人口22 809万人，年均增长3.87%，新增人口生活污水累计排放量增加695.55亿吨，占污水新增排放量的97.54%；2001—2010年，城镇生活污水处理率平均值仅42.2%，未经处理的1800多亿吨生活污水和240多亿吨工业污水排放严重污染了城市的水环境；期间全国水污染突发事件年平均579次，超过所有环境污染突发事件年平均量（1107次）的一半[16]。环保部数据显示，全国90%城市的地下水不同程度地遭受到有机和无机有毒有害污染物的污染。2010年，国土资源部和水利部联合对全国182个城市开展地下水水质监测工作，结果显示在4110个水质监测点中，较差和极差级的监测点占57.2%[16]。

（2）大气污染。快速城镇化加剧大气污染。随着城镇人口迅速膨胀，非农产业迅速发展，城镇中工业与生活废气（包括SO_2、烟尘、粉尘等）排放量明显增加，导致大气污染加重。其中，工业废气的排放是大气污染的主要原因，我国工业废气排放量占废气排放总量的85%以上[16]，同时，随城市汽车保有量迅速增加，汽车尾气排放成为城市大气污染的重要污染源[15]。

（3）固体废弃物污染。快速城镇化加剧固体废弃物（固废）污染。2000—2010年，我国工业固废产生量年均增长11.54%，而且呈加速增长趋势，2010年工业固废产生量为24.1亿吨，环比增长高达18.14%，是2000年的近3倍。城镇生活垃圾产生量也迅速增加，2001—2011年城市垃圾产生量年平均增长近10%。这些垃圾80%以上采取填埋处理（2010年全国城镇生活垃圾累计埋存量已超过70亿吨），焚烧处理比重尚未超过20%，无害化处理率一直很低（2008年全国城镇生活垃圾无害化处理率约为54%，其中城市为66%，县城及建制镇为16%）。中国60%以上的大中城市陷入垃圾包围之中，县城垃圾的处理问题也日益突出[16]。（编者注：据2017年全国大、中城市固体废物污染环境防治年报数据，2017年全国214个大、中城市固体废物产生量为14.8亿吨，工业危险废品产生量为3344.6万吨，医疗废弃物72.13吨，生活垃圾18 850.5亿吨。其中，工业危废与固体危废综合利用仅为45%~48%，形势依然严峻。）

1.1.4 结构问题

城市结构是指城市各组成要素相互关系、相互作用的形式和方式。城市的发展，并不光是建筑物的增加，以及居民的聚集；而是城市内部产生各具功能的区域，如商业区、住宅区、工业区；同时各个功能区之间，存在着有机性的联系，构成城市的整体。我国城镇化面临体系、地区及结构三大结构性调整。

（1）城市体系结构问题。我国城镇化面临世界各国普遍存在的问题，即大城市病。一个城市的发展是受资源和环境制约的，过快的城市发展不仅带来交通道路拥堵、生态环境恶化、水资源短缺，也会导致房价高涨、居住成本上升、生活压力加大，甚至产生精神压抑，最后成为不适于人类居住的糟糕城市。资料表明，我国600多个城市中，400多个城市存在供水不足问题，即使采用南水北调等方法，也不能根本解决北京等大城市人口的无限制增长[17]带来的种种问题。

（2）城市地区结构问题。过去10年，我国人口的地区分布严重失衡，主要表现在"孔雀东南飞"，大量人口向东部沿海地区转移，而中西部地区人口增长缓慢，甚至出现负增长。这种失衡，一方面造成人口流动异常和社会管理成本增加，如中国式春运，成为世上罕见的人口大迁徙，完全打乱社会正常的生产生活秩序，造成公共设施运转和社会管理压力剧增；另一方面造成不均衡的资源开发利用。据浙江省人民政府咨询委员会研究，2010年浙江相对能源、土地、水等自然资源承载力为2413万人，实际常住人口为5443万人，已超载3030万人（编者注：据浙江省统计局发布数据，2017年年末浙江全省常住人口已达5657万人），超载56%[17]。

（3）城市空间结构问题。中国城镇化面临空间规划布局不尽合理问题。我国城镇化忽视人口就业和人口居住的有机衔接，大城市周边动辄集聚几万人甚至几十万人的大型社区或居民点。这些人口高度集中的区域，由于远离工作单位，又缺乏成熟的配套设施（如道路、交通、购物、娱乐、休闲、教育、医疗等），人口虽大量入住，但仅限于晚上回家休息，白天则开车或者乘车向市中心迁徙，形成一座座"睡城"（也称"卧城"）。每天钟摆式的上下班和路途拥堵，已经成为大城市的常态，严重影响了城市效率和居民生产生活[17]。

2012年12月15日至16日，中央经济工作会议提出2013年经济工作的主要任务——积极稳妥推进城镇化，着力提高城镇化质量。紧接着党在十八大报告中明确提出了"新型城镇化"的概念，新型城镇化已上升成为我国新时期的国家层战略。新型城镇化与传统城镇化的最大不同，在于新型城镇化是以人为核心，着重强调要把生态文明理念和原则全面融入城镇化全过程，走"集约、智能、绿色、低碳"的新型城镇化道路。新型城镇化不是简单的城市人口比例增加和规模扩张，而是强调在产业支撑、人居环境、社会保障、生活方式等方面实现由"乡"到"城"的转变，实现城乡统筹和可持续发展，最终实现"人的无差别发展"。（编者注：习总书记在十九大报告中指出，要"从城市群为主体构建大中小城市和小城镇协调发展的城镇格局……"）上述城市交通、能源、环境及城市结构方面的问题，在建设以"效率、集约、智能、绿色"为核心特征的新型城镇化的过程中亟待解决。

毋庸置疑，城市轨道交通在解决上述城市问题方面将扮演重要角色，作为高效、便捷、节能、经济、安全、环保、大运量的运输方式，轨道交通是解决城市快速发展进程中的交通拥堵、人口与土地资源利用、环境压力等城镇化问题的有效手段，也是提高运输效率、提升城镇品质、发展区域经济的重要举措。"依托客运专线和城市轨道交通等重点工程建设，大力发展轨道交通装备"成为我国七大战略性新兴产业之一的高端装备制造产业的重要内容。目前，世界上许多人口密集的特大城市都将优先发展轨道交通作为解决城市交通问题的主要政策导向，城市轨道交通在新型城镇化进程中起着引领城市发展的作用。

在此背景下，新的城市轨道交通形式——中低速磁浮交通，因其技术的独特性逐渐成为学术界与行业共同关注的交通发展方向。因此，借鉴国外相关技术和产业发展的成功经验，对中低速磁浮交通技术与产业的发展思路、发展目标、发展战略、发展重点、政策建议等方面进行全面、系统的研究，阐明中低速磁浮交通的特点、应用前景、产业发展以及经济社会带动作用，对政府和有关部门制定促进战略性新兴产业发展的相关政策和法规提供参考，具有十分重要的现实意义。

1.2　中低速磁浮交通的比较优势

1.2.1　中低速磁浮交通的特点

中低速磁浮交通主要有以下特点：

1. 振动噪声低，环保性能好

中低速磁浮列车与传统的轮轨交通相比有很大的差别，它取消了车轮、齿轮传动等机械结构，也没有旋转电机和传统的转向架结构，而是采用电磁力使车辆悬浮于轨道上。由于磁浮列车技术体系与现有的轮轨交通有着显著的区别，因此其具有一些独特的优势，噪声低就其中最显著的特点之一。

由于中低速磁浮列车没有轮轨间的摩擦，在相同的速度下，磁浮列车的噪声明显低于传统的轮轨交通系统。当然，磁浮列车不完全是静音列车，它也会产生噪声，噪声的来源与车辆的运行速度、车辆的运行状态和运行模式有关联。当磁浮列车运行至高速状态时，在世界上第一条商业化磁悬浮轨道交通运营线上进行的测试结果表明，在距轨道中心线35 m处，最大计权声级为96 dB（A）与101 dB（C）。此状态的主要噪声来源为空气动力性噪声。它可分为3个部分：绕流声、附面层噪声与尾流噪声。由于中低速磁浮列车的设计运营速度为110 km/h左右，因此其噪声明显低于高速状态，只有65 dB（A），仅相当于一辆小轿车行驶过程中产生的噪声。此状态的噪声来源于电流噪声和较低的空气动力性噪声。当磁浮列车处于静悬浮状态时，就成了静音列车，只有极低的电流噪声。当磁浮列车出现故障采用液压支撑轮进行低速行驶时，噪声主要来源于液压支撑轮和轨道之间的摩擦和碰撞；由于此状态运行速度低、发生率低，因此不能作为噪声研究的典型状态。

根据唐山中低速磁浮试验线的测试，在距离轨道10 m处的峰值噪声为64 dB左右（见图1-4），不影响沿线居民生活。

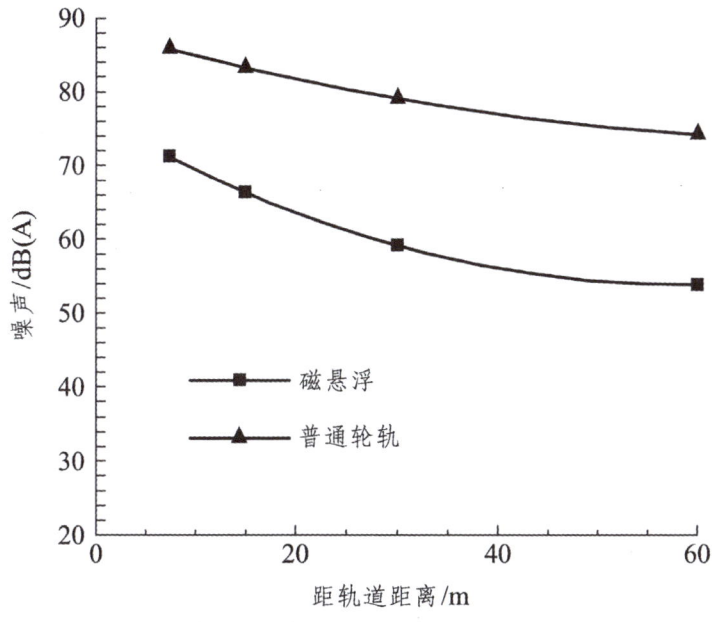

图1-4　磁浮列车与轮轨列车噪声对比

中铁二院于2014年2月对南车株洲电力机车有限公司（以下简称南车株机公司）中低速磁浮列车的噪声进行了测试，结果如表1-2所示。

表 1-2 不同速度下中低速磁浮列车车外噪声声压级

速度/（km/h）	20	40	50	60	80
声压级/dB（A）	61.1	67.3	69	71.4	73.7

备注：表中噪声数据为距离轨道中心线7.5 m、距F轨滑橇支承面1.5 m处的声压，数据来源于《长沙磁浮工程环境影响报告书》。

综上所述，中低速磁浮列车由于采用了独特的电磁悬浮技术和直线电机牵引技术，能够有效克服轮轨之间的摩擦产生的大量噪声。低噪声已经成为磁浮列车的典型特征。

2. 线路适应性强，选线灵活

中低速磁浮列车能爬大坡、转小弯。中低速磁浮交通的正线最大坡度70‰（轻轨35‰）、正线最小转弯半径75 m（轻轨250 m），选线灵活，可以避开城市构筑物。

3. 工程建设投入低，工期短

中低速磁浮交通采用信息化技术将两体化的传统轮轨交通系统改变成了一体化的磁浮交通系统。中低速磁浮交通利用常导电磁悬浮的信息化控制技术实现列车无接触悬浮支撑，通过直线电机实现列车牵引和制动，是一种新型轨道交通形式，其经济性主要体现在：

1）运营维护成本更低

与轮轨交通系统相比，中低速磁浮交通运行时无轮轨磨损，无机械传动系统，机械维修工作量少，人力成本大幅度减少。

2）投资更低

利用转弯半径小、爬坡能力强的特性，中低速磁浮交通的线路可以贴近密集的建筑物和住宅区，可以灵活避开地上地下障碍物，有利于节省投资。

4. 运行安全，乘坐舒适

轮轨列车高速运行时，由于轨道、车轮的缺陷，致使车轮受到冲击时常常处于悬空状态，黏着力减小，高速运行时容易引起脱轨。而磁浮列车的推进方式是利用直线电机的电磁力作用于轨道，直接推动车体，不会发生类似的问题。另外，列车的车身从外部将轨道包住，在结构上保证不易脱轨。

中低速磁浮列车采用"抱轨"结构，运行时无脱轨风险；紧急情况下可采用"落车"（滑橇）辅助制动，停车更可靠；列车运行平稳，乘坐舒适。

5. 综合运营成本低

中低速磁浮列车与轨道无摩擦悬浮运行、振动小的特点，减少了传统轮轨交通因轮轨摩擦磨耗和结构疲劳带来的车辆与线路的检修维护工作量，可用性好，综合运行成本低。

6. 转弯半径小

中低速磁浮列车的转向机构和悬浮架结构与传统的轮轨交通系统有着明显的区别。如图1-5所示，中低速磁浮列车单节车体配有5只悬浮架，悬浮架和车体之间设置有二系悬挂系统和迫导向机构。当车体在曲线上受到未平衡离心力和侧风影响时，迫导向机构可以把横向力（未平衡的离心力和侧风力）均匀分配至各个悬浮架的悬挂系统上，所有的悬浮架受力相同，使其自身的平行四边形结构的4个顶点产生纵向位移和变形，使得各个模块沿着曲线达到最合理的几何分布；其中由空气弹簧垂向刚度传递垂向载荷，迫导向机构和空簧的横向刚度传递横向载荷。

图1-5　中低速磁浮列车单节车5悬浮架支撑结构示意图

由此可见，磁浮列车在迫导向机构、二系悬挂系统和悬浮电磁铁与F形轨之间的导向力的共同作用下，能够实现小曲率半径过弯。国内的各条试验线，如西南交通大学和上海磁浮中心联合研制的芦槽港试验线、西南交通大学和株洲机车车辆有限公司研制的株洲试验线、国防科技大学和唐山铁道车辆有限公司联合研制的试验线均通过实验证实了中低速磁浮列车在速度140 km/h时，最小转弯半径可达到50 m，而在传统轮轨轨道交通领域，如地铁的最小转弯半径需300 m左右，高铁最小的转弯半径为5000 m左右。因此，在地形条件、居住环境等复杂的现代大都市内，或者在地理环境复杂的旅游胜地建设轨道交通，中低速磁浮列车50 m的最小转弯半径具有很大的优势。

7. 爬坡能力强

磁浮列车依靠直线电机直接驱动和制动。当采用直线感应电机作牵引电机时，牵引力由轨道上感应板中感应电流产生的磁场与装在车辆上的电机初级产生的磁场相互作用产生。当采用直线同步电机驱动时，地面轨道上的长初级产生的磁场与车辆上的磁极（动子）磁场作用，产生牵引力。由于没有传统机车的轮轨关系，也就没有所谓的黏着力限制，磁浮车辆的加减速性能好，爬坡能力强，可以在线路中采用大的坡道，从而大大缩短地下至地面的过渡距离，减少对环境的影响。

轮轨车辆由于黏着限制，轨道最大坡度一般限制在30‰～40‰，否则会出现打滑现象。磁浮车辆的爬坡能力理论上仅仅受直线电机的牵引力的限制。只要牵引力大于坡道的下滑阻力，电机就能够继续运行。由于可以采用再生与反向牵引制动，长大坡道的下坡对列车的运行安全没有影响。直线电机的这个特点使其在城轨交通中同样得到广泛应用。表1-3是国内外磁浮线路的最大坡度。

表1-3 磁浮线路的最大坡度

	线路名称	最大坡度		线路名称	最大坡度
中国	北车唐山试验线	70‰	日本	大江试验线	70‰
	南车株洲试验线	70‰			
	上海临港试验线	70‰		东部丘陵线	60‰
	北京S1磁浮线	70‰			

从表1-3可知，采用直线电机驱动的磁浮车，无论是试验线还是运营线，其坡度均远大于轮轨车坡度的极限。这是直线电机驱动车辆的最显著的优势。

8. 环境污染小

中低速磁浮交通系统不存在与轨道接触摩擦的问题，也没有接触网供电的环节，轨道梁表面在高速运行车辆的空气动力学效应作用下比轮轨铁道床干净得多，因此几乎没有粉尘。

同时，中低速磁浮列车采用电力驱动，在轨道沿线不会排放有害气体，无废气污染[18]。

9. 电磁辐射小

中低速磁浮交通比轮轨交通多了电磁场支撑，但这绝不意味着其线路周围和车体内存在较强的电磁辐射。常导磁浮列车利用自动控制手段使车体与轨道之间始终保持约0.8 cm的间隙，其磁力集中在这0.8 cm的空间里，一旦离开这个空间，磁力就恢复到与地磁场差不多的水平，不会对乘客更不会对周边居民造成损害。同时，积极探索新技术和材料并应用在中低速磁浮交通上可以减少或屏蔽电磁场的辐射强度。

北京S1线、长沙机场线均委托专业机构对其中低速磁浮交通试验线的电磁辐射进行了检测，结果均符合世界卫生组织的标准。其环评（包括电磁辐射检测）符合国家的标准要求，国家生态环境部已批准了北京中低速磁浮交通线的环保报告。

美国联邦交通部于2002年5月公布了"TR08磁浮交通系统电磁辐射特性"研究报告，分析对比了TR08磁浮交通系统的电磁辐射与ICNIRP（国际非电离辐射防护委员会）规范建议的公共场所电磁辐射限定值。结论是：实测的TR08磁浮车辆上、车站站台、线路轨道、轨旁开关站的最高磁场强度和电场水平远低于ICNIRP建议的人类安全的辐射限定值。

磁浮列车上的电气设置与普通轮轨列车电气设备相比仅有悬浮电磁铁和牵引电机两部分不同，主要电磁辐射正是来自悬浮磁场和牵引电机的驱动磁场，它们仅分布在车体与轨道之间很小的空间内，磁场通过悬浮轨道是闭合的，只有极少数磁力线会发散到空中。新的超材料屏蔽技术，可以将电磁的方向改变，从而实现电磁波的完全屏蔽，就如同给列车穿了一件保护罩，让电磁辐射为零。

如图1-6所示，悬浮磁铁与导磁钢轨之间，直线感应电机定子与轨道上电机反应板之间，均构成内部闭合的环形磁场，对外辐射极小，对人体和环境没有危害。

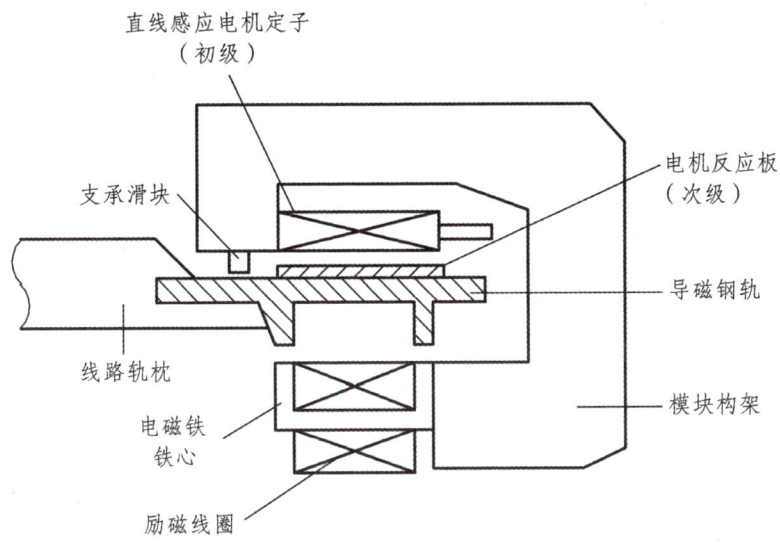

图1-6　中低速磁浮车辆悬浮与牵引示意图

根据中科院电工研究所2009年2月对唐山中低速磁浮试验线的电磁场测试表明：磁浮车厢内外磁场低于一般家电产生的磁场，电磁辐射强度低于世界卫生组织推荐的国际非电离辐射防护委员会（ICNIRP）标准（见图1-7和表1-4）。

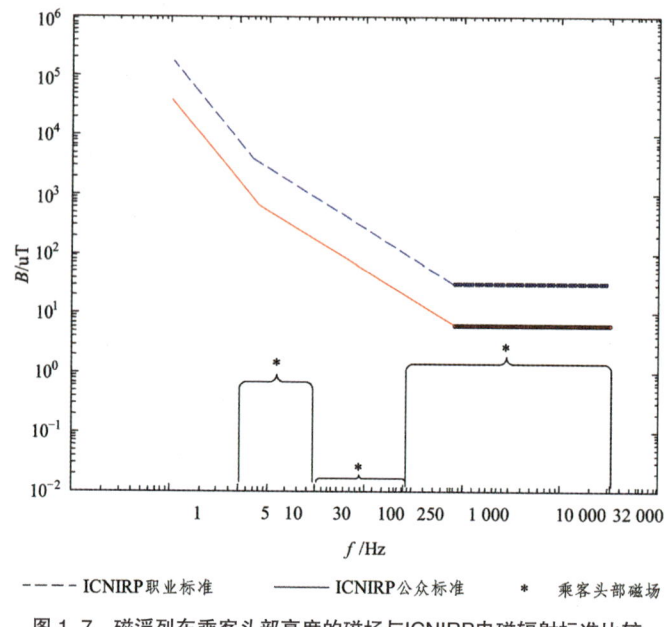

图 1-7　磁浮列车乘客头部高度的磁场与ICNIRP电磁辐射标准比较

表 1-4　磁浮列车乘客头部高度的磁场与ICNIRP电磁辐射标准比较

与轨道距离/m	磁感应强度测量值/μT	ICNIRP公众标准/μT
1（与磁浮轨道持平）	32	6.25（800 Hz～150 kHz）
1（站台乘客头部高度）	2.3	
5（与磁浮轨道持平）	1.4	
10（与磁浮轨道持平）	0.24	
15（与磁浮轨道持平）	0.09	
1（轨道下）	9	

相关单位通过对中低速磁悬浮交通系统电磁辐射机理分析、数值仿真计算和对北京1547 m唐山磁悬浮工程化试验线的实际检测数据分析得出如下结论[19]：

（1）中低速磁浮列车运行时车内外30 kHz～30 MHz交流电磁场与未通电时的背景电磁场相比均无明显差异，表明中低速磁浮列车系统没有额外的高频电磁辐射。

（2）中低速磁浮列车运行时，车内直流磁场不超过国际非电离辐射防护委员会（ICNIRP）的静磁场暴露标准限值；车外距离轨道1 m以外直流磁场不超过ICNIRP的静磁场暴露标准限值。车外大于3 m处的直流磁场趋于地磁场水平。

（3）中低速磁浮列车停靠站台过程中，站台处的直流和5 Hz～32 kHz各频段交流磁场均不超过ICNIRP电磁辐射公众标准值。

（4）中低速磁浮列车运行时，车内5 Hz～32 kHz各频段交流磁场不超过ICNIRP电磁辐射公众标准限值；车外5 Hz～32 kHz各频段交流磁场均不超过ICNIRP电磁辐射公众标准限值。

湖南省电力工业局环境监测研究中心站于2014年1月对南车株洲电力机车有限公司的低速磁浮列车电磁场辐射进行了测试，测试结果如下：

（1）列车通过时车外工频磁场最大值为1.6 μT，工频电场最大值为20.37 V/m，远小于《500 kV超高压送变电工程电磁辐射环境影响评价技术规范》（HJ/T24—1998）规定的工频磁场限值（100 μT）和工频电场限值（4000 V/m）。

（2）列车通过时车外直流静磁场、合成场强和离子流密度的最大值分别为51.7 μT、－1.68 kV/m、－0.63 nA/m^2，远远小于《±800 kV特高压直流线路电磁环境参数限值》（DL/T 1088—2008）中规定的直流静磁场限值（10 000 μT）、合成场强限值（25 kV/m）、离子流密度限值（100 nA/m^2）。

中低速磁浮试验线的电磁场测试结果表明：车内外的磁场都明显低于国际和国内相关标准的限值，不影响人体健康。

综上所述，中低速磁浮列车交通系统是一种电磁环境良好的绿色城市轨道交通系统，它的电磁辐射强度与传统列车的电磁水平是同等级的。

1.2.2　中低速磁浮交通与其他轨道交通的综合比较

中低速磁浮交通与其他轨道交通的综合比较如表1-5所示。

表1-5　中低速磁浮交通与其他轨道交通综合比较

系统	单向运能/（万人次/小时）	优点	技术缺点	最适用区域
中低速磁浮	1.5～3	无振动噪声、爬坡能力强、转弯半径小、无污染、综合造价低并节能	承载受悬浮能力限制、牵引效率较低（轻轨约0.83，中低速磁浮110 km时速下约0.75）	中等城市、大城市市区与机场、卫星城、开发区连接；山地城市或旅游区
地铁	2.5～7	运量大，能耗低，技术成熟	振动噪声大，造价高	大、中城市中心区域
轻轨	1.5～3	能耗低，技术成熟	振动噪声大	中、小城市
单轨	1.5～3	低噪声、爬坡能力强、转弯半径小	粉尘污染略高、胶轮易老化	中小城市、大城市开发区、山地城市
有轨电车	0.5～1.2	介于轨道交通和公交之间，布线灵活，造价低	噪声较高，运能与路权形式关系较大	中、小城市，专用线路
市域快轨	0.5～2.3	能耗低，技术成熟	振动噪声大	城市长距离郊区

每一种轨道交通制式都有其特点和存在的合理性。各制式间既有某些方面的突出优势，也有某些方面的劣势，它们之间形成互补效应，提供多元化的城市轨道公共交通服务。比较各种制式的轨道交通系统，需要综合考虑多种因素，诸如：体现经济性的客流需求，建设成本，反映线路条件的线路纵横断面、车站及站台布局，环境，以及车辆性能等多个方面。多种制式城市轨道交通系统的主要经济技术特点如表1-6所示。

表1-6 多种制式轨道交通系统的主要经济技术特征

指标		制式						
		地铁	轻轨	有轨电车	跨座式单轨	悬吊式单轨	自动导向轨道系统	中低速磁浮交通
经济性	每方向小时最大客运量/万人	3~6	2.5~5	1~1.5	2.5~3.5	≤1	≤1	2~3
	建设成本/(亿元/km)	4~8	1.5~2	0.3	2~3	1~1.5	0.5~1	1.5~2
线路条件	平均线路长/km	15~25	15~25		15~25	10~20	5~15	15~25
	正线最大坡道/‰	40	30	—	60~80	60~80	60~80	70
	正线最小水平曲线半径/m	300	200	20	50	50	20	50
	每单元长度/m	25~40	25~40	20~30	约30	约30	约30	约30
	每单元长度可扩展至/m	180	120	75	120	60	60	120
	站间距/km	1~3	1~3	1~2	1~3	1~2	1~2	1~3
	供电方式/V	1500 DC	1500 DC	750 DC	1500 DC	750 DC	750 DC	1500 DC

（续表）

指标		制式						
		地铁	轻轨	有轨电车	跨座式单轨	悬吊式单轨	自动导向轨道系统	中低速磁浮交通
车辆性能	最大运用速度/(km/h)	80~120	80~100	60~80	60~80	50~70	60~80	100
	最大加速度/(m/s²)	1.0~1.3	1.3~1.5	1.1~1.15	0.833	1.0	0.8~1.3	1.0
	制动减速度/(m/s²)	1.0~1.3	1.5~3.0	1.3~3.0	1.1	1.0	1.0~1.3	1.3
	环境振动噪声/dB				75	65		<65
	轴重（磁浮车按左右悬浮铁心）/t	12~18	8~12	~6	~11	~8	~5	~6
	比能耗/(W·h/t·km)	50~80						
运用性	国内线路数量/条				2			2（建设中）

从表1-6可知，相比于其他轨道交通，中低速磁浮交通具有显著的特点，且投资适中，在线路条件和车辆性能方面优势明显。

1. 磁浮与市域铁路的比较

市域铁路的特点是单条线路长度、列车总长度、站间距、最大运用速度都较地铁更高。如果市域铁路被视为干线铁路的延伸，则其与市区轨道交通路网的运营管理模式不同，供电制式不同，换乘点数量有限，换乘站场布局也很复杂，即与既有城市轨道交通路网一体化融合比较困难。正因为如此，我国一些城市已开始将市域铁路视为城市地铁线路的延伸，但地铁的速度又无法满足市域铁路运输特点的要求，进一步提升地铁速度在供电和列车设计方面的改动代价巨大，运营维护困难。而中低速磁浮如果能在速度指标上进一步提升，则可以用一种制式同时满足市域铁路和既有城市轨道交通的运输需求。

2. 磁浮与地铁制式的比较

地铁优势在于运用广泛、技术成熟，运量大且速度较高，由于在地下运行，对地面布局影响小，适合市区大客流需求。地铁的不足是建设成本很高，对市中心或敏感区周边建筑的振动有较大影响，这是地铁系统较难解决的问题。而磁浮在低振动和低噪声方面具有极大的优势，与地铁相比，达到更高的速度对系统的改变很小。

3. 磁浮与轻轨制式的比较

轻轨与地铁属于同一制式、同一类型技术。轻轨运用广泛、技术成熟度高，仅由于客流需求较小而采用了较轻的轴重，线路大部分为地面高架，因此建设成本约为地铁的三分之一，存在的振动噪声问题与地铁类似，因此其高架部分并不适合人口较集中的城区。磁浮在建设成本方面略高于轻轨，但其低振动、低噪声、大坡道能力和小弯道能力均优于轻轨，运量与轻轨相当。与轻轨相比，其高架线路可以深入市区，综合优势明显。

4. 磁浮与有轨电车的比较

有轨电车最大的优势是与道路系统共用路权，建设成本低，由于采用电力驱动，有利于保护城市空气环境，但通过小弯道时高频噪声较大，运行中结构振动较大，简单而言可视为线路固定的电动公交车，由于运量小，因此无法作为大中城市解决公共交通需求的主要手段，但较适应中小城镇的公交需求。磁浮与之相比，运量、速度要大得多，具有既适应大中城市公共交通需求，又适应中小城镇公交潜在需求的能力。

虽然目前中低速磁浮列车所具备的运输指标，可分别通过上述4种传统轨道交通制式来实现，但振动小、噪声低、爬坡能力强的特点是上述4种制式无法竞争的优点，如果进一步提升其运行速度，则其综合性能指标（兼顾高速度、小弯道、大坡道、低振动噪声、低维护成本）是任何一种既有轨道交通所无法达到的。这就为我们进一步明确中低速磁浮的市场目标指明了方向。

1.3 国内外中低速磁浮交通的发展概况

中低速磁浮交通以其噪声低、振动小、低碳环保、安全可靠、弯道半径小、爬坡能力强、选线灵活、性价比高等优势成为城市轨道交通系统中很有前途的交通工具之一，在世界范围内得到越来越广泛的重视和研究。美国、日本、德国、韩国和中国是研究磁浮交通技术的主要国家。

1.3.1 国外中低速磁浮的发展概况

1. 日本

日本历来重视轨道交通技术的研究，是世界上发展轮轨高速铁路时间最长的国家，也是目前世界上拥有成熟的中低速磁浮列车技术及工程化应用和运营经验的国家。日本的磁浮列车主要有EMS型常导磁浮列车和EDS型超导磁浮列车。

1962年，日本开始常导中低速磁浮系统（HSST）的研究，并于1975年制造出HSST-01磁浮列车。在随后30多年的持续研究与改进下，HSST系统经历了HSST-02、HSST-03、HSST-04、HSST-05及HSST-100S共5个型号的改进更替。1995年，在HSST-100S的基础上，日本又研制出新样车HSST-100L，同年在大江的试验线路上运行试验。从2001年开始，日本在名古屋市郊建造了复线结构的HSST低速磁浮线，2005年建成服务于世博会的东部丘陵线，提供了下一代城市轨道交通运输系统的成功范例（见图1-8）。它采用直线异步电机驱动，类型为短定子直线感应电机（LIM）。电机的初级线圈（定子）安装在车辆上，次级线圈（转子）沿列车前进方向展开设置在轨道上。在悬浮原理方面，HSST系统与德国TR系统相似，不同之处在于HSST系统将导向力与悬浮力合二为一。HSST磁浮列车主要应用于速度较低的城市轨道交通和机场线[20]。

图1-8　日本HSST磁浮列车及其商业运行线

2. 韩国

韩国在大城市汽车数量急剧增加、交通拥堵不堪的背景下，开始从事磁浮列车的研发。其磁浮列车技术发展迅速。

20世纪80年代中期，韩国现代精密加工公司开始研究磁浮技术，1985年研制出第一辆技术论证车型HML-01，随后研发出HML-02、HML-03，以期为市区交通运输服务。1992年，大宇重工成功制造出3辆足尺的磁浮列车，可运用于城市内部如市区和郊区之间，或机场和城市之间的交通运输。1997年，韩国机械材料协会与现代合作设计出商业化样机UTM-01；1998年，韩国机械材料协会又与韩国铁道制造公司合作推出2辆编组的UTM-01磁浮列车，但是整个系统的可靠性还没有达到预期效果，需要改进才能商业化应用。2002年，由现代、大宇及韩国重工成立的韩国轨道公司成功开发出磁浮车辆MLV，已具有无噪声、振动和污染小等技术特点，2006年城市运输磁浮成功开发，最高速度可达110 km/h，标志着韩国磁浮列车技术进入实用阶段。2012年推出的UTM-02磁浮列车标志着韩国磁浮列车技术开始向商用转变（见图1-9）。韩国大田轨道交通2号线已规划建设中低速磁浮环线，工程可行性研究已经完成。2014年5月，仁川机场到龙游路段的6.1 km区间进行试运营。（编者注：2012年11月，韩国投巨资建造的城市磁悬浮列车开始试运行，最高时速可达110 km，2016年2月该系统投入正式载客运行。）

图1-9 韩国UTM-02磁浮列车及其商业运行线

3. 德国

德国是世界上研究磁浮列车最早的国家。早在1922年，德国人

Hermann Kemper就提出了电磁浮原理并在1935年研制了世界上最早的磁悬浮试验模型。1969年，德国制造出电磁悬浮模型TR-01。1971年，德国航空公司（MBB）研制了世界上第一台具有载人能力的磁浮列车。1979年，在汉堡国际交通展览会上，德国展出了磁悬浮示范车TR05，车速达到100 km/h。1983年，德国研制的TR06，车速达到了200 km/h。1988年，TR06试验速度达到412.6 km/h[21, 22]。

1991年，TR系统进入技术应用成熟期，随后经过近10年的发展，TR系统进一步成熟并进入国际高速运输市场，在美国、中国、荷兰、澳大利亚、巴西等国均有TR系统的建设规划。TR08列车是目前德国在国际磁浮市场上竞争的拳头产品，该系统适合于高速运行，在我国上海的浦东机场到龙阳路建有一条商业运行线（编者注：此线于2001年3月开工建设，于2008年1月投入商业运营。）（见图1-10）。（编者注：据上海科学技术情报研究所数据，2008年7月，德国在TVE试验线上对TR09新型磁悬浮列车进行了测试；2009年6月，TR09测试完成，最高速度550 km/h。但TR09未正式运行，于2016年11月被拍卖，拍卖所得计划用于打造博物馆和会议中心。）

图 1-10　德国磁浮试验车及高速磁浮商业运行线

4. 美国

美国在磁浮列车技术研究方面起步很早，有大量研究成果发表。美国联邦运输管理局（FTA）在1999年1月启动了城市磁悬浮（UML）项目，政府支持的项目有通用原子能的城市MAGLEV项目、科罗拉多国家实验室项目、巴尔的摩城市磁浮项目（MUSA）、佛罗里达的MAGLEV2000以及MagneMotion公司的电磁与永磁组合计划（M3）共5项。

MagneMotion Maglev（即M3）磁浮车是常导电磁吸力悬浮型，采用长定子同步电机传动。其特点是：悬浮磁铁由永磁体和电磁铁构成，永磁体提供悬浮、导向力和同步电机所需的磁场；由于悬浮气隙大、对导轨的精度要求较低，有利于降低造价；采用长定子同步电机驱动，牵引功率大，运行速度高，爬坡能力强；通过增加中间模块，可以增减车辆长度和载客量。该系统在弗吉尼亚州诺福克（NORFOLK VA）的Old Dominion大学校园内建有一条78 m的试验线，已经进行了模块的悬浮/牵引测试。图1-11是M3悬浮系统的照片。

图 1-11　美国M3悬浮系统

　　1998年6月，美国总统签署了"21世纪交通运输平衡法"，之后授权交通部评估磁浮交通在公共交通领域应用的可能性。美国支持的中低速磁浮轨道交通研究计划有：①通用原子能公司（GA）城市磁浮列车，利用永久磁铁与轨道的涡流效应实现悬浮，属于EDS型磁浮列车。②Magplane，这是另一种采用永久磁铁实现EDS悬浮的磁浮列车，目标时速256 km，但目前仍处于概念研究阶段，尚无实验样车。③MagneMotion公司的M3磁浮列车，目标时速256 km，采用永磁电磁混合EMS悬浮以减小悬浮功耗，悬浮气隙增大到20 mm，降低对轨道的要求，从而降低系统造价，并通过缩短发车间隔来实现大运量。④MAGLEV2000磁浮列车，采用四极超导磁铁，提出了电磁道岔的概念，可以克服磁浮交通系统道岔复杂的特点。⑤AMT公司的磁浮列车，类似于HSST，采用电磁EMS悬浮和直线感应电机LIM推进，在多米尼大学校园内修建有约1 km长的磁浮线；2006年，AMT公司在亚特兰大市郊建设了近600 m的新试验线及磁浮车（见图1-12）。

图1-12 美国AMT磁浮列车及其试验线

国外多年的中低速磁浮交通领域研究及应用积累，为我国中低速磁浮交通发展提供了参考。

1.3.2　国外中低速磁浮交通实例

1. 日本HSST磁浮列车系统

1）系统发展与应用状况[23, 24]

日本的HSST磁浮系统是中低速磁浮交通系统中比较成功的案例。该系统从1972年开始研发，1975年制造出HSST-01磁浮车。该车采用了德国Kruss-Maffei技术。其特点是：采用了倒U形轨道与U形电磁铁构成悬浮系统，具有侧向自稳功能；采用4个直接固定在车厢底板上的悬浮电磁铁，用短定子异步电机推进。1978年2月初，HSST-01磁浮列车试验速度达到307.8 km/h。

1978年5月，日本制造出HSST-02磁浮列车。试验车长约7 m，装备了二系减振系统，试验最高速度为100 km/h。

在1985年筑波世界科技博览会和1986年加拿大温哥华交通博览会上，HSST-03实用型磁浮列车进行了载客运行演示。该车的主要特点是采用磁浮模块结构，它的作用相当于轮轨机车中的转向架。

HSST-04磁浮列车于1987年问世。车长19.4 m，质量24 t，可容纳乘客约70名，设计速度为200 km/h。其主要技术特点与HSS-03相同，不同的是车辆走行机构从外侧包住线路。1988年5月，HSST-04型车在崎玉国际博览会上展示，试验最高速度为43 km/h。

1989年，HSST-05-200型磁浮列车在横滨国际博览会上演示。其线路长568 m，最高速度达到55 km/h。

HSST-100S磁浮列车由Mc1、Mc2两节车厢组成，全长17.55 m，列车横向宽2.6 m，车体高3.3 m，空车质量18 t，最大负载质量30 t，最高速度为110 km/h。从1991年开始到1995年，日本在名古屋附近的大江试验线对HSST-100S进行了多项面向应用的试验，最高运行速度达到130 km/h。运行试验证明它可靠、舒适、低污染，能够应付紧急情况，维修量低，已达到实用阶段。

经不断地研究改进，1995年在HSST-100S的基础上，日本研制出HSST-100L磁浮列车。与HSST-100S相比，HSST-100L模块组件数量由6个增加到10个，车辆长度由每辆8.5 m增加到14.4 m。

2005年，日本在名古屋市郊建造了复线结构的HSST低速磁浮线，即东部丘陵线。同时以HSST-100L型列车为基础，制造了名为Linimo的磁浮列车。其特点是3车编组，增加了中间车，列车全长43.3 m（包括连接装置），定员为每列244人（座椅104人），设计最高速度为100 km/h。

图1-13所示为日本HSST磁浮车的开发历程。

HSST磁浮列车的运营车Linimo的设计运营能力是30 000人/d，高峰时3500人/h。列车的运能是每列车的载客量乘以每小时内单向发车数目。

当采用载客量为402人的列车编组时，为了达到一般地铁的12 000人/h的运能要求，3节编组的Linimo列车（载客量402人）发车时间间隔约为2 min。显然，运能与列车控制系统的性能、列车的性能、设备与人员的可靠性、安全水平、维护工作、车站长度、旅客上下车时间等因素有关。该线路在2004年试运行，2005年正式投入商业运行。

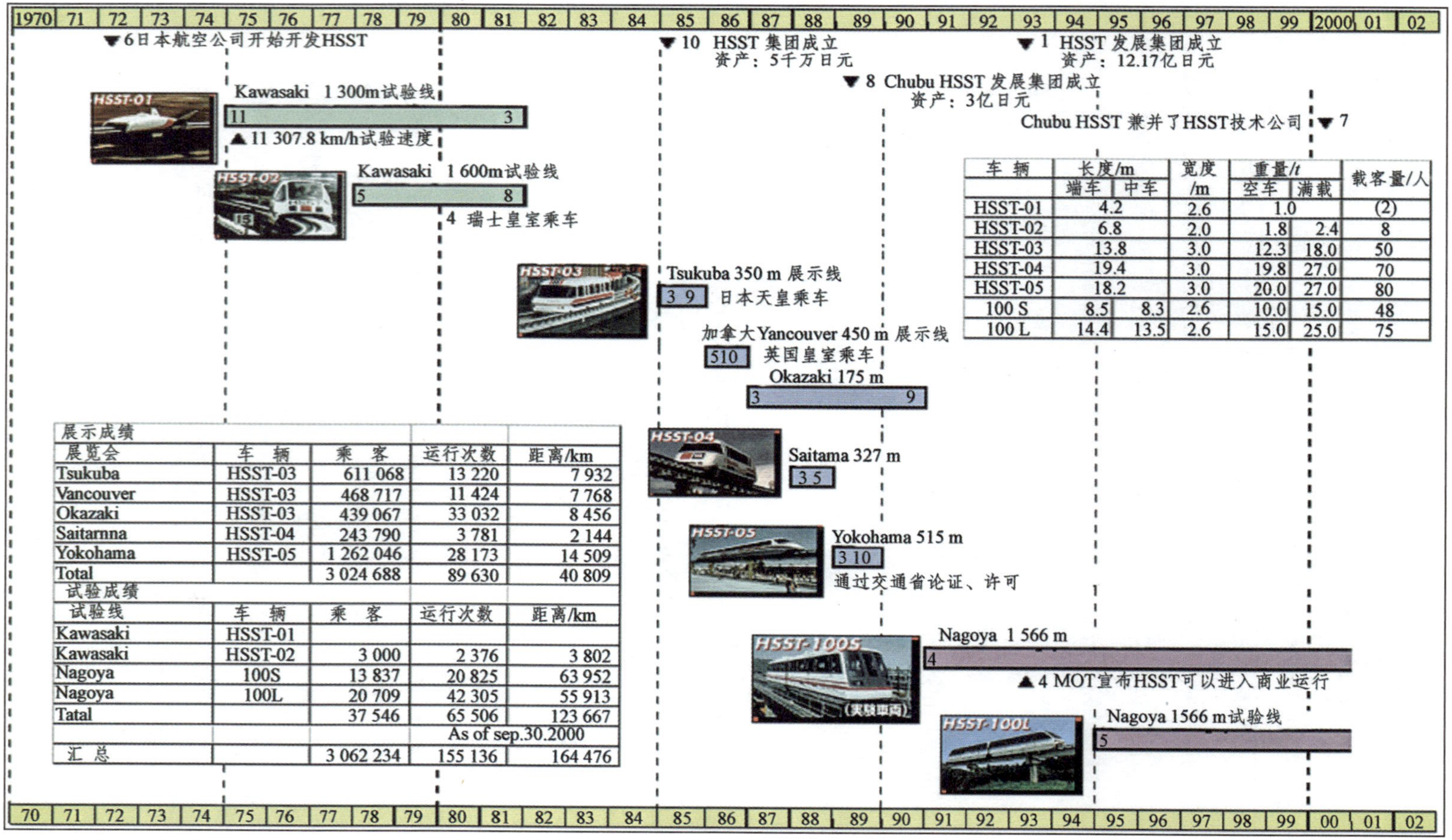

车辆	长度/m 端车	长度/m 中车	宽度/m	空车 重量/t	满车 重量/t	载客量/人
HSST-01	4.2		2.6	1.0		(2)
HSST-02	6.8		2.0	1.8	2.4	8
HSST-03	13.8		3.0	12.3	18.0	50
HSST-04	19.4		3.0	19.8	27.0	70
HSST-05	18.2		3.0	20.0	27.0	80
100 S	8.5	8.3	2.6	10.0	15.0	48
100 L	14.4	13.5		14.4	25.0	75

展示成绩 展览会	车辆	乘客	运行次数	距离/km
Tsukuba	HSST-03	611 068	13 220	7 932
Vancouver	HSST-03	468 717	11 424	7 768
Okazaki	HSST-03	439 067	33 032	8 456
Saitamna	HSST-04	243 790	3 781	2 144
Yokohama	HSST-05	1 262 046	28 173	14 509
Total		3 024 688	89 630	40 809

试验成绩 试验线	车辆	乘客	运行次数	距离/km
Kawasaki	HSST-01			3 802
Kawasaki	HSST-02	3 000	2 376	63 952
Nagoya	100S	13 837	20 825	
Nagoya	100L	20 709	42 305	55 913
		37 546	65 506	123 667
		As of sep.30,2000		
正总		3 062 234	155 136	164 476

▼ 1 HSST 发展集团成立 资产：12.17亿日元
▼ 8 Chubu HSST 发展集团成立 资产：3亿日元
Chubu HSST 兼并了 HSST 技术公司 ▼ 7
▼ 10 HSST 集团成立 资产：5千万日元
Tsukuba 350 m 展示线 3 9 日本天皇乘车
加拿大 Vancouver 450 m 展示线 510 Okazaki 175 m 英国皇室乘车 9
Saitama 327 m 3.5
Yokohama 515 m 3.10 通过交通省论证、许可
▲ 4 MOT 宣布 HSST 可以进入商业运行 Nagoya 1 566 m
Nagoya 1 566 m 试验线 5
Kawasaki 1 600m 试验线 8 4 瑞士皇室乘车
Kawasaki 1 307.8 km/h 试验速度 ▲ 11
Kawasaki 1 300m 试验线 3
▼ 6 日本航空公司开始开发 HSST

图 1-13 HSST 磁浮车的开发历程

表1-7是日本Linimo网站给出的运营情况数据。

表1-7　Linimo的运营情况

年度	运送人数/（万人/a）				输送密度/（人/d）	特记事项
	通勤定期	通学定期	定期外	合计		
2004年	16.8	4.6	110.3	131.7	28 294	运营开始
2005年	93.2	139.3	1898.0	2130.5	29 395	爱知万博会
2006年	44.5	212.1	244.8	501.4	7993	
2007年	56.2	236.7	274.8	567.7		
2008年	66.0	254.7	281.0	601.7		
2009年	69.7	273.3	270.9	613.9		
2010年	72.2	300.3	278.1	650.6		
2011年	79.2	320.6	277.4	677.2		

Linimo的运营安全情况尚未见报道。

2）系统组成与技术特征

（1）车辆。

HSST磁浮车辆由悬浮架和车厢构成。悬浮电磁铁（也用于导向）、直线感应电机、机械制动夹钳和滑橇等部件都安装在"悬浮导向牵引"模块上，两个这样的模块构成一个"磁浮架"，如图1-14所示。模块之间以及模块与车体之间通过机械方式连接。每个模块均能独立实现悬浮、导向和制动功能。HSST磁浮车悬浮架上安装有机械制动夹钳以便为低速（此时再生制动失效）或紧急制动提供制动力。

图 1-14　HSST磁浮车悬浮架

HSST磁浮列车的车体由铝型材和加强型玻璃纤维件经焊接或黏结构成。蜂窝板做成的车厢地板将承载由二系传递来的纵向负载，并承受来自车辆单元的垂向负载。车体通过空气弹簧、牵引拉杆与悬浮架相连。

HSST磁浮列车车厢的作用是安装部分设备并为旅客提供安全、可靠、舒适的乘车环境。车厢内部采用了常规的设计模式，车厢两边各有两个侧门。车厢端部有过道门。

设备夹层结构的作用是安装电气设备、提供电力电缆、信号电缆通道、气路通道等。设备夹层结构与车厢通过螺接、铆接和焊接形成一个坚固整体。

HSST100磁浮车辆采用的门可以让旅客进出车厢和逃生。在车头也设计有逃生门。

为了提高磁浮车辆的性能，减轻车体的重量极为重要。使用铝型材，相对于钢制结构而言，可以显著地降低车辆自重。所以，HSST磁浮车辆大量使用铝合金材料。

HSST100磁浮列车的车辆有两种类型，即HSST100S和HSST100L。这两种类型的车辆所用的磁浮技术相同，采用的悬浮导向与牵引模块也相同，只是每种车上模块数量不同。HSST100L

型车每侧用5个模块（或有5个磁转向架），HSST100S型车每侧用3个模块（或有3个磁转向架）。投入运营的Linimo磁浮车是增加了中间车的HSST100L类型。

HSST100S、HSST100L和Linimo的主要参数参见表1-8。

表1-8　HSST100S、HSST100L和Linimo主要参数

参数	HSST100-S型	HSST100-L型	Linimo（3车编组）
尺寸（长×宽×高）	8.5 m×2.6 m×3.4 m	14.4 m×2.6 m×3.4 m	43.3 m×2.6 m×3.45 m
质量（空、满载）	11 t/车、15 t/车	17 t/车、25 t/车	17.3 t/车、28 t/车
载客量	67人/车	110人/车	244人/3车
最大运行速度	100 km/h	100 km/h	100 km/h
最大坡度	7%	7%	6%
最小曲线半径	25 m	50 m	75 m
最大加速度	1.11 m/s^2	1.11 m/s^2	1.11 m/s^2
最大减速度	1.11 m/s^2	1.25 m/s^2	1.11 m/s^2

HSST100磁浮车可单节运行也可两节编组运行。若A为端车B为中车，车辆编组为（A-A）。Linimo磁浮车辆运行编组为三节固定（A-B-A）。定员为每列244人（座席104人），其中头车80人（座席34人），中间车84人（座席36人）。三节编组时最大载客量为402人。驾驶室（控制室）位于列车两头。

（2）线路。

HSST100磁浮列车的线路采用高架结构。线路由地基、支撑墩

柱、轨道梁、导轨、轨枕和支撑结构等部分组成。支撑墩柱建在地基上，轨道梁架设在支撑墩柱之间。导轨、轨枕和支撑结构安放在轨道梁上。

经过特别设计的导轨其截面与字母"F"相似，也称"F轨"。其下表面有两个面，与悬浮电磁铁构成磁路，起到悬浮与导向作用；"F轨"的上表面是直线感应电机次级，覆盖有感应铝板（与钢轨绝缘），称"反应板"，外部垂直部分用于液压夹钳机械制动。导轨的平整度与直线度可以通过调整梁上的轨枕来实现。

轨道梁采用预应力混凝土复合梁，基本长度为20 m。磁浮线路采用单轨形式，即一条轨道梁上布置一条磁浮线。轨道梁为混凝土预应力箱梁。其两侧各有一条裸露的DC 1500 V动力轨贯通全线。所有的通信电缆和列车位置、速度监视等信号电缆均位于轨枕上面轨道中心下专设的管道内。

在地质条件差的地方，线路地基采用打桩的形式。尽管打桩地基成本高，但能保证地基的稳定，适于高效运行。由于桥墩的高度可能超过10 m，所以必须考虑沉降的影响，提前采取措施使沉降的影响减少到最小。支撑墩柱为混凝土浇筑。

HSST磁浮列车线路的道岔为机械分段式道岔，包括半径为25 m的横曲线。道岔由液压驱动移动。可移动的钢轨部分和线路由滚轮和导向装置支撑。道岔本身提供12°～15°的方向变化。由于车辆通过曲线段受到速度限制，只能低速通过道岔。道岔设三段可移动部分，每段不断变长，总长为25～30 m。这种道岔体积大、笨重、成本高。

（3）供电。

与动力轨接触的受流器将DC 1500 V引入磁浮车，经变换后为各个车载系统提供电力。动力轨额定电压为DC 1500 V，当电压降至1000 V时系统仍能正常工作。动力轨布置在轨道梁两侧并与地面绝缘。为减小磨损，动力轨采用铝导体上覆盖不锈钢的形式（铝与不锈钢复合）。受流器安装在磁浮车上，由一套接触电刷组成，在最高速度工作时能够保证可靠受流。每列车在端车安装两套接触受流器[25]。

中低速磁浮列车的供电方式与地铁、有轨电车供电系统类似。它由高压配电装置（GIS）、变压器、整流器、直流开关、能量吸收装置和能量回馈装置等设备构成[26]。

工频交流电网（例如35 kV）经GIS开关柜送到牵引变压器降压，再到多相整流器整流为DC 1500 V，经直流开关柜后接入动力轨。

当磁浮车牵引时，电能由变电站经动力轨流向磁浮车，而当磁浮车再生制动时，牵引电机作发电机运行，电能由磁浮车流向变电站。为防止动力轨电压超过最大值，必须处理这些再生的电能。所以，在变电站安装有能量吸收装置和能量回馈装置。

能量吸收装置即负载为耗能电阻的斩波器，当它工作时，耗能电阻接入直流母线，消耗再生回馈的电能；能量回馈装置是逆变器，它将再生回馈的直流母线电能变换成交流电送还交流电网。

磁浮线路供配电站的布置与设计与常规的电气化轨道交通相似。

（4）运控[27]。

HSST100列车自动运行控制系统由车上部分和地面部分构成，可以分为如下子系统：

A．信号系统。

（a）列车自动保护，一种让使用感应器的列车自动停车

（紧急制动）的装置。

(b) 模式类型ATS，用于一般常用制动。

(c) 测速设备。

(d) 非接触式检入/检出的连续列车检测。

(e) 联锁设备。

B．运行系统。

(a) 可编程列车运行（PTO），提供列车自动运行功能。

(b) 人工列车运行（MTO）。

(c) 运行监督。

(d) 车辆监督。

C．车地信息传输设备。

D．车地监督。

车下部分包括轨旁安装的应答器，它可以实现超速防护功能和固定闭塞模式。如果列车超过了每两个应答器之间预先建立的速度限制，列车运行自动监控系统（ATS）最终将以紧急制动方式停止列车运行。

非接触式列车位置、速度检测是通过车载设备产生一个连续的高频信号，经地面感应回线接收后通过信号处理得到的。用感应回线测速与定位的原理是：地面感应回线以30 cm间隔铺开，三个间隔20 cm的车载线圈检测回线发出的电磁波。由于回线距离固定，从而得到速度信号。采用三个检测线圈是为了得到适当的精确度。通过对脉冲的计数可得到距离值。这种方式的最小检测速度是0.5 km/h（或0.139 m/s）。

另外，利用感应回线，通过无线感应技术可以实现车地通信。

HSST磁浮车的运行控制系统是一个以自动为辅，人工控制的系统。列车自动控制（ATC）为司机提供速度限制信息。超出限制后将会使ATS动作，输出紧急制动条件。ATC实现悬浮和降落控制、出发和车门开关控制、站间速度曲线控制和定位停车控制。

当列车小于或等于2.77 m/s时，定位停车的最大范围是10 m。定位停车的精度约为±20 cm。

列车控制系统接收来自ATS和PTO系统的命令信号，司机手动控制驾驶，使用手柄移到适当的速度位。列车控制系统依次通过控制逆变器来调节直线感应电机的初级电流，产生适当的推力，从而达到指令要求。

2. 韩国UTM磁浮列车系统[28]

韩国国土交通部于2006年启动城市磁悬浮项目，集合了国内数十家科研机构、商业集团和政府机构参与，旨在开发适合示范路线的商用城市磁浮列车。由韩国列车制造商"现代罗特姆"与韩国机械研究院共同设计制造的磁浮列车于2014年5月14日获得有关机构颁发的运营许可证。韩国将成为继日本之后世界第二个把城市型磁浮列车投入商业运营的国家[29]。该列车完全为无人驾驶，由仁川国际机场出发，行至仁川龙游站，全长6.1 km，未来线路还有望进一步拓展。列车由车辆下方"倒U字形"开口状的电磁石代替车轮作用，只要电磁石得到电力供应，列车就能悬浮在空中，在电磁力的作用下向前行走。列车采用无人驾驶的方式在线路上方8 mm处悬浮运行，最高时速可达110 km。为了保护乘客的隐私，当列车驶过建筑物时，韩国UTM磁浮列车玻璃会自动变成雾蒙蒙的状态。列车及其线路如图1-15所示。

图 1-15 韩国城市磁悬浮列车

仁川机场磁悬浮线路的每千米造价为427亿韩元（约合4156万美元），与传统轻轨线路接近。但由于该列车并无车轮、轴承等消耗部件，运营后的维护成本要比轻轨低很多，可节约20%～30%的能源。仁川机场磁悬浮项目顺利运营后，韩国计划把位于其中西部的大田市地铁2号线打造为新的磁悬浮路线。该线路总长36 km，有30个车站，将于2020年正式载客运行，预计日均可载客1.3万人次。

1.3.3 我国中低速磁浮的发展概况

1. 我国中低速磁浮交通发展历程

我国中低速磁浮交通技术的研究起步较晚。1980年，国防科技大学成功研制出我国第一台小型磁浮实

图 1-16 国防科大研制的原理样车CMS01

验装置，此后又相继研制出我国第一台小型磁浮原理样车（见图1-16）。

1994年，西南交通大学成功研制出4个座位、自重4 t的磁浮车和43 m轨道的试验系统（见图1-17）。

图1-17　西南交大研制的4 t磁浮车

1995年，国防科技大学成功研制全尺寸单转向架载人磁浮试验系统。1998年，铁科院、长春客车厂、中科院电工所等单位合作，研制了长6.5 m、宽3 m、自重4 t、内设15个座位的6T单转向架磁浮试验车，在铁科院长36 m的室内磁浮实验线路上成功地进行了试验，并通过了铁道部科技成果鉴定。1999年，北京控股磁悬浮技术发展有限公司（北控磁浮公司）与国防科学技术大学合作，制造出常导中低速磁浮列车，并于2001年在长沙修建了我国第一条中低速磁浮交通204 m试验线，同时建设了中低速磁浮交通中试基地；2001年，西南交通大学在青城山建设中低速磁浮试验线，试验线全长420 m，磁浮车身长11.2 m、宽2.6 m、高3.3 m，轨距1700 mm（见图1-18）。试验线与中试基地的建设为以后的中低速磁浮车工程化和应用打下了基础，也为正式商业运营打下了基础。

图 1-18 西南交大研制的青城山悬浮试验线

2002年4月，国防科技大学在校园内建成的中低速磁浮列车试验线通车（见图 1-19）。该试验线全长204 m，包括一段100 m半径的弯道和4‰的坡度，轨距宽为2 m。磁浮列车车厢长度为15 m，可载客130多人，设计时速为150 km。该试验线经过了2000 km的无故障试验，验证了国产磁浮列车的可用性。

图 1-19 国防科大校内试验线

2005年12月，投资2.5亿的上海低速磁浮试验线在位于临港新城的电气集团重装备产业区内正式开工建设，2010年1月通过项目验收，试验线全长1.70 426 km，列车三节编组，最高运行速度达100 km/h，至2010年年底试验运行累积约7000 km。试验线如图1-20所示。

图1-20　上海临港城轨磁浮试验线

2009年，中低速磁浮列车唐山试验线工程通过验收（见图1-21），全线长1.547 km。这是中国首条中低速磁浮列车工程化实验示范线，标志着中国首列具备完全自主知识产权的实用型中低速磁浮列车和配套实验线建成。

图1-21　唐山试验线

2011年，南车株洲电力机车有限公司出资2亿多元，联合西南交大、中铁二院、南车株洲所、南车电机等单位共同建设中低速磁浮交通试验线。该试验线是国内最接近商业应用的工程试验线。试验线正线长1.573 km，库线长度0.118 km，最高试验速度达94 km/h，目前已安全试验运行上万千米。试验线如图1-22所示。

图1-22　南车株洲商用中低速磁浮试验线

这些工作形成了我国中低速磁浮列车工程化试验示范和配套技术平台。

2. 我国中低速磁浮交通体系

在中低速磁浮交通工程化与产业化方面，我国初步建立了由北控磁浮公司、南车株洲电力机车有限公司联合有关院校和企业形成的两大中低速磁浮交通产业发展联盟。

由北控组织建立的工程化体系如下：

投资及组织： 北京控股磁悬浮技术发展有限公司
技术集成及核心技术攻关： 国防科学技术大学
列车制造： 唐山轨道客车有限责任公司
上海飞机制造厂
上海飞机研究所
株洲南车时代电器股份有限公司
青岛四方车辆研究所
北京航空制造工程研究所
南京华士电子科技有限公司
天津机辆轨道交通装备有限公司
工程设计和实施： 铁道第三勘察设计院集团有限公司
北京全路通信信号研究设计院
莱芜钢铁集团公司
中铁六局集团有限公司
中铁宝桥股份有限公司
北京中铁房山桥梁有限公司
中铁电气化局集团有限公司

由北控领衔的产业化集群如图1-23所示。

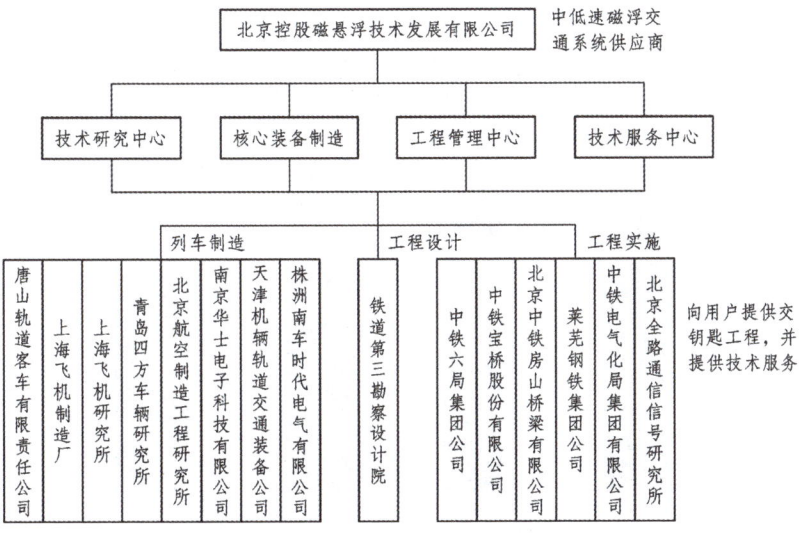

图1-23 由北控磁浮公司组织的工程化体系和产业化集群

由南车株机建立的工程化体系如下：

车辆总成、悬浮架——南车株机
　　　　　　　　　　西南交通大学
直线电机牵引系统及辅助电源——南车时代
直线电机、电磁铁——南车电机
悬浮控制系统——南车株机
　　　　　　　西南交通大学
　　　　　　　同济大学国家磁浮中心
线路及系统设计——中铁二院
轨道——山东莱钢
道岔——宝鸡桥梁厂
供电系统——中铁二院、南车时代
信号系统——中铁二院、南车时代

由南车株机领衔的产业化集群如图1-24所示。

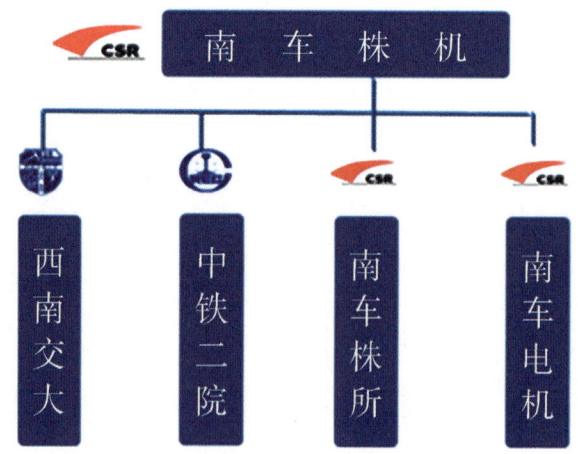

图1-24　由南车株洲电力机车有限公司组织的工程化体系和产业化集群

1.3.4 我国中低速磁浮交通试验线

1. 上海中低速磁浮列车试验线

1）系统概述

2005年1月，上海磁浮交通工程技术研究中心提出《关于开展低速磁浮交通技术研究的请示》，建议采用中低速磁浮轨道交通技术解决上海城市轨道交通系统建设中存在的困难，推广磁浮技术的发展和应用。2005年2月7日，上海市发展和改革委员会批复，同意开展中低速磁浮项目前期工作，同意选择一条适合采用中低速磁浮交通技术的轨道交通线，研究适合上海轨道交通需求的中低速磁浮交通系统模式及技术标准等。2005年4月28日，上海磁浮交通发展有限公司携同上海电气集团提出低速（城轨）磁浮交通系统集成技术的研究开发项目。历时近4年的研发，在上海临港新城地区建成了继日本、韩国之后的，我国最长线路的中低速磁浮试验线，完成了线路轨道与道岔建设、车辆集成设计与制造、信号系统的集成等关键技术研究与实施。列车的最高运行速度达到了100km/h，创造了国内中低速磁浮列车运行速度的最高纪录。通过系统调试运行验证了运行噪声、电磁辐射、运行平稳性、载客能力、能耗等技术指标均满足城市轨道交通要求，显示出该中低速磁浮交通系统在某些技术环节优于轮轨式城市轨道交通系统，能够适应城市轨道交通工程应用环境的特点。

2）系统组成与技术特征

（1）磁浮车辆。

上海中低速磁浮试验线采用的车辆是常导电磁悬浮的中低速磁浮列车。图1-25所示为上海磁浮交通工程技术研究中心与上海电气集团联合设计的原理样车外观。

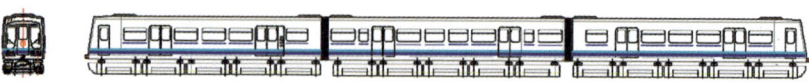

图1-25 设计的中低速磁浮列车外观

上海中低速磁浮试验线所使用的试验车辆为三节编组的低速（城轨）磁浮原型设计车，其主体结构使用寿命为30年。如图1-26所示，车辆结构分成了三大部分：车厢、走行机构、车载电网与控制网（包括牵引电气设备）。

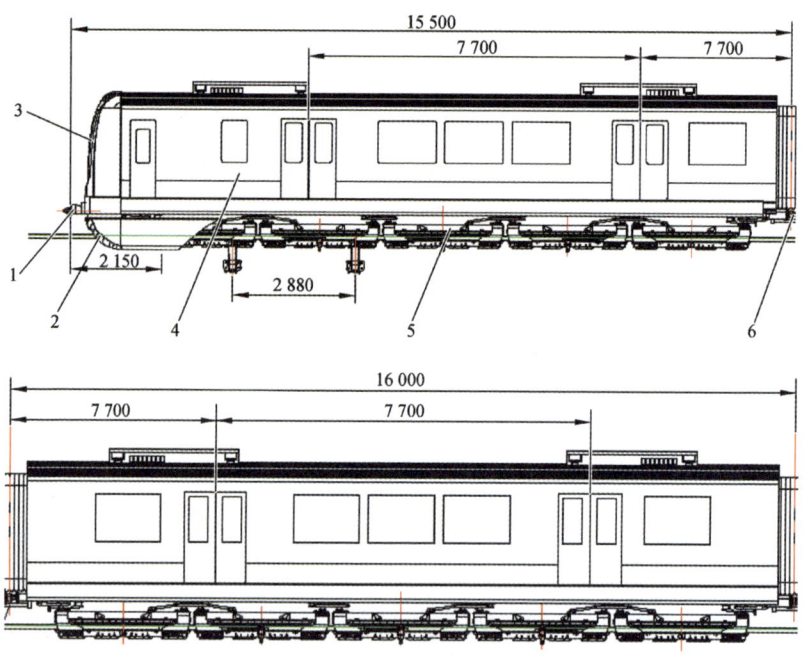

图1-26 上海中低速磁浮原型车总图

1-车钩；2-车头下裙板；3-车头；4-车厢；5-走行机构；6-车厢连接器

如图1-27所示，每节车的走行机构由5个悬浮架（10个悬浮磁铁模块、10个直线电机）组成，其中包括：悬浮架装置、悬浮电磁铁装置、空气弹簧悬挂系统、滑台装置、迫导向机构、抗侧滚装置、液压制动装置、滑橇、限位止挡装置、电机悬挂装置、液压支承装置、牵引拉杆装置、受流器装置（端车）、管线布置等。

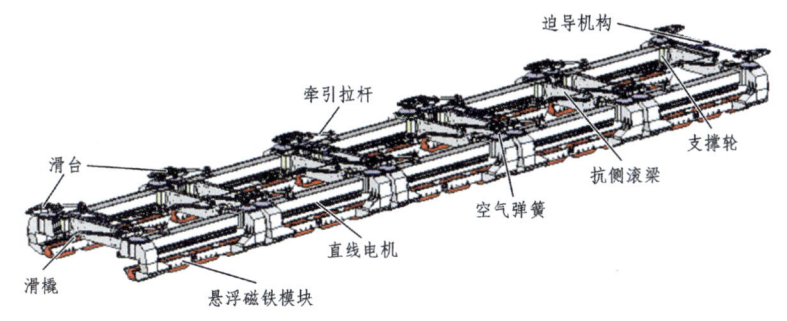

图 1-27 走行机构的三维设计模型

（2）试验线路。

上海中低速磁浮试验线线路包括一条主线和一条出入库线。正线长度为1704.267 m，出入库线长度为205.8044 m，厂房内线路长度为59.85 m，在由正线进入出入库线的位置，设置了一组道岔，长度为30 m。根据试验要求，线路上设置了50 m半径和70 m半径的圆曲线，还设置了长度为205 m、坡度为70‰的纵坡。

根据系统要求，试验线采用了三种轨道结构，包括：库外混凝土梁+轨排的轨道结构、库内立柱+轨排轨道结构和道岔。

中低速磁浮试验线库外轨道结构采用"轨道支承梁+轨排"的结构形式。根据不同的线路线形和跨越要求，试验线采用了20 m、25 m、27 m、30 m跨度，以25 m为主。小半径地段还采用了16 m曲梁。

轨排由轨枕和F轨组成，采用200 mm×200 mm的方钢轨枕，F轨则通过轧制并经机加工而成，两者通过高强螺栓连接。

试验线轨排主要有10 m、8 m和5 m三种，不同类型轨道梁的轨排的配置分别为：16 m轨道梁采用2根8 m轨排；20 m轨道梁采用2根10 m轨排；25 m轨道梁采用2根10 m轨排、1根5 m轨排；30 m轨道梁采用3根10 m轨排。

试验线轨道中轨排支承在现浇的承轨台上，通过预埋的螺栓与轨道梁连接为整体。轨排与混凝土承轨台之间还安装了减振橡胶垫片。

库内轨道结构采用"支墩＋轨排"的结构形式，并且根据作业要求的不同，分别采用固定混凝土支墩、固定钢支墩、可调钢支墩3种不同的形式。

（3）供电系统与牵引控制。

上海中低速磁浮试验线的ATP系统所选择的设备与技术均为地铁线路已经使用过的"现成技术"。列车自动监控（ATS）的基本功能由联锁工作机代替，列车驾驶采用人工驾驶模式。

如图1-28所示，系统配有多普勒雷达、绝对定位应答器、车载ATP计算机、车地无线电通信、信号灯等设备，结合了试验线的具体线路设计。

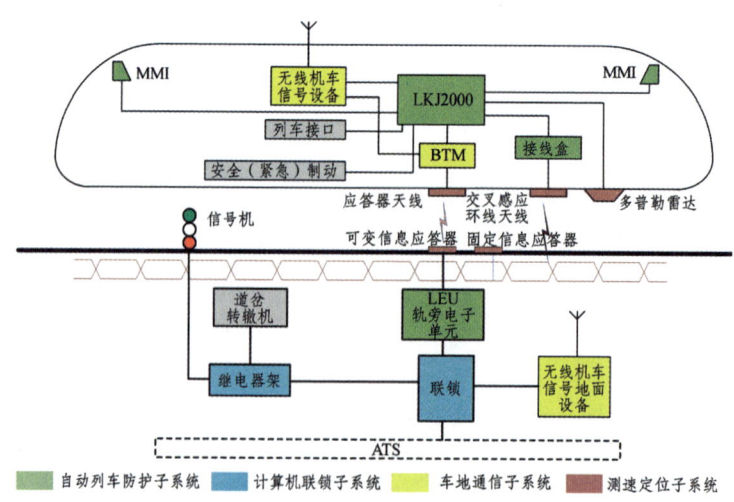

图1-28　上海中低速磁浮试验线ATP系统配置示意

计算机联锁通过无线机车信号设备接收列车的定位信息，各自计算并相互校核计算结果，由联锁产生列车的轨道占用信息。车载ATP计算机（LKJ2000）根据地面应答器接收线路位置信息（对于可变应答器，还可接收信号灯信息）校核并调用自身车载存储数据库，计算产生列车的安全制动曲线。

采用应答器加无线机车信号系统的方式实现车地间通信。通过在线路固定位置设置应答器以实现车地之间的点式数据传输；通过无线机车信号系统实现覆盖全线的车地间的连续的双向数据传输。以车载信号作为行车主体信号控制列车运行，信号系统监测列车运行，当情况发生变化时向司机提供报警，在需要时对列车实施制动，以确保行车安全。车载ATP计算机（LKJ2000）通过检测轨道上的地面应答器获取列车的绝对位置，并使用多普勒雷达和交叉感应环线检测列车的速度和相对位置。

由于整个上海中低速磁浮试验线仅一辆三节编组列车，因此还无法实现列车的运行模式（闭塞追踪），也无法实现真正意义上的ATC控制。

（4）系统试验。

上海中低速磁浮列车试验线试验项目的设立是以日本、美国、我国在该领域研发的试验为基础的全面评估。项目分为四大类：线路轨道、车辆静态、在线运行、运控信号。

上海低速磁浮试验线项目的总体试验项目共计44项，全部试验项目如表1-9所示。

表 1-9　上海中低速磁浮试验线试验项目汇总

序号	试验项目	车辆/轨道状态	形式	例行	研究
1	线路轨道				
1.1	线路线形的测量（静态）	完备装备		×	×
1.2	轨道结构的动力特性测试	完备装备		×	×
1.3	道岔静态测试	完整装备			×
1.4	线路适应状态、在曲线和坡道上的运行试验	完整装备	×		×
2	车辆静态试验				
2.1	车辆称重	车辆安装中	×		
2.2	车辆供电系统（包括车载电网）检查	完备装备	×		×
2.3	接地线回流检测与绝缘耐压试验	完备装备	×		
2.4	车载控制网络布线与功能检查	完备装备	×	×	
2.5	安装部件检查	完备装备	×	×	
2.6	悬浮架上液压回路密封检查	车辆安装中	×		
2.7	车辆静态限界检查	完备装备	×	×	
2.8	安全保护设备检查	完备装备	×	×	
2.9	悬浮间隙传感器与加速度计检测	车辆安装前	×		×
2.10	压缩空气气密性检查	车辆安装中	×	×	
2.11	压缩空气设备运行试验	完备装备	×		
2.12	静态悬浮控制器的控制性能检测	完备装备	×		×
2.13	车体、走行机构振动频率试验	完备装备			×
2.14	静态悬浮时序的确认试验	完备装备	×		
2.15	受流器静态供电状态检查	完备装备	×	×	
2.16	车载蓄电池充放电特性试验	车辆安装前		×	
2.17	辅助电气系统的正常运行试验	完备装备		×	
2.18	主要回路和电气设备的运行试验	完备装备	×	×	
2.19	重联操作	完备装备	×		

（续表）

序号	试验项目	车辆/轨道状态	形式	例行	研究
2	车辆静态试验				
2.20	悬浮电磁铁的电磁吸力及温升检测	车辆安装前	×		×
2.21	直线电机性能与参数的测试	车辆安装前	×		×
2.22	驾驶室与客室检查	完备装备	×		
2.23	制动静态试验	完备装备	×		
3	在线运行试验				
3.1	试运行试验	完备装备	×		
3.2	不同速度和负载行驶时悬浮能力与能耗试验	完备装备	×		×
3.3	运行安全和运行平稳试验（乘坐舒适度）	完备装备			×
3.4	起动和加速试验	完备装备	×		×
3.5	能耗试验	完备装备	×		
3.6	空气弹簧性能测试	完备装备	×		
3.7	列车运行噪声测试	完备装备	×		
3.8	车辆电磁兼容与辐射测试	完备装备			×
3.9	列车制动试验	完备装备			×
3.10	列车牵引能力试验	完备装备	×		
3.11	紧急救援支撑轮运行试验	完备装备	×		×
3.12	车辆运行状态下的受流器供电试验	完备装备			×
3.13	异常状态行驶试验	完备装备	×		
4	信号系统测试				
4.1	信号系统地面设备检查（静态）	完整装备		×	
4.2	信号系统安全防护基本功能试验	完整装备		×	
4.3	交叉感应回线测试	完整装备	×		
4.4	绝对定位设备测试	完整装备	×		

2. 唐山中低速磁浮列车试验线

1) 系统概述

唐山中低速磁浮列车试验线全长1.547 km，2008年5月投入试验。该试验线包括轨道直线、弯道、大坡度等线路情况，其试验示范线示意图如图1-29所示。该条试验线涵盖了70‰坡度，100 m、50 m半径空间旋转转弯等多种结构形式[30]。

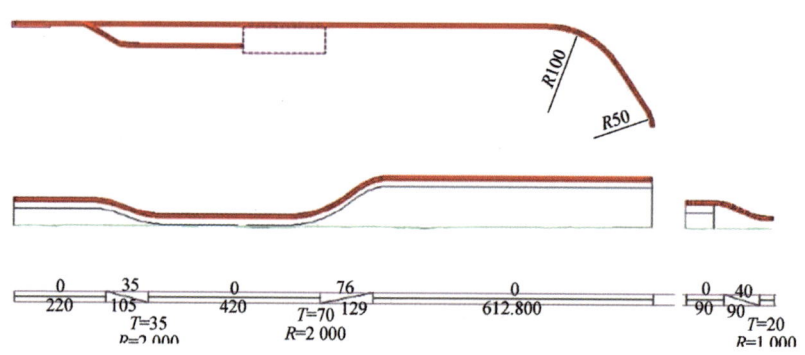

图1-29 中低速磁浮列车唐山工程化试验示范线示意图

唐山中低速磁浮列车先后研制了两代：第一代车是中低速磁悬浮工程化样车，该车仅1节，为四转向架结构；第二代车是实用型中低速磁浮列车，列车采用3辆编组方式，为五转向架结构。

工程化样车采用的供电制式是DC 750 V，采用上部受流供电轨受流方式；实用型车采用的供电制式是DC 1500 V，采用侧向受流供电轨受流方式。

工程化样车和实用型车的电机均为短定子直线感应电机，采用恒转差频率磁场定向的方法进行控制。该方法可在保证系统推力的同时让法向力最小。

运行试验从2008年开始，分别进行了重载试验、悬浮故障模拟试验和排障模拟试验等。至2013年10月，列车在唐山试验线上安全运行累计约8万千米,从而验证了列车的安全性和可靠性。

2)系统组成与技术特征

(1)磁浮车辆。

2005年研制出的第一代车为中低速磁悬浮工程化样车(见图1-30)。2009年至2011年研制出的第二代车为实用型中低速磁浮列车(见图1-31),列车采用3辆编组方式,由2辆结构相同的首尾车和1辆中间车组成,车体采用铝合金车体和宽幅车身。

图1-30 唐山中低速磁悬浮工程化样车

图1-31 唐山实用型中低速磁浮列车

工程化样车为四转向架结构,采用了数字悬浮控制方式,列车最高运行速度达85 km/h,最大载荷为35 t。实用型车为五转向架结构,采用了冗余数字悬浮控制方式,列车最高运行速度达105 km/h,最大载荷为35 t[31]。车辆具体参数如表1-10所示。

表1-10　唐山中低速磁浮列车车辆参数

参数	工程化样车	实用型端车	实用型中间车
转向架数量	4	5	5
供电电压	DC 750 V	DC 1500 V	DC 1500 V
最小曲线半径	75 m	50 m	50 m
车体纵向载荷	20 t	20 t	40 t
空调机组	1台/辆	1台/辆	2台/辆
客室内空调机组噪声	70 dB(A)	68 dB(A)	64 dB(A)
定员(AW3)	144	198	216
车辆高度	3830 mm	3438 mm	3438 mm
车门形式	塞拉门	塞拉门	外挂微塞门

(2)试验线路。

中低速磁浮列车唐山试验线全长1.547 km(含道岔),坐落于中国北车唐车公司厂区北部,试验线正线数目是单线,区间正线的坡度最小不低于35‰,最大不超过70‰。正线最小圆曲线半径为100 m,终端设置为50 m。最小竖曲线半径为2000 m,最小达1000 m。线路具体技术指标见表1-11。

表 1-11　唐山试验线线路技术指标

序号	项目	技术指标
1	线路长度	1540 m
2	车站	考虑试验人员和参观者上下列车条件
3	正线数目	单线
4	轨距	2000 mm
5	线路坡度	区间正线≤70‰，车站、检修库为平坡
6	平曲线半径	正线≥100 m，辅线≥75 m，设50 m半径曲线一处
7	竖曲线半径	≥1000 m
8	轨道	F形，127 kg/m
9	道岔	1处，单开型

试验线采用了高架轨道梁结构，跨度为18 m、24 m或36 m，道岔采用的是单开型，轨道是F形轨道，F轨一次性热轧成型，技术参数为127 kg/m。线路取1.2 m（轨枕间距）作为公称基准模数。

正线起点设组装调试检修库一处，库下层设运控室等相关用房，正线设检查调试平台两处（一处设于线路中段低点，考虑磁浮车辆组装条件；一处设于试验线末端，桥梁挂刚架模式，用于车辆检查和试验安全疏散措施）。线路起终点设置简易车挡结构。

（3）供电与牵引系统。

A. 供电系统

试验线的供电系统包括牵引供电系统和动力照明配电系统。牵引供电系统包括牵引变电所与牵引网，牵引网由供电轨、回流轨及馈电和回流电缆组成。

供电系统从主变电所获取6 kV高压电源，一方面通过牵引供电系统给试验的磁浮车辆供电，另一方面通过动力照明配电系统将电能配送给检修库及线路上的动力照明设备、通信信号设备等。

磁浮列车利用全线架设的接触轨受电，采用的供电制式有DC 750 V和DC 1500 V两种，采用的供电方式为钢铝复合轨侧接触受流方式，钢铝复合接触轨不仅满足3000 A以上的持续载流能力，还满足小曲线和竖直曲线安装并无内部应力产生的要求，保证系统使用寿命。

工程化样车采用的供电制式是DC 750 V，采用上部受流供电轨受流方式；实用型车采用的供电制式是DC 1500 V，采用侧向受流供电轨受流方式，侧向受流可以免去受流轨的雨雪防护，能够保持受流器压力的一致[26]。

B. 牵引系统

牵引系统由电源、牵引逆变器、直线感应电机和交流传动控制单元（DCU）等组成，列车的每个转向架两侧于轨道上方各安装一台电机，单侧电机串连成电机组，两组电机并联后由一台牵引逆变器供电。

DCU为磁浮列车牵引系统的核心控制部分，其主要功能包括：开关逻辑控制、牵引/制动特性计算、IGBT变流器驱动脉冲生成、电机恒转差频率磁场定向控制、IGBT变流器故障保护等。其中，采用电机恒转差频率磁场定向控制技术，可瞬时控制电机转矩，将负载扰动对速度的影响降到最低，且在瞬态和稳态下均可获得最大转矩/电流，效率较高，并可使系统在保证推力的同时法向力最小。

（4）系统试验。

运行试验工作从2008年5月正式开始，共进行了九个阶段的试验和相关的车辆整备和改造、轨道调整、牵引变电所调试、运控设备安装等工作。运行试验分别进行了重载试验、悬浮故障模拟试验、排障模拟试验。重载试验分三种情况进行试验，主要是：

（a）满载35 t，车重24 t（含临时车载设备）+负载11 t。

（b）超载37 t，车重24 t（含临时车载设备）+负载13 t。

（c）满载和超载时，车辆能以60 km/h速度运行，20 km/h通过R100曲线，70‰坡道起动。

悬浮故障模拟试验对两种情况进行试验，分别有：

（a）1个悬浮点故障，车辆能以33 km/h速度运行，上70‰坡道。

（b）2个悬浮点故障，车辆能以15 km/h速度运行，上35‰坡道。

排障模拟试验分三种情况进行试验，主要是：

（a）在轨道上放置砖块、木棍、香烟盒等障碍物，模拟类似大小的金属工具和材料。

（b）车辆运行速度低于10 km/h时，能推着这些障碍物前进，障碍物没有进入车底。

（c）车辆运行速度高于10 km/h时，能将这些障碍物撞开，从轨道外侧坠落。

至2013年10月为止，列车在唐山试验线上已累计运行约8万千米，通过了100 m曲线（见图1-32）和70‰坡道（见图1-33）试验，最高运行速度达105 km/h。运行过程中没有出现重大运行安全事故，其可靠性和安全性得到了验证[32]。

（a）工程化样车　　　　　　　　　（b）实用型车

图1-32　磁浮列车通过100 m曲线试验

（a）工程化样车　　　　　　　　　（b）实用型车

图1-33　磁浮列车通过70‰坡道试验

3. 株洲中低速磁浮列车试验线

1）系统概述

针对轨道交通发展需求和面临的挑战，南车株洲电力机车有限公司联合株洲南车时代电气股份有限公司、南车株洲电机有限公司、西南交通大学等单位开展中低速磁悬浮车辆工程化技术研究，推出面向市场的中低速磁浮交通系统。

项目于2011年1月25日正式启动，并进行技术分工和技术设计评审；6月25日完成了单模块悬浮架试验系统的研制；8月31日完成了整套图纸设计；2012年1月20日，具有完全自主知识产权的可商业化运营的中低速磁浮列车成功下线；同年9月20日，完成了1.6 km试验示范线，并开始试验、运行（见图1-34）。

图1-34　南车中低速磁浮列车

该项目完成了悬浮控制及驱动系统设计与制造、线路轨道与道岔建设、车体设计与制造、信号系统的集成等关键技术研究与实施。

在试验期间，该项目完成了悬浮电磁铁、牵引电机、牵引逆变器、辅助逆变器、高压电器箱、悬浮蓄电池以及列车称重、平稳性、噪声、电磁兼容、防水等型式试验，列车各种载荷工况下悬浮系统、牵引系统、制动系统、振动频率等研究性试验。

目前，列车在试验线上已稳定运行1万多千米，最高速度达到了94 km/h，各项技术指标满足相关技术标准和车辆技术规格书的要求，显示出该中低速磁浮交通系统作为独立交通系统，适用于中小客流城市、城郊的大众交通线，大城市中心城区，对噪声、选线具有特殊要求的交通线，以及风景名胜区的旅游交通线的优势[33]。

2）系统组成与技术特征

（1）磁浮车辆。

株洲中低速磁浮列车试验线的车辆采用EMS型电磁悬浮技术和异步直线电机驱动技术，采用柔性悬浮架模块代替刚性转向架构架，如图1-35所示。

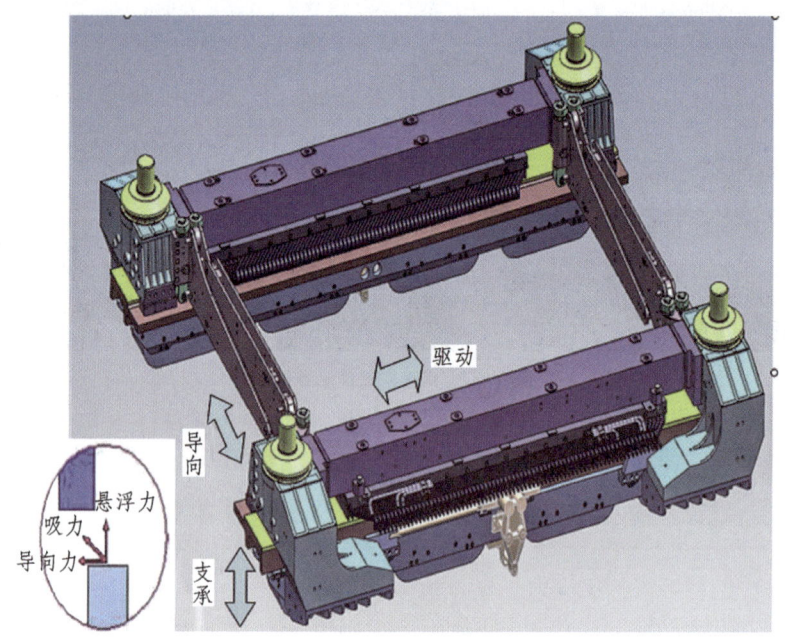

图 1-35　南车中低速磁浮列车悬浮架

列车采用3辆编组方式，由2辆结构相同的端车（Mc）和1辆中车（M）组成，采用铝合金材料及复合材料车体，宽幅车身。每节车的走行机构由5个悬浮架组成，其中包括：悬浮架装置、悬浮电磁铁装置、空气弹簧悬挂系统、滑台装置、迫导向机构、抗侧滚装置、液压制动装置、滑橇、限位止档装置、电机悬挂装置、液压支承装置、牵引拉杆装置、受流器装置（端车）、管线布置等[34]。

车辆主要技术指标见表1-12。

表 1-12　车辆主要技术规格

序号	名称	参数
1	列车编组	-Mc+M+Mc-
2	轨距	1860 mm
3	额定供电电压	DC 1500 V
4	车体基本长度	15 700 mm/15 000 mm
5	车体基本宽度	2800 mm
6	车内净高	≥2100 mm
7	车钩中心线距轨面高度	600 mm
8	悬浮架模块长度	2800 mm
9	每节车悬浮架模块数量	5个
11	最小平面曲线	50 m
12	最小竖直曲线	1500 m
13	坡道	70‰
14	车辆最高速度	100 km/h

（2）试验线路。

株洲中低速磁浮列车试验线的线路采用高架结构，由地基、墩柱、轨道梁、导轨、轨枕和受流轨等部分组成。墩柱建在地基上，轨道梁架设在墩柱之间。导轨、轨枕和受流轨安装在轨道梁上。

轨道为"F轨"，通过轧制并经机加工而成，其上表面是直线感应电机次级（反应板），覆盖有感应铝板（与钢轨绝缘），轨道的平整度与直线度通过调整梁上的轨枕来实现。

根据试验要求，线路采用了三种轨道结构，包括：库外混凝土梁＋轨排的轨道结构、库内立柱＋轨排轨道结构和道岔[35]。

根据试验要求，线路上设置了最小曲线半径：50 m；最大坡度：70‰；最小竖曲线半径1500 m。

线路总长为1.6 km，其中正线长1.573 km，库线长0.118 km，起点设组装厂房一处,包括组装调试厂房及辅助生产办公用房;中部设综合楼一处,包括牵引混合变电所及运控中心。其桥梁结构多采用跨度16~25 m的简支梁桥结构,线路小半径地段及有特殊跨越要求时多采用连续梁及其他特殊结构。南车中低速磁浮试验线路如图1-36所示。

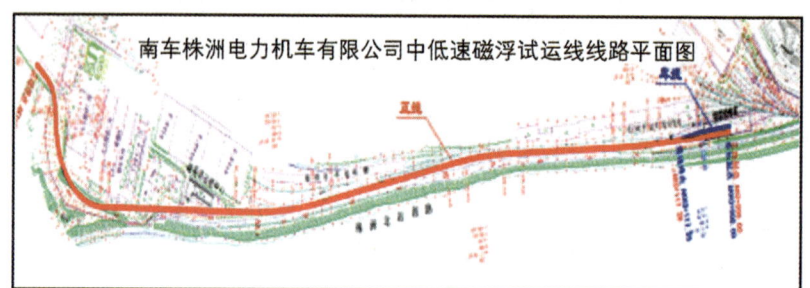

图1-36　南车中低速磁浮试验线路图

(3)供电系统与牵引控制。

株洲中低速磁浮列车适用于城市轨道交通,城市轨道交通的特点决定了其供电方式采用DC 1500 V,与地铁、有轨电车供电系统类似。采用的供电方式为钢铝复合轨侧接触受流方式,钢铝复合接触轨不仅满足3000 A以上的持续载流能力,还满足小曲线和竖直曲线安装并无内部应力产生的要求,保证系统使用寿命。

磁浮列车利用全线架设的接触轨受电,试验线的供电系统包括牵引供电系统和动力照明配电系统。牵引供电系统包括牵引变电所与牵引网,牵引网由供电轨、回流轨及馈电和回流电缆组成。其供电系统的主要部件包括:GIS开关柜、变压器、整流器、直流开关柜、能量吸收装置、能量回馈装置[36]。

其中:GIS开关柜的额定电压为40.5 kV,额定频率为50 Hz/60 Hz,额定主母线电流为1250~5000 A,额定馈线电流为

1250～2500 A；变压器分为整流变压器和能馈变压器，整流变压器的额定容量为1800 kW，原边额定电压为10 kV，最高运行电压为12 kV，次边额定电压为2×1180 V。能馈变压器的额定容量为3000 kW，原边额定电压为10 kV，最高运行电压为12 kV，次边额定电压为4×950 V；整流器的额定容量为1750 kW，输入二重三相工频交流电，输出DC 1500 V直流电压和1167 A直流电流；直流开关柜的额定电压为1800 V，额定工作电流为4000 A；能量吸收装置的额定电压为DC 750 V/DC 1500 V，控制方式为N相PWM不重斩波（N=4、6、8、12），斩波器工作范围为5%≤a≤95%；能量回馈装置的额定回馈功率为3.6 MW，额定电流为2100～4200 A，工作制式为间歇工作制。

（4）系统试验。

对株洲中低速磁浮列车系统进行的试验是以面向实际运营为基础的全面评估。建线以来，该项目完成了如下试验内容：

A. 该项目利用单悬浮架试验台（见图1-37）对悬浮能力、悬浮架工程化特性进行了验证，利用磁浮列车进行了悬浮性能试验。

图1-37　南车中低速磁浮试验线单悬浮架试验台

B. 电磁铁型式试验。试验内容包括：绝缘电阻测定、初级绕组冷态下直流电阻测定、温升试验、吸力试验、绝缘介电强度试验、线圈匝间耐压试验、绕组电感测定试验、称重试验、浸水试验[37]。

C. 牵引电机型式试验。试验内容包括：定子绕组对机座绝缘电阻的测定、定子绕组实际冷态直流电阻的测定、温升试验、静态特性测定、浸水试验、定子绕组对机座的介电强度试验、定子绕组匝间介电强度试验、定子绕组电抗值测量、运行方向测量、空载试验。

D. 该项目完成了悬浮蓄电池试验、列车称重试验、列车平稳性测试、列车噪声试验、列车EMC-列车低频发射试验、列车EMC-整车对外辐射试验（见图1-38）、载荷试验、振动频率、制动距离试验等型式试验。

图1-38 列车EMC-整车对外辐射试验

E. 该项目完成了异步电机牵引性能试验，试验结果见表1-13。

表1-13 牵引性能试验数据

序号	测试项目	评判标准	测试结果（m/s²）	是否符合设计要求
1	100%牵引从0加速至35 km/h的平均加速度	≥1.0 m/s²	1.2 m/s²	是
2	100%牵引从0加速至60 km/h的平均加速度	≥0.8 m/s²	0.9 m/s²	是
3	100%牵引从0加速至80 km/h的平均加速度	≥0.6 m/s²	0.67 m/s²	是

列车在南车株洲电力机车有限公司1.6 km试验线上稳定运行10000 km，最高速度达到了94 km/h，各项技术指标满足相关技术标准和车辆技术规格书的要求。

1.3.5 我国中低速磁浮交通发展实例

1. 北京S1磁浮工程线

北京市中低速磁浮交通示范线（S1线）由北京市发改委于2013年10月30日正式批复建设。

1）线路

S1线西段工程起于门头沟新城西南角的石门营站，向东高架跨越京原路（规划三石路），跨越西六环、永定河、铁路丰沙线，穿越石景山至既有京门铁路线，沿京门铁路南侧控制带敷设至苹果园枢纽，并与既有M1线形成换乘。线路示意图见图1-39[38]所示。

图1-39 线路示意图

工程线路全长10.236 km，其中高架段9.953 km，隧道段0.283 km。全线设站8座高架站，石门营设车辆段1座。

S1线主要技术标准：

（1）轨距：2000 mm。

（2）正线数目：双线。

（3）平面曲线最小半径：正线一般150 m，困难100 m；辅助线一般100 m，困难75 m。

（4）线路最大坡度：正线一般60‰，困难70‰；辅助线不大于70‰。

（5）轨道：F形　127 kg/m。

（6）车站：8座。

（7）道岔：单开、对开以及三开型，折返设置交叉渡线。

（8）车辆外形尺寸（待定，暂按如下参数）：首尾车（Mc'）每节长15 m；中间车（M）每节长14 m；车辆最大宽度3000 mm。

（9）质量：首尾车空载质量22.5 t，最大总质量35 t；中间车空载质量21.5 t，最大总质量35 t。

（10）编组方式：初期、近远期根据客流预测设置，暂按6辆设置。

（11）定员：首尾车146人/辆，超员状态：207人/辆；中间车159人/辆，超员状态：224人/辆。（人均质量：60 kg，定员：6人/m²，超员：9人/m²）。

（12）本线列车运行最高速度：100 km/h。

（13）第三、四轨车侧下部受电。

（14）列车控制方式：MTCS系统。

（15）列车运行控制方式：MATC系统。

（16）通信：相对独立的专用通信网。

（17）客运：自动扶梯，垂直电梯，屏蔽门，自动售、检票，车站空调等系统。

2）土建工程

（1）车站。

石门营站为高架两层侧式站，苹果园站为高架三层岛式站，小园、矿务局、上岸村、石龙路、四道桥、金安桥站为高架三层侧式站。

高架三层侧式车站长度约为90 m，车站面积约为4900 m²，车站方案见图1-40。

图1-40　高架三层车站方案

高架二层侧式车站长度约为101 m，车站面积约为4900 m^2，车站方案见图1-41。

图1-41　高架二层车站方案

（2）桥梁。

高架桥梁全长9.16 km，桥梁主要采用现浇的单箱单室整孔箱梁，全线一般地段以24 m、30 m梁为基本跨度。全线桥梁多采用支架现浇施工方法，在跨越河流、铁路等特殊工点考虑采用悬浇、转体等施工方法。

（3）隧道。

区间隧道位于石景山区，穿越石景山0.283 km，断面宽12.42 m，高9.85 m，单洞双线隧道马蹄形断面；采用新奥法施工复合式衬砌。

（4）车辆综合基地。

在石门营设置车辆段，石门营车辆段与综合基地由5部分组成，包括车辆段、综合维修中心、物资总库、备用控制中心、培训中心。

3）车辆、机电设备系统工程

车辆、机电设备系统工程包括车辆、轨道系统、供电系统、通信系统、门禁系统、运控系统、乘客信息系统（PIS）、通风空调与采暖系统、给排水及消防系统、动力照明系统、安全门系统、自动扶梯与电梯、综合监控系统（ISCS）、防灾报警系统（FAS）、办公自动化系统（OA）、自动售检票系统（AFC）等。

（1）供电系统。

采用分散式供电，由接触轨供电，电压额定值为DC 1500 V。

（2）通信系统。

通信系统主要由专用通信系统、公安安防通信系统、综合安防系统等组成。

（3）运行控制系统。

本线运控系统采用MATC，包括列车自动监控系统（ATS）及列车自动防护系统（ATP）以及列车自动驾驶系统（ATO）。

（4）其他机电系统。

本线设置了给排水、环控、综合监控、FAS、BAS、AFC、乘客信息、办公自动化、门禁等系统。

2. 长沙机场磁浮工程线

1）概述

2013年，黄花机场旅客吞吐量已突破1600万人次。随着黄花机场航空运输量的不断增长，加上黄花机场第二跑道建设的推进，加快长沙机场地区综合交通枢纽建设迫在眉睫。为此，长沙机场地区综合交通枢纽将规划建设4条轨道交通、9条快速通道、2个交通中心、1个枢纽智能信息系统，打造航空与高铁、地铁、磁悬浮、公共客运等多种交通方式"无缝对接"的"快速干线"（图1-42）。

2014年，湖南省发改委发文《关于长沙磁浮工程可行性研究报告的批复》，同意在长沙建设长沙磁浮工程。根据《批复》，项目法人为湖南磁浮交通发展股份有限公司,负责项目的投资、建设和运营。项目建设目标为:技术先进、功能合理、安全可靠、经济适用、节能环保。

2014年5月16日,黄花机场至长沙南站的中低速磁悬浮轨道交通开建。该工程项目位于长沙市雨花区和长沙县境内,线路自长沙南站东广场北侧引出至劳动路,沿劳动路跨浏阳河至黄兴大道,再行至机场高速南侧,最后向东上跨机场大道后垂直接入T1、T2航站楼间连廊,沿途经过雨花区和长沙县境内。预计长沙磁浮工程建成投运后,旅客搭乘磁浮列车从黄花机场到高铁站只需10多分钟,通过高铁站转乘长沙地铁2号线可直达市内各地。工程投资总额估算约为42亿元,线路长约18.55 km;全线设车站3座,分别为长沙火车南站、榔梨站和黄花机场站,在武广片区设车辆段与综合基地1处,控制中心设置综合基地内。该工程于2015年12月底建成并试运营,总工期为20个月。(编者注:黄花机场至长沙火车南站的中低速磁悬浮轨道已于2016年5月6日正式通车运营。)

图1-42 长沙机场磁浮工程线

2）车辆

长沙机场磁浮工程线的车辆由南车株洲电力机车有限公司提供，采用3辆编组方式，由2辆结构相同的端车（Mc）和1辆中车（M）组成，采用铝合金材料及复合材料车体，宽幅车身。每节车的走行机构由5个悬浮架组成，其中包括：悬浮架装置、悬浮电磁铁装置、空气弹簧悬挂系统、滑台装置、迫导向机构、抗侧滚装置、液压制动装置、滑橇、限位止挡装置、电机悬挂装置、液压支承装置、牵引拉杆装置、受流器装置（端车）、管线布置等。

全线采用1个交路，初期需运用车5列，中期需运用车9列，远期需运用车14列，每列车辆定员307人，设计时速100 km。

车辆主要技术指标见表1-14。

表1-14　车辆主要技术规格

序号	技术指标	车型	
		端车	中车
1	车辆基本长度[a]/mm	16 500	15 600
3	车体基本宽度/mm	2800	
4	车辆最大高度[b]/mm	≤3700	
5	车内净高/mm	≥2100	
6	地板面高度[b]/mm	≤880	
7	整备状态（AW0）车辆质量/t	≤24	
8	车辆悬浮能力/t	≥33	
9	悬浮架模块数量/个	5	
10	悬浮架模块长度/mm	≤2800	
11	轨距/mm	1860	
12	额定悬浮间隙/mm	8	
13	车钩中心线高度[c]/mm	600±5	

（续表）

序号	技术指标	车型	
		端车	中车
14	车辆每侧车门数/对	2	
15	启动加速度[d]/(m/s^2)	≥0.9	
16	常用制动减速度/(m/s^2)	≥1.1	
17	紧急制动减速度/(m/s^2)	≥1.3	

注 a：两车钩连接面间的距离；
　　b：相对于基准面的高度；
　　c：要求车辆在悬浮和支撑轮支撑两种工况下车钩中心线的高度相同；
　　d：速度为0～35 km/h。

3）线路

长沙机场磁浮工程线的线路走向根据长沙市总体规划和轨道交通线网规划进行设计，配合城市主客流流向，串联主要客流集散点，方便与其他交通线路的换乘，包括正线（含支线）、配线和车场线。在与其他交通线路的相交处采用立体交叉。采用地面线的地段按全封闭设计，且具备防淹、防洪能力。全线车站、区间及车场设置有线路、信号及CPⅢ控制测量等标志、标线。其线路平面曲线半径根据线路性质、设计速度、工程难易程度，并结合周边环境因地制宜地合理选用。对于受环境因素限制采用小曲线半径的路段，设计有相应的列车运行速度，如表1-14[39]所示。

表1-14　各种速度限速曲线半径

曲线半径/m	限制速度/(km/h)	曲线半径/m	限制速度/(km/h)
100	40	350	80
150	50	400	85
200	60	450	90
250	70	500	95
300	75		

4）运控及供电

该线路的运控系统由行车指挥和列车运行控制设备组成，设置有故障监测和报警设备，采用软、硬件冗余措施以保证系统的可靠性。双线区段按正向追踪运行、反向站间运行设计，运控系统可为双方向运行提供安全防护功能。

该线路供电系统包括外部电源、主变电所、中压供电网络、牵引供电系统、动力照明供电系统、电力监控系统和综合接地系统。其中牵引供电系统包括牵引变电所与接触轨，动力照明供电系统包括降压变电所与动力照明配电系统。为节省投资，工程采用10 kV分散式供电。在车辆基地设置有供电车间，以对供电设备进行管理与维护。

作为国内首条具有自主知识产权的中低速磁浮交通线路，长沙机场磁浮线投入运营后，改善了百姓的出行方式，显著提升长沙在全国的交通枢纽地位和城市品位，并培育壮大城市轨道交通产业发展。该运营线也成为长沙市的一张靓丽名片[40]。

3. 深圳地铁8号磁浮工程线

2006年，深圳市政府规划建设地铁8号线。中低速磁浮交通之所以能够有望率先在深圳8号线落户，是因为：深圳8号线沿山区和海边行进，常住人口密集，辐射沿线常住人口超过60万，日常公共交通需求巨大；而且，沿线商贸旅游业兴旺，随着东部华侨城的开业和深圳东部旅游的综合开发，到2010年巨大的交通需求将给盐田乃至深圳东部交通带来极大压力。按照目前深圳市轨道办对8号线的客流量预测模型预计，到2025年8号线高峰小时单向客流将近3万人，按照《国务院办公厅关于加强城市快速轨道交通建设管理的通知》的规定，深圳市明确了线路采用轻轨。由于中低速磁浮交通系统整体造价低，安全性能好，线路适应性强，2006年深圳市轨道交通工作第三次会议同意深圳市地铁公司启动8号线采用中低速磁浮的前期研究。此外，中低速磁浮交通适合于旅游景区的环境保护和观光，这也促使深圳市政府决定研究采用该技术的可行性。地铁8号线是集上下班通勤、游客输送、观光旅游和商圈联络线四项功能为一体的独特线路。该线路暂设17座车站，1个车辆段，主线全长约30.4 km，主线设莲塘到仙湖、大梅沙到东部华侨城两条支线，总长约9 km，以高架为主。拟采用国内完全自主知识产权的中低速磁浮交通技术，中低速时速为100～120 km，运营时速通常为80 km[41]，如图1-43所示。（编者注：2015年12月底，8号线一期工程前期工程开工，一期明确敷设方式为地下，二期则将采取跨座式单轨设计。弃用磁浮方案。）

图1-43　深圳市轨道交通（中低速磁浮）8号线工程线路示意图

经过长期坚持不懈的努力，我国已经掌握了中低速磁浮交通核心技术和系统集成技术。所积累的经验表明，我国已经基本具备设计建造中低速磁浮交通系统的技术基础。国内中低速磁浮技术的研发工作已经取得重大突破，该项技术具有良好的应用前景。

1.4 发展中低速磁浮交通的意义

1.4.1 中低速磁浮交通有利于节能

与地下轮轨系统相比，中低速磁浮交通更适合高架建设，可显著降低地下设施环控与照明等能耗，系统综合能耗较低。中低速磁浮交通使用电能并且相对节能，符合国家节能与能源发展战略。

参考日本地铁协会对直线电机系统与普通轮轨系统进行对比的方法，对旋转电机轮轨式车辆、直线电机轮轨式车辆和中低速磁浮车辆三种交通系统的牵引能耗进行了模拟计算，计算结果表明：直线电机轮轨式车辆牵引耗电量大于中低速磁浮车辆的牵引耗电量，中低速磁浮车辆的牵引耗电量大于旋转电机车辆牵引耗电量；直线电机轮轨式车辆比旋转电机车辆牵引耗电量高出约19%，中低速磁浮车辆的牵引耗电量比旋转电机车辆牵引耗电量高出约10%。但采用磁浮车辆后，由于其没有机械摩擦，从而带来的维护费用极低，使得系统的综合运营成本比传统轨道交通系统大大减少。

城市轨道交通系统的电力消耗可以分为两大类：一是车辆消耗电能，二是车辆以外车站及车站区间子系统等的消耗电能。深圳地铁1号线实际运营数据表明，车辆运行牵引能耗占地铁系统总能耗的30%左右，环控等其他部分能耗占地铁系统总能耗的70%左右。

尽管中低速磁浮车辆的牵引耗电量比旋转电机车辆牵引多，但由于磁浮交通系统的环控等其他部分能耗较低，如考虑整个交通系统综合能耗，两者是基本相当的。深圳轨道交通8号线前期能耗研究表明：中低速磁浮交通方案与轮轨B型车方案相比全年综合能耗基本相当。

中低速磁浮交通除可采取传统轨道交通系统主要节能途径及措施外，还可采用诸如小编组高密度、灵活编组方式以提高满载率等多种提高效率节能的方法，具有较大节能空间。

1.4.2　发展中低速磁浮交通有利于促进新城镇化的健康发展

由于中低速磁浮交通运量大、无污染和噪声小的优点，在城市中采用中低速磁浮交通能解决当前城市中交通拥挤、大气污染、噪声污染和车祸频出的问题。因此，中低速磁浮交通能够促进城镇化质量的提高，解决城镇化进程中出现的交通问题，进而促进城镇化的发展。城镇化的发展能促进中低速磁浮交通的发展和应用。由于当前中国正处于高速城镇化的过程中，城镇不可避免地出现"雾霾""拥堵"等"城市病"。要解决这些问题，提高城镇化的质量，城市交通亟须改善。中低速磁浮交通的优势决定了其解决城市交通问题的有效性。因此，随着中国城镇化的不断发展，中低速磁浮交通在中国的城镇化进程中必将得到发展和应用。

中低速磁浮交通是社会发展的有效需求，新交通技术和产业在满足有效需求的前提下，极大促进了我国新城镇的发展，满足了国家战略性发展的需要，具有重要的现实和历史意义。

1.4.3　中低速磁浮交通为解决大城市公共交通提供了途径

如何解决大城市的公共交通问题？中低速磁浮交通可望给出积极的解决答案。利用中低速磁浮交通的宁静、爬大坡、转小弯的突出特性，可在大城市既有道路、人行道、绿化地或公共用地架起支墩，支墩上面架桥，空中建车站，出入口因地制宜地用连接桥连接到可以落地的地方（商场、写字楼、居民区、空地等）。采用这种思路，大城市市内大多数的道路上都可架设中低速磁浮交通线，只要路宽超过30 m，即可架起一条3万以上客流的中低速磁浮交通新线。一般地，磁浮车宽2.8~3 m，单线宽度即3 m，车站适当加宽，站台长120 m，一节车长15 m，最多可以载200人，8节车的列车可运乘客1600人。建设不用征地不用拆迁，出入口可因地制宜设置。在已有的道路上方可增加中低速磁浮交通线路，使在现有城市的公共交通基础上进一步高强度发展公共交通成为可能，为解决大城市公共交通提供了途径。此外，列车运营采用不同节数的灵活编组可调节运量，通过灵活编组，可实现每小时5000~40 000人的运能。

1.4.4　**中低速磁浮交通提升方便乘客出行的网络化接驳水平**

由于磁浮交通的特性，线路容易拐弯、爬上或爬下，因而更容易接近目标车站，实现与既有各种交通方式的近距离的车站接驳，如高铁站、飞机场候机大厅，也可以进入地下接近现有地铁车站建站，同样可以设法从高处或地下与地面的汽车站接驳，融入现有的各种交通网络，提升方便乘客出行的网络化接驳水平。

1.4.5　中低速磁浮交通支撑新城镇化发展水平

中低速磁浮交通为提升城市的规划和发展水平提供技术支持。首先，为离中心区100 km点对点地建设50万人卫星城提供直达交通的支持；第二，为因地制宜地建设蛛连式城市提供交通支持；第三，为因地制宜地建设城市综合体提供交通支持；第四，为城市旧城改造提供交通支持；第五，为城市公共交通的节能减排提供支持；第六，为城市控制交通引起的PM2.5排放提供支持；第七，为真正用城市公共交通解决交通问题提供支持。以中低速磁浮交通发展规划引领的新型城镇化的城市格局，可实现高水平环保，提高居民的生活幸福指数，为有特殊环保要求以及其他公共交通无法落地的地区发展提供交通手段。

2

中低速磁浮交通的发展协同性研究

2.1 中低速磁浮交通发展协同的需求分析

2.1.1 中低速磁浮交通发展协同的政策分析

1. 机会

中低速磁浮交通符合基本国策。党的十八大报告明确指出：建设生态文明，是关系人民福祉、关乎民族未来的长远大计。要坚持节约资源和保护环境的基本国策，坚持节约优先、保护优先，着力推进绿色发展、循环发展、低碳发展，形成节约资源和保护环境的空间格局、产业结构、生产方式、生活方式，从源头上扭转生态环境恶化趋势，为人民创造良好生产生活环境……节约资源是保护生态环境的根本之策，推动能源生产和消费革命，控制能源消费总量，加强节能降耗，支持节能低碳产业和新能源、可再生能源发展，确保国家能源安全。中低速磁浮交通的节能性、减排性正是为满足城市多元化需求应运而生，对于解决城市交通问题、促进节能减排、实现绿色发展具有积极意义，符合国家节约资源、保护环境的基本国策。

中低速磁浮交通获得各级政府支持。中低速磁浮交通获得了国务院、科技部、教育部、住建部、国家发展改革委员会与各级地方政府的大力支持。科技部将中低速磁浮技术列入"十一五"

"十二五"科技支撑计划（编者注：《"十三五"国家战略性新兴产业发展规划》也提出"推进新型城市轨道交通装备研发及产业化"要求，构建时速200 km及以下中低磁悬浮系统的设计、制造、试验、检测技术平台，建立完善产品认证制度，进一步推进中低速磁浮交通系统关键技术及设备的工程化应用。），由北控磁浮工程化体系承担，在同济大学建立"国家磁浮交通工程技术研究中心"；教育部在西南交通大学建立"磁浮技术与磁浮列车"教育部重点实验室；住建部授权北控磁浮工程化体系承担国家中低速磁浮交通国家行业系列标准的主要编制工作；北京市政府及相关部门支持S1线建设，批准成立由北控磁浮和国防科大共建的"北京市中低速磁浮交通系统工程技术研究中心"；国家发展改革委员会将S1线定为中低速磁浮交通运营示范线；在湖南省和长沙市政府的支持下，长沙机场中低速磁浮交通运营线已开工建设（编者注：长沙机场线已于2016年5月正式通车运营。）；国务院为激发市场活力，明确将城市轨道交通项目审批权下放地方，以减少审批流程，提高工作效率。

2. 挑战

地方财政压力巨大。据国家审计署2011年公布的对36个地方政府本级2011年以来政府性债务情况抽查的结果显示，36个地方政府债务余额38 475.81亿元，两年来增长了12.94%，一些地方政府借了新债还旧债，新债又变成了旧债[42]。（编者注：审计署于2013年摸底调查中，发现地方政府债务余额达17.89万亿元。而2017年全国地方政府债务余额虽控制在全国人大批准限额内，但也达164 706亿元。）尽管对中低速磁浮交通表示了浓厚的兴趣与支持力度，但巧妇难为无米之炊，各级地方政府对中低速磁浮交通还是处于观望状态。

2.1.2 中低速磁浮交通协同发展的经济分析

1. 机会

中低速磁浮交通可作为战略新兴产业。十八大报告明确提出：推进经济结构战略性调整，推动战略性新兴产业、先进制造业健康发展。在国家大力培育战略性新兴产业背景下，新型交通已成为推进战略性新兴产业成长的必然要求。一方面，新型交通的诸多领域都是战略性新兴产业重要的组成部分；另一方面，以新技术为核心的新型交通，需要新材料、新能源、新通信以及高端装备制造等战略性新兴产业为其提供技术支撑，这也为战略性新兴产业的成长提供了广阔的市场和实践平台。

中低速磁浮交通在新型交通中有着明显的优势，其供电系统、车辆总成、车体、转向架、悬浮系统、牵引传动系统、制动系统、网络控制系统等关键领域无一不需要依托冶金、通信、电子、机械制造等实体产业类高尖端技术的支撑，而这些高端技术是战略性新兴产业突破的重点，也是战略性新兴产业发展所依赖的重要市场。

中低速磁浮交通是产业调整升级的重要支撑。中低速磁浮交通符合战略性新兴产业要求，集当代计算机、控制、机电一体化、电子电力、装备制造、通信技术、土木工程等为一体，并吸取当代新工艺、新材料等新技术成果，凝聚着跨行业跨部门的高新技术，是这些高新技术集成的综合应用成果，属于技术和劳动密集型产业。磁浮交通的建设和运营，必将带动一大批制造产业和众多高新前沿技术的发展，在增加就业的同时，会形成高新技术产业链和新的经济增长点。因此，磁浮交通的发展定能引起整个经济产业结构的调整和升级，还能为我国相关产业在国际分工中处于上游地位奠定良好基础。

中低速磁浮交通经济易实现性更高。城市轨道交通是巨额投入的城市基础设施项目，对城市发展和建设影响重大，政府也加强了这方面相关项目的审批。2003年，国务院办公厅出台《国务院办公厅关于加强城市快速轨道交通建设管理的通知》（国发办〔2003〕81号），对城市轨道交通建设进行了严格的控制管理，要求"所有拟建设城轨交通项目的城市，应在编制城市总体规划及城市交通发展规划的基础上，根据城市发展要求和财力情况，组织制定城轨交通建设规划，明确远期目标和近期建设任务，以及相应的资金筹措方案。规划由发展改革委员会同建设部组织审核后报国务院审批"，坚持"量力而行、规范管理、稳步发展"的方针，客观分析自身经济条件和交通需求，"合理控制建设规模和发展速度，确保与城市经济发展水平相适应，防止盲目发展或过分超前"。国发办〔2003〕81号文件的具体要求是从城市人口规模、国内生产总值、财政预算收入及单向高峰客流四个标准去审核，如表2-1所示。显然，显然，我国只有北京、上海、深圳等大城市才符合这些条件，而对于一些不符合这些条件的大城市和中小城市就没有机会发展城市轨道交通，而中低速磁浮交通的低造价、低运营成本为大城市、中小城市提供了发展城市轨道交通的机会[43]。

表2-1 城市轨道交通建设基本条件

城市标准	地铁	轻轨
人口/万人	≥300	≥150
国内生产总值/万亿元	≥1000	≥600
地方财政预算收入/亿元	≥100	≥60
单向高峰客流量/（万人/h）	≥3	≥1

资料来源：吴爽.中等规模城市的快轨交通建设规划.都市快轨交通，2007.

中低速磁浮交通性价比更高。国产中低速磁浮交通拥有很好的性价比。首先，建造成本低且下降空间大。据测算，国产中低速磁浮交通每千米的造价在2.6亿～3亿元，远低于目前地铁每千米6亿～11亿元的造价[44]。随着线路延长，系统设备配置的优化，大量零部件的国内生产，机车、信号、控制系统等设备的自主批量生产，都有可能使建造成本进一步降低。其次，运营维护成本低。中低速磁浮交通系统机械设备维护量很小，易损耗的设备大多为电子产品，随着新技术的采用及零部件国产化率的提高，电子部件的价格会迅速下降，且电子产品的维护简单。据测算，磁浮的年维修费用大约只是轮轨的1/4[43]。最后，磁浮列车的轨道寿命长达50年，其寿命是轮轨的轨道、车轮和轴承的数倍以上，长期运营维护费用低。

2. 挑战

中低速磁浮交通缺乏商业运行经验。我国中低速磁浮交通的行业发展正在起步，有待破茧，已经完成的一些线路、项目的主要目的是进行技术试验、系统示范。这既是中低速磁浮交通的机会，同时也是其发展的挑战。一方面，其发展空间和潜力巨大；另一方面，我国中低速磁浮交通的商业实践缺乏经验，还处于商业化道路探索和向日本、德国等磁浮先进国家学习的阶段。

传统轨道交通挤压着发展中低速磁浮交通的空间，地铁、轻轨、有轨电车等发展依然强劲。目前，地铁、轻轨、有轨电车发展依然快速，特别是国务院将城市轨道交通项目审批权下放地方后，势必引起新一轮建设热潮。以地铁为例，2006年全国只有10

条地铁线路运行,2009年增至37条,2013年年末全国运营线路里程为2073 km(见表2-2),2014年12月达2438 km,2020年规划里程8000多千米,远景规划1.5万千米左右[编者注:据中国城市轨道交通协会发布的《城市轨道交通2017年度统计和分析报告》数据,全国(数据统计未含港澳台)开通城市轨道交通线路165条,运营线路长5033 km。其中地铁3884 km,占比77.2%。]。目前,我国有36个城市结缘地铁,施工建设中的地铁线路超过70条,总投资额为8000多亿元人民币,若加上已获批项目,投资额在1.5万亿元以上[45]。

表2-2 2013年全国城轨交通运营里程表 (km)

序号	城市	2013年年末运营里程							2013年新增运营里程						
		合计	地铁	轻轨	单轨	现代有轨电车	磁浮交通	市域快轨	合计	地铁	轻轨	单轨	现代有轨电车	磁浮交通	市域快轨
1	北京	542	466					77	21	21					
2	上海	627	532			9	30	56.4	99	99.2					
3	天津	139	79	52.3		7.9			2	1.7					
4	重庆	170	95		75				39	38.8					
5	广州	239	239						24	24.3					
6	深圳	179	179												
7	武汉	43	43	28.5					15	15.4					

（续表）

序号	城市	2013年年末运营里程							2013年新增运营里程					
		合计	地铁	轻轨	单轨	现代有轨电车	磁浮交通	市域快轨	合计	地铁	轻轨	单轨	现代有轨电车	磁浮交通	市域快轨
8	南京	81	81												
9	沈阳	114	54			60			66	5.7				60	
10	长春	56		48.3		7.6									
11	大连	127		103.6		23.3									
12	成都	144	50					93.8	9	8.7					26.8
13	西安	46	46						25	25.3					
14	哈尔滨	17	17						18	17.5					
15	苏州	58	58						27	26.6					
16	郑州	26	26						26	26.2					
17	昆明	40	40						22	22.1					
18	杭州	48	48												
19	佛山	21	21												
合计		2746	2073	233	75	108	30	227	460	333	40			60	27

数据来源：中国城市轨道交通协会信息第2期，2014年4月23日。

2.1.3 中低速磁浮交通协同发展的社会分析

1. 机会

交通需求量不断增加。 随着我国城镇化进程的加快，城市人口规模迅速扩大，据第六次人口普查统计，城市市区（不包括市区周边的县市）人口在千万以上的有6个城市（见表2-3）。城市人口数量急剧上升的直接结果是对城市交通需求的增加。一方面表现在城市汽车保有量的增加，数据显示，全国有35个城市的汽车保有量超过100万辆，其中北京、成都、深圳、天津、上海、苏州、重庆、广州、杭州、郑州10个城市超过200万辆[44]（编者注：截至2017年年末，全国汽车保有量超过100万的城市已达58个，超过200万辆的城市有27个，相关统计数据见表2-4）；另一方面表现在城市公共交通需求的增加。

表2-3 市区人口数量排名前十的城市 （万人）

城市	人口数量	城市	人口数量
上海	2231.5	深圳	1035.8
北京	1882.7	武汉	978.5
重庆	1569.4	东莞	822.0
天津	1109.0	佛山	719.4
广州	1107.1	南京	716.6

数据来源：第六次人口普查统计。

表2-4 全国汽车保有量超过200万辆的城市（前20名）

排名	城市	省份（直辖市）	数量（万辆）	统计口径	截止时间
1	北京市	北京市	564	汽车保有量	2017-12
2	成都市	四川省	452	汽车保有量	2017-12

（续表）

排名	城市	省份（直辖市）	数量（万辆）	统计口径	截止时间
3	重庆市	重庆市	371	汽车保有量	2017-12
4	上海市	上海市	359	汽车保有量	2017-12
5	苏州市	江苏省	355	汽车保有量	2017-12
6	深圳市	广东省	322	汽车保有量	2017-12
7	郑州市	河南省	304	汽车保有量	2017-12
8	天津市	天津市	287	汽车保有量	2017-12
9	西安市	陕西省	271	汽车保有量	2017-12
10	东莞市	广东省	263	汽车保有量	2017-12
11	武汉市	湖北省	261	汽车保有量	2017-12
12	石家庄市	河北省	247	汽车保有量	2017-12
13	青岛市	山东省	246	汽车保有量	2017-12
14	杭州市	浙江省	244	汽车保有量	2017-12
15	广州市	广东省	240	汽车保有量	2017-12
16	南京市	江苏省	239	汽车保有量	2017-12
17	温州市	浙江省	233.4	机动车	2017-12
18	宁波市	浙江省	229	汽车保有量	2017-12
19	佛山市	广东省	228	汽车保有量	2017-12
20	保定市	河北省	217	汽车保有量	2017-12

交通需求导向不断变化。我国的大城市，尤其是特大城市的功能区主要规划在市中心，大量的行政办公、商业金融、文化娱乐、医疗卫生、教育科研等功能区及基础设施集中在中心城核心区，这些功能区及基础设施聚集在城市中心区促使居民养成了居住在中心区的生活模式和习惯。但是随着城市空间布局更加科学以及从全

世界大城市传统的发展形式来看，越来越多的居民将从市中心向城市边缘迁移，居住将远离市中心。人口外迁后，必须要有配套的交通设施满足其从事商业活动的需求。那么城市交通的时效性、便捷性、安全性无疑成为城市居民出行考虑的首要因素。另外，随着生活水平及环保意识的提高，城市居民同样更加追求交通的舒适性、减排性及节能性。

中低速磁浮交通发展潜力巨大。城镇化进程加快，城市交通需求量不断增长，且需求导向不断变化。一个城市，特别是大城市的公共交通体系，总体上来看需要有类似中低速磁浮交通的支撑。中低速磁浮交通与公路、地铁相比，在中心城市、市郊、城市间有明显优势，主要表现在时效、安全、舒适、环保、绿色等方面。目前，我国中低速磁浮交通行业发展刚刚起步，中低速磁浮交通相关装备的国产规模化有待形成，整个行业发展还处于萌芽阶段。在新型城镇化背景下，中低速磁浮交通的发展空间和潜力是巨大的。

2. 挑战

中低速磁浮交通的宣传、推广力度不够。多年自主研发中低速磁浮交通的实践证明，我国已掌握了中低速磁浮交通的核心技术和系统集成技术，达到世界先进水平，拥有完全自主知识产权。然而，对中低速磁浮技术的科普宣传推广力度远远不够，正如严陆光、施仲衡、周干峙等院士的建议那样："对于中低速磁浮交通这一世界领先、我国拥有完全自主知识产权的技术，要加大推广力度[46]。"

对夸大电磁辐射的负面媒体报道的影响估计不足。新事物的出现，总会遭遇反对声音，对其发展造成影响，中低速磁浮交通也不例外。京沪高铁在动工前，曾因究竟是采用轮轨还是磁浮技术争论了5年之久；当上海市决定在浦东机场磁浮线基础上再建设一条从浦东龙阳路站通往虹桥机场的磁浮线路时，遭到沿线部分居民的抗议；深圳中低速磁浮交通8号线，因电磁辐射的负面解读，部分群众反对采用磁浮技术，也争论了5年之久。因此，需要加强正面宣传和科普教育，消除误解和质疑。

2.1.4　中低速磁浮交通协同发展的技术分析

未来城市公共交通技术的发展趋势是智能化、绿色化。交通拥堵、交通事故频发、交通环境污染严重、交通能耗高等交通问题，已成为包括中国在内的几乎世界各国大城市的交通通病。应对这样的严峻挑战，路在何方？近年历届世界公共交通大会传达的一个共同信号就是：未来城市公共交通技术必须朝智能化、绿色化方向发展[47]。随着信息化、数字化、节能技术及新型材料等高新科技的广泛应用，智能、先进、方便、绿色将成为未来城市公共交通的新形象。而中低速磁浮交通系统始终朝着资源节约、环境友好、技术创新和安全便捷的方向发展，从保障城市轨道交通安全、高效运营、节能环保的角度出发，渐渐成为解决城市、城际交通问题的新技术系统而被关注。从未来智能化、绿色化的城市公共交通技术出发，中低速磁浮交通大有机会。

2.1.5　协同的机会与挑战

1. 信息化技术成就磁浮交通

人类步入21世纪的信息化时代以来，计算机软硬件技术的发展，信息技术的高速大容量化、数字化、综合化、小型化、轻量化、集成化、智能化等，为基于信息化技术的磁浮技术应用于轨道交通领域奠定了坚实的技术基础。基于对信息化技术创新应用到轨道交通系统的磁浮交通美好前景的认识，中国政府率先决定在上海应用磁浮交通系统，2002年在全球范围内创造性地建成了上海第一条高速磁浮商业运营线，其列车最高运营时速达到431 km，创造了史无前例的高速轨道交通商业运营的新实践，开创了轨道交通无行车安全事故（不包括火灾）免疫期超过11年的轨道交通商业运营可靠性记录，开创了独条引进技术的431 km/h高速轨道交通试验线路能够持续商业运营11年不停止运营的纪录。上海高速磁浮交通开创了地面交通系统高速度商业运营的新时代。2005年3月，日本在名古屋建成了世界上第一条8.9 km的中低速磁浮交通商业运营线，它的商业运行最高时速为100 km，距离运营列车10 m处噪声小于65 dB，创造了史无前例的机动化交通系统运营低噪声的新纪录，开创了机动化交通系统宁静运营的新时代。信息化技术使信息化的磁浮交通真正进入了人类生活。2012年11月，在韩国仁川机场诞生了世界上第二条6.1 km的中低速磁浮交通商业运营线，它的商业运行时速为120 km，距离运营列车10 m处噪声小于64 dB，综合造价合人民币每千米2.9亿元。（编者注：中国首条具有自主知识产权的中低速磁悬浮列车线路为2015年12月投入试运行的长沙磁浮快线，连接长沙南站与黄花国际机场，全长18.55 km，为世界上最快的中低速磁浮商业运营线。）

2. 中低速磁浮交通高安全可靠性

1）增加了预防重特大安全事故的免疫力

基于信息化技术全方位的发展，中低速磁浮车辆应用涡流传感器在线自动检测悬浮间隙信息，信息反馈闭环控制悬浮电磁铁的电流大小，使电磁支撑力伴随车辆的载荷变化而变化，悬浮间隙保持为一稳定值。中低速磁浮列车每节车厢有20个悬浮支撑点，每个悬浮点均采用冗余设计，设置了3套传感器，其中1套正常即可保证悬浮控制。这种设计使车辆支撑的可靠性得到了提高。中低速磁浮交通的装备和工程建设标准继承、采用相应的轮轨标准和规范，同时应用信息化时代的硬、软件和集成技术作为列车的非接触直线运动支撑系统替代传统的机械轮轴转动运行支撑系统，从而实现了以信息化运转速度在线实时监控运营过程，并且实现了自动持续控制电磁力、自动调节电磁支撑力、自动保持确定的列车与轨面距离的关键技术跨越。磁浮交通系统从系统结构上避免了运营列车出轨、颠覆造成的运行最严重的事故隐患，如：用可控的间隙作为纽带将列车和轨道紧密联系为一体；利用信息化的支撑系统使磁浮列车与轨道形成一体化整体系统；转向架在机械结构上抱轨运行，彻底改变了传统轮轨交通车辆与轨道分离的结构系统。因此，磁浮交通系统实现了用免疫结构防止脱轨事件导致的运营特、重大交通安全事故的发生，从而使磁浮交通系统在免疫特、重大交通安全事故发生方面实现了本质上的突破。

2）增强了预防重大伤害的系统抵抗力

由于磁浮列车与轨道形成了一体化结构，磁浮列车抱轨运行，车轨间隙约8 mm，即使在列车运行过程中各种不利因素同时发生，可预见的最大故障就是列车突然掉落在距轨面8 mm的轨道上，发生一次紧急制动，列车上的乘客会有振动和失稳的感受。中低速磁浮交通用信息化控制技术使车辆和轨道实现了一体化结构，从系统的整体性上避免了列车脱轨的隐患，极大地降低了发生重大事故的概率。

3）增强了应对天灾人祸的能力

磁浮列车与轨道形成了一体化结构系统，列车抱轨运行在距轨面8 mm左右高度范围，这一系统结构决定了磁浮列车适应全天候运营的特性，对遇到台风、暴雨、冰天雪地、地震等天灾，以及可能造成列车脱轨的人为失误均有系统的抵抗能力。

4）日常维护的安全可控性更高

与传统轮轨交通系统相比，中低速磁浮交通的信息化支撑其在线实时监控，运营安全的可控性更高。中低速磁浮交通降低了因接触振动等部件损坏造成的人力、物力和财力的投入。此外，轮轨系统需要管理者每天花费巨大的人力、物力、财力去预防和排除运行中可能造成出轨的风险因素，这种维护涉及相关的人、机、料、法、环等多个方面，工作量大，质量相对难以控制。磁浮交通系统减掉了对轮轨接触部件的日常检查和维护的工作量，维护工作范围小、工作量小，质量相对容易控制。最关键的是磁浮交通系统从结构中去掉了轮轴接触部件，解除了由轮轨接触部分引发的轮轨车脱轨的重大事故风险源，使日常安全维护工作的可控性更高。

5）应急救援更容易

第一，一般的运营事故不会造成磁浮列车脱轨，当磁浮列车需要救援时，其工作量相对较小，应急救援需要的时间相对较短。相比之下，轮轨列车若是偶然发生脱轨事件，列车救援难度大、需要的时间长。第二，磁浮列车不能靠自身动力牵引时，可以利用相邻的运行列车进行救援。磁浮列车相互救援时，救援列车连挂后可以向故障车提供悬浮电源，将故障车浮起并拖到指定地点。救援列车运行的速度相对较高，救援效率高。第三，列车发生紧急制动时，磁浮列车同时进行电制动、机械制动和落车制动，使磁浮列车逐渐停下来。磁浮交通系统与传统轮轨系统一样，其制动系统包括电制动和机械制动两种方式。一般列车在高速状态下采用电制动，在低速状态下再施加机械制动进行辅助停车。中低速磁浮交通在此基础上增加了落车摩擦制动。第四，中低速磁浮列车万一发生无法悬浮的故障时，紧急救援也可以做到与轮轨同样有效。列车上装有备用液压轮，落下后也可将其拖到指定地点。

机动化交通工具都难免存在脱轨、翻车等重大事故的可能，而中低速磁浮交通从结构方面避免了这类安全隐患，理论上不会脱轨和翻车，从而成为机动化交通方式中相对安全的工具。

2.2 中低速磁浮交通与国家交通发展的协同关系

2.2.1 国家交通的现状及发展趋势

交通是指从事旅客和货物运输及语言和图文传递的行业，包括运输和邮电两个方面，在国民经济中属于第三产业。运输有铁路、公路、水路、航空和管道五种方式，邮电包括邮政和电信两方面内容。

中华人民共和国成立以来，中国的交通发展取得了巨大成就，特别是改革开放以后，中国交通的发展速度大大提升。经过"十一五""十二五"的建设，交通运输得到进一步的发展，仅"十一五"期间完成的固定资产投资就高达7.97万亿元，国家交通运输能力紧张状况总体缓解，为服务经济社会发展发挥了重要作用。至2010年，中国综合交通网总里程达到432万千米，2014年仅城市轨道交通即达2400多千米。（编者注：2017年，城市轨道交通运营线路长5033 km，据"十三五"时期现代综合交通运输体系发展规划，到2020年综合交通网总里程要达540万千米。）同时，国家交通行业的技术装备实现跨越发展，掌握了高铁成套技术，铁路重载运输技术达到世界一流水平，铁路、公路、机场等建造技术达到世界先进水平。

目前，中国交通存在的主要问题表现在：交通运输能力不足，难以有效适应经济社会发展需要；交通基础设施网络尚不完善，技术等级、网络覆盖广度与通达深度有待提高，区域间、方式间、方式内等结构性矛盾仍然突出，存量设施系统效率偏低；各种运输方式之间的有效衔接尚未完全形成，综合交通枢纽和一体化服务发展滞后；运输装备和整体技术与世界先进水平仍有差距，自主创新及产业化发展能力不强；运输服务总体水平不高，基本公共服务能力薄弱；交通运输安全保障能力亟须提升；能耗与排放水平仍未得到有效控制；交通运输综合管理体制改革滞后，运输市场环境有待优化，政策、法规、标准、人才结构等仍需健全和完善。

2.2.2 国家交通与社会、经济发展的关系

交通的发展对社会、经济的发展具有重要的意义。交通运输是国民经济和社会发展的重要基础。构建网络设施配套衔接、技术装备先进适用、运输服务安全高效的综合交通运输体系，是交通运输领域落实科学发展观的重要举措，对促进经济长期平稳较快发展、全面建设小康社会具有十分重要的意义。

交通的发展能够促进社会、经济的发展。交通是一个国家的动脉，交通的发展能够完善国家的道路网络，促进各地人员和物资的交流，使国家社会、经济充满活力。反之，社会、经济的发展进步也能够促进交通的发展。一个国家的社会、经济进步，进而才有能力修建公路、铁路、机场等交通基础设施，同时可将研发的新型技术、设备应用在交通行业中，因此，社会、经济的发展能够促进交通的发展。

2.2.3 中低速磁浮交通和国家交通发展的协同关系内涵

中低速磁浮交通是一种新型轨道交通形式，从交通功能角度，中低速磁浮交通是先进的轨道交通，而轨道交通是国家交通发展的重要组成部分，中低速磁浮交通的发展与国家交通发展是部分与整体的关系。

整体决定部分，部分离不开整体，发展中低速磁浮交通须立足于国家交通，立足于国家交通的现状。当前国家交通存在的最突出问题，主要是城市道路拥堵、车速缓慢以及当前因汽车排放尾气和汽车噪声引起的非常严重的环境问题。解决这些交通问题，发展安全、线路适应性强、经济、运量较大、无尾气排放、噪声小的环保减排型中低速磁浮交通是有效抉择。国家交通的发展将推动中低速磁浮交通的大力发展。

部分的变化会影响整体的变化，把部分发展好，才能使整体更好。立足于整体，选择最优的部分，才可使整体达到最优。发展中低速磁浮交通，将有力推动国家交通中存在问题的解决，使国家总体交通得到健康发展。

2.3 中低速磁浮交通与国家能源发展的协同关系

2.3.1 国家能源的现状及发展趋势

能源是支撑人类文明进步的物质基础,是现代社会发展不可或缺的基本条件。能源问题始终是国家的重大战略问题。改革开放以来,中国能源工业快速增长,实现了煤炭、电力、石油、天然气、可再生能源和新能源的全面发展,为保障国民经济长期平稳较快发展和人民生活水平持续提高做出了重要贡献。

2011年,中国一次能源生产总量达到31.8亿吨标准煤,居世界第一。(编者注:据《中国能源发展报告2017》发布数据,2017年,中国一次能源生产总量达到35.9亿吨标准煤。)其中,原煤产量35.2亿吨,原油产量稳定在2亿吨,成品油产量2.7亿吨。天然气产量快速增长,达到1031亿立方米。电力装机容量10.6亿千瓦,年发电量4.7万亿千瓦时。能源综合运输体系发展较快。石油管线长度超过7万千米,天然气主干管线长度达到4万千米。电网基本实现全国互联,330千伏及以上输电线路长度17.9万千米[48]。国家石油储备一期项目建成,能源应急保障能力不断增强。

1981—2011年,中国能源消费以年均5.82%的速度增长,支撑了国民经济年均10%的增长。2006—2011年，万元国内生产总值能耗累计下降20.7%，实现节能7.1亿吨标准煤。实施锅炉改造、电机节能、建筑节能、绿色照明等一系列节能改造工程之后，主要高耗能产品的综合能耗与国际先进水平差距不断缩小，新建的有色、建材、石化等重化工业项目能源利用效率基本达到世界先进水平。淘汰落后小火电机组8000万千瓦，每年可由此节约原煤6000多万吨。2011年，全国火电供电煤耗较2006年降低37克标准煤/千瓦时，降幅达10%[49]。

2014年，全国水电装机容量达到3.0亿千瓦，居世界第一（编者注：2016年年底，全国全口径水电装机容量3.3亿千瓦，同比增长3.9%。）；风电并网装机容量达到9000万千瓦，占全球的四分之一，居世界第一编者注：2016年年底全国并网风电装机1.5亿千瓦，同比增长3.9%。）；光伏发电爆发式增长［编者注：2016年年底并网太阳能发电装机容量7742万千瓦（绝大部分为光伏发电）］。非化石燃料得到了快速的发展。

我国能源仍在以下几个方面面临严重的挑战：能源总量需求巨大且速度快速增长；温室气体如CO_2排放量巨大且在近年内快速增加，中国已成为世界第二大排放国（编者注：据统计资料，中国目前已是世界上CO_2排放量最大的国家。）；常规能源使用不当造成一般性的环境污染；石油等液体燃料依靠进口，能源的安全很难保障。

统计数据表明：2001—2011年，我国每年一次性能源的消费比重均在95%以上，如表2-5所示，而风能、太阳能、生物质能等新能源的利用率仍然很低。我国能源消费构成的特点：①煤炭的生产和消费比重偏高。近十年来煤炭年产量占能源总产量的比重基本保持不变，在72%附近上下浮动。②石油的生产量低，消费量高，供需缺口需依赖进口石油满足。与煤炭资源相反，石油在能源总产量中的比重逐年递减，2006年仅为11.9%，而其消费量的比重十年来均超过20%。③新能源利用率低，发展潜力大。目前，我国对新能源的利用率不足10%，而我国地域辽阔，太阳能、风能、生物质等能源蕴藏丰富，开发潜力巨大。

国家"十二五"规划和国家能源局都对中国未来能源格局和消费构成做了长远的计划，《中国的能源政策》描绘了未来的发展方向和模式，中国是世界上最大的发展中国家，面临着发展经济、改善民生、全面建设小康社会的艰巨任务。维护能源资源长期稳定可持续利用是中国政府的一项重要战略任务。中国能源必须走科技含量高、资源消耗低、环境污染少、经济效益好、安全有保障的发展道路，全面实现节约发展、清洁发展和安全发展。中国能源政策的基本内容是：坚持"节约优先、立足国内、多元发展、保护环境、科技创新、深化改革、国际合作、改善民生"的能源发展方针，推进能源生产和利用方式变革，构建安全、稳定、经济、清洁的现代能源产业体系，努力以能源的可持续发展支撑经济社会的可持续发展。

表2-5　2001—2011年中国能源消费总量及构成（电热当量计算法）

年份	能源消费总量（万吨标准煤）	占能源消费总量的比重（%）			
		煤炭	石油	天然气	新能源
2001	14 272	71.9	23.0	2.6	2.6
2002	151 789	71.5	23.4	2.6	2.6
2003	176 074	73.1	22.1	2.6	2.3
2004	204 219	72.8	22.3	2.6	2.5

（续表）

年份	能源消费总量（万吨标准煤）	占能源消费总量的比重（%）			
		煤炭	石油	天然气	新能源
2005	225 781	74.1	20.7	2.8	2.5
2006	247 562	74.3	20.2	3.0	2.5
2007	268 413	74.3	19.7	3.5	2.6
2008	277 515	74.9	19.2	2.9	3.0
2009	292 028	74.0	18.8	4.1	3.1
2010	307 987	71.9	20.0	4.6	3.5
2011	331 373	72.0	19.5	5.2	3.3

数据来源于《2012国家能源统计年鉴》。

能源的合理利用不仅能让当代人以最小的成本取得最好的经济利益，同时也可以减少能源的浪费，有利于子孙后代发展。而一次能源有限，为了保证社会经济的快速发展，发展新能源已经是世界经济发展和进步的必然选择。图2-1是国家能源局根据发展的能源和消耗的速度分析预测的未来可再生能源的需求。从2006年开始，可再生能源在未来40年将实现快速发展，将由很小的比例增加到2050年的26.4%，尤其是太阳能、地热利用和供气将在未来能源消耗构成中占很大的比例，同时水电、风力发电、光伏发电和生物质发电也将是未来能源利用的重要组成部分（见图2-1）。实现可再生能源的利用，不仅会使我国生态环境得到很大的改观，同时也为未来化石燃料的枯竭找到新型替代品，从而有效保证社会和经济的健康快速发展，保证实现中国21世纪的发展目标，实现国家工业化和中华民族伟大复兴的强国梦想。发展新能源科技，实现中国重大科学技术的创新和水平提升，可保证在未来商业战争中有实力争取自己的合法利益。

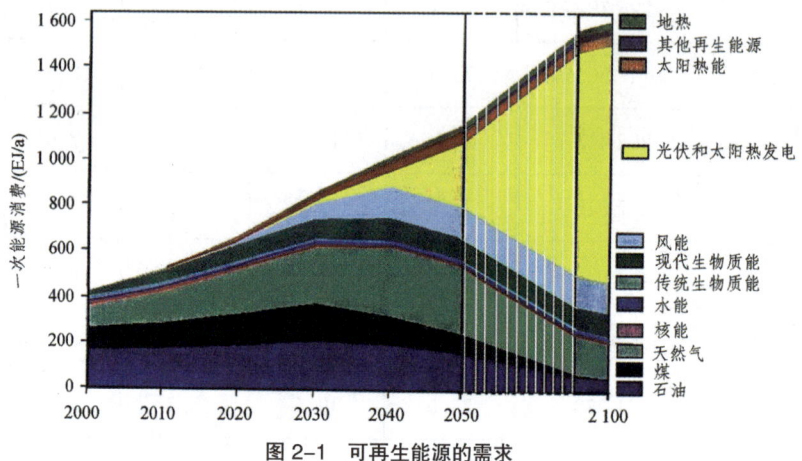

图 2-1 可再生能源的需求

2.3.2 国家能源与社会、经济发展的关系

1. 经济社会发展推动能源需求增长

我国仍然是发展中国家，能源总量虽然占有量大，但是由于人口基数大以及正在进行工业化，和发达国家相比能源消耗的水平比较低，人均能源消耗只占世界人均水平的四分之一。经济社会发展推动能源需求持续增长。提供充足能源，满足不断增长的市场能源需求，提高能源服务水平，仍然是我国21世纪面临的重大难题。

2012年，中国取代日本成为第二大世界经济体。一般地，能源消耗总是随着社会的发展和经济的进步而增长，并且在大多数情况下保持线性关系。社会进步、经济增长在对能源总量需求增长的同时，也日益促进能源产品品种和结构的发展。第一，从一次能源中占主体地位的品种来划分，社会进步、经济增长对能源的需求经历了薪柴到煤炭，煤炭到石油的发展，而且现在品种越来越多。目前各国都在发展新能源，寻找化石燃料的替代品，更加突出了能源需求的多样性。第二，即使对同一品种也有不同的需求。品种需求在某些方面也包含着质量需求，质量需求的直接动力来源于追求高效率。因此，获得高质量的能源产品是提高能源利用率及其经济效益的重要前提条件。

2. 能源在社会发展、经济增长中的作用

能源是社会进步、改变、发展以及经济增长的推动力量，并制约着社会发展的程度和经济规模以及发展速度。能源在经济增长中的作用主要表现在以下几个方面：

（1）能源推动生产的发展、经济规模的扩展和社会的发展。

投入是经济增长的前提，物质资料是社会进步的必备条件。在投入的其他要素到位时，只有能源提供动力才能发展，并且经济的运转规模和速度也受能源的支配。物质资料的生产也是由能源提供动力和原料的，只是能源的利用形式不同而已。物质基础丰富才会促进社会的发展和进步。

（2）能源推动技术进步。

每一次新能源的发现都推动重大科技的进步，例如，煤炭的发现和使用促使了火车的发明和使用，电力的使用使电动机用于人类的社会生产，改变了世界的社会结构和社会发展方向。同时，能源的开发利用所产生的技术需求也促进了整个社会重大技术的进步。

（3）能源促进人们生活水平的提高。

生产离不开能源，生活更离不开能源，生活水平越高对能源的依赖性也就越强。能源促进物质生产，为人们提供丰富的产品，人

民生活水平的高低和能源的数量增加和质量提高成正比关系。

2.3.3 中低速磁浮交通和国家能源协同关系的内涵

1. 中低速磁浮交通技术创新发展和国家能源发展协同

中低速磁浮列车目前设计的时速一般为80～120 km，适合于城市公共轨道交通，其中包括市内交通、市郊交通、市中心至机场、城际交通等。中低速磁浮交通主要消耗电能，基本不消耗其他形式的能源。耗电形式可分为悬浮耗电和牵引耗电以及车站和车辆的空调与照明耗电等。中低速磁浮列车使用交直流牵引变电所，它的供电方式和地铁、轻轨广泛使用的方式基本相同，都采用国家推荐的DC 1500 V。

能源总量消耗过大是目前城市轨道交通面临的一大问题。城市轨道交通的运营成本高居不下的问题日显突出，其中主要来自列车的牵引消耗。北京控股磁浮技术发展有限公司和国防科技大学联合开发的中低速磁浮交通样车，在满载功率运行的情况下，悬浮系统耗电22 kW，驱动系统耗电398 kW，主要参数已达到国际先进水平。相比其他的城市轨道交通方式，它在多方面采取了节能措施，并取得了显著的效果。

电能主要是来自其他形式能量的转换，包括水能（水力发电）、热能（火力发电）、原子能（核电）、风能（风力发电）、化学能（电池）及光能（光电池、太阳能电池等）等。经过一个多世纪的发展，电能现在已经发展得相当成熟，电能的利用率相对其他的能源利用方式效率较高。化石燃料能源的存储有限已是不争的事实，发展新能源已经成为未来占领全球市场的重中之重。中低速磁浮列车依靠电能实现运行，它对新能源的发展具有推动作用。中低速磁浮交通在城市内、市际的使用不仅可以方便地承担运输旅客的作用，同时也加快了城市和郊区、城市与城市、城市内部的发展速度。交通的方便性一方面使大多数人不必为每天拥挤的交通而担心，获得更高的工作效率；另一方面同样也加快了货物的运输能力，使城市与城市的交流、企业和企业的合作变得更快捷。

相对发达国家，中国在新能源技术领域起步较晚，近几年政府引导、激发了国内市场的需求，通过引进消化吸收和自主研发，核能、风能、太阳能和生物质能的利用都取得了较快发展。新型能源发展战略和发展方向推进产业的发展，也带动了传统产业向能源利用率高、节能、无污染的方向发展。中低速磁浮交通是一项新型轨道交通，依靠电能驱动整个系统的运行，通过先进技术使系统的各个环节效率提高，与同类型交通系统相比，能耗小、节约、无污染即节能减排，中低速磁浮交通的产业链通过采用新型技术、能源节约方案、环境保护措施以及新能源，使单位能源消耗实现了生产的最大化。

2 中低速磁浮交通产业发展和国家能源战略相互促进、共同发展

中低速磁浮交通产业与国家能源战略之间存在着相互促进、共同发展的内在关系，中低速磁浮交通的产业化能够推动能源需求、能源科技进步乃至新型能源格局产生，新能源的利用和能源科技进步可望促进中低速磁浮交通的发展。中低速磁浮交通和国家能源协同发展是我国实现经济转型的需要，是转变经济发展方式、走新型工业化道路的内在要求，也是扩大城市就业、实现城镇化与工业化协调发展的选择。

2.4 中低速磁浮交通与国家环境发展的协同关系

2.4.1 国家环境的现状及发展趋势

环境是相对于某一事物来说的，是指围绕某一事物主体并对该事物会产生某些影响的所有外界事物，即客体，即环境是指某项中心事物的周围事物。环境因中心事物的不同而不同，因中心事物的变化而变化。围绕中心事物的外部空间、条件和状况，构成中心事物的环境。国家环境包括两个方面，一是自然环境，另一个是人文环境。自然环境要素包括大气环境、水环境、土壤环境、地质环境和生物环境等，主要指地球的五大圈——大气圈、水圈、土圈、岩石圈和生物圈及其运动的影响。人文环境是人类创造的物质的、非物质的成果的总和，包括物质、能量、精神文明、各种社会关系及其产生的作用。

20世纪50年代以来，中国开始了工业化和现代化的建设。由于科技水平不高，人们对环境和环境保护的认识模糊，为了经济的发展和人民过上小康生活，忽视了环境的保护。经过50多年的发展，中国社会经济等方面取得了辉煌的成就，人民基本过上了小康生活。但是，环境也遭受到了严重的破坏[50, 51]，大气污染、水污染、土壤污染、森林减少、沙漠化、干旱、气候变暖等环境问题日益突出,威胁到城乡居民健康生存。城市悬浮颗粒的增加、雾霾天气的增多给大众身体健康造成了严重的威胁和伤害。

自2000年以来,中国环境问题越发凸显,环境突发事件增加,环境污染问题日趋严重,水、气、土壤等污染严重,固体废弃物、汽车尾气、持续性有机物污染、城市悬浮颗粒等持续增加。流经城市的河段普遍受到污染;五分之一的城市空气污染严重;三分之一的国土面积受到酸雨的影响,水土流失面积达到356万平方千米;沙漠化面积达到174万平方千米;百分之九十以上的天然草场退化,生物多样性在减少。

中国空气污染经历了以下的发展过程。20世纪70年代,中国能源主要是以燃煤为主,污染物排放相对简单,此段时期的大气污染主要是烟尘、总悬浮颗粒物和二氧化硫。进入90年代,随着汽车的增多,城市开始呈现出复合型的污染,而且是多尺度、大面积的区域性的污染,这种污染现象体现在由一次污染物向二次或者三次污染物转化。由于二氧化硫的排放浓度增大,氮氧化物的增多,一些地区开始出现酸雨,到目前为止,酸雨的频发区和二氧化硫的排放区大约占总国土面积的三分之一。在当今的一些城市主要可吸入颗粒物中除二氧化硫产生的酸性物质以外,主要体现在细小的颗粒物,现在正在监测的有PM10和PM2.5,PM2.5能够进入人们的呼吸道及肺部区域,通过肺细胞能够进入人体血液,这是导致部分城市人口疾病频发的重要污染物。最后是由于汽车的增多,臭氧增加,氮氧化物的光氧化作用产生了光化学烟雾,使目前大中城市都有的大气污染逐渐演变成复合型大气污染。

工业化、城镇化的城市生活使人们过上了现代化的生活,但是在现代化的进程中造成的水域污染正在反馈给人类，生活用水的污染和缺乏越来越严重，土地的硬化、水域中生物物种的消失、大批森林的砍伐使中国的水土流失加快，沙漠化的速度更是惊人。进入21世纪以来，中国基本解决了人们的温饱问题，随着经济的增长、科技的进步，人们对环境的认识也越来越清楚，既保持经济的稳定增长又能保护环境健康发展随之成为中国长期坚持的基本政策。现在中国已采取了大量措施来保护地球环境，例如大片植树造林、发现新能源、提高化学燃料的效率、回收利用工业废气，这些举措现在已取得一些效果。只要长期坚持并发展和争取新的环境保护措施和政策，中国的环境将会变得越来越好。

2.4.2 国家环境与社会、经济发展的关系

人类和自然环境有着复杂的关系。人类社会的发展史就是一部自然环境的发展史。自然环境创造了人类，人类又改变着自然环境。人类不断地与外界环境进行能量和信息的交换以维持自身的发展。在整个地球的生态系统中，人类社会活动是一个引起生态环境变化的强有力因素。当人类的活动与外界环境相协调时，人类的活动就可以促进人类和环境的共同优化；反之，人类的活动与外界环境不能协调时，将导致外界环境的恶化，而环境的恶化反过来影响人类的社会经济发展。在近代大工业建立之前，环境对于人类作为一种自然界无偿提供的公共产品存在着，环境问题只是在大工业发展到相当程度之后才为人们认识。

1. 环境污染已是中国社会发展和经济发展面临的重大问题

自1978年以来，我国社会和经济都取得了举世瞩目的成就，综合国力大大增强，人民生活实现了小康，对外开放不断扩大，国家财富极大提升，但是在经济增长、社会进步的同时，也付出了严重的环境代价，城市主要污染物的排放严重超过了环境的消化能力，水、大气、土壤等污染在全社会普遍存在，固体废物、交通废气、持久性有机物等污染也日益突出。

中国能源消耗主要是以煤炭为中心的化石燃料消耗，随着燃烧量的增加，二氧化硫排放量急剧上升，从而造成酸雨污染的范围不断扩大，直接造成中国粮食、蔬菜和水果的减产，水土的酸化甚至会引起人们的呼吸系统疾病，增加了人类的死亡率。火电厂和锅炉工业产生大量的烟尘和灰尘，交通工具同样也带来了大量的废气污染。在水资源方面中国水资源总量居世界第六，但人均水资源占有量仅为世界水平的四分之一，江河湖泊由于工业企业的废气废液排放，大部分已经受到严重污染。全国75%的湖泊出现了不同程度的富营养化，90%的城市水域污染严重，南方城市总缺水量的60%~70%是水污染造成的，城市地下水位下降并且遭受到不同程度的污染。工业固体废弃物每年增长7%，城市生活垃圾每年增长4%，而中国对固体废弃物的处理水平很低，因此造成很多垃圾山现象。城市生活给人们的日常生活带来了便利，但是随着城镇化的发展，城市绿化面积缩小，噪声污染严重，交通拥挤等成为重大的城市环境问题。

环境问题当前已经成为一个重要的民生问题，已经成为影响中国可持续发展、影响经济稳定、影响民生的重要问题。中国确定了2020年全面建成惠及十几亿人口的小康社会的目标，也提出到21世纪中叶实现人均GDP达到中等发达国家水平，人民生活比较富裕，基本实现现代化。可以预见在未来相当长的一段时间内，特别是中国在推进工业化和城镇化的进程中，经济仍将保持快速增长。工业化进程不断加快，环境的压力会越来越大。因此，为了保证中国社会的正常快速发展、经济的持续增长，解决环境问题已成重中之重。政府出台了针对各行各业的各种法律法规，以鼓励社会大众参与、人民监督，实现经济的可持续发展，建立环境友好型、能源节约型社会。

2. 保护环境、环境的改善有助于社会的发展、经济的增长

21世纪以来，全世界所提倡的可持续经济最大的特点是将环境作为经济成本的一部分，因此环境保护成了降低成本、提高经济效益的有效途径。所谓可持续发展就是"既满足当代人的需要，又不对后代人满足其需要的能力构成危害"的发展模式，其实质在于限制、调整人类的各种活动特别是经济活动，使经济社会的发展建立在环境资源可以承受的基础上，并促使其充分、持久地发展，从而最大限度地满足当代人和后代人的需要。经济社会发展带来了环境问题，但反过来又可以为环境资源的保护提供必要的资金、技术、管理和动力等方面的支持，增强解决环境问题的能力，是实现环境资源可持续利用的重要保障。而环境问题的解决，又可以为经济社会的健康、持续发展提供必要的物质基础和生存环境。

环境问题在很大程度上是人类社会发展尤其是那种以牺牲环境为代价的发展的必然产物。西方国家已经进入了工业化社会，他们已在偿还自工业化起步以来对环境欠下的债务。中国正在进行社会主义现代化建设，正在经历从农业社会向工业社会的过渡。中国决

不能走西方国家"先污染，后治理"的老路，而应该提前把环境保护放到一个重要的位置。这既是历史的教训，也是中国面临的必然选择，是在环境危机日益深化的情况下的一种被动选择。

增强环境保护意识，在保护环境的前提下发展经济是人们赖以生存的条件，如果自然环境遭到破坏，有毒有害物质危及人类的生命，那么经济再发达也毫无意义。人们不能只要效益，而不顾自身赖以生存的环境；当然，也不能借保护环境而不发展经济。发展经济是为了更好地生活，而保护环境不受污染也同样是为了更好地生活，要在保证环境不遭破坏的前提下发展经济。在发展经济的同时注重环境保护，在经济发展的情况下积极创造条件治理环境污染。必须把环境保护和发展经济紧密结合起来。社会主义市场经济体制下二者的紧密结合是促进社会主义经济腾飞的保证，如果二者关系失调，只顾发展经济而不注重环境治理，甚至破坏自然环境，不仅失去了经济发展的意义，而且会影响经济的长远发展。事实证明：只顾经济发展而使环境遭到破坏，会给人类生存造成危害，并且这种经济的发展只是暂时的。

3. 实现环境、社会和经济的和谐发展

如何正确处理经济发展和环境保护的关系，是当前中国政府关注的一个非常重要的问题。解决这个问题的关键是要加快实现三个转变。这三个转变的主要内容是：第一，从重经济增长、轻环境保护向经济增长、环境保护并重转变。第二，从环境保护滞后于经济发展向环境保护、经济发展同步转变。研究经济问题就要同时研究环境问题，把环境保护的问题提高到前所未有的程度。第三，从过去主要依靠行政办法来保护环境逐步转向既依靠行政手段，又

依靠政策、法律、经济、技术等综合手段来保护环境。这三个转变是方向性、战略性、历史性的，是环境保护工作的历史性转变。这也是当前中国政府在环境问题上最重要的政治主张和指导思想。

环境保护已经成为中国内政外交方面的重要内容，对内和谐发展，对外和平发展，主张环境上相互帮助、协力推进、共同呵护人类赖以生存的地球家园，积极开展国际环境合作与交流，共同应对气候变化等全球性的环境问题的挑战，为全世界人民享有美好的明天做出应有的贡献。

2.4.3　中低速磁浮交通与国家环境协同关系的内涵

节约资源保护环境是基本国策，生态文明处于发展的突出地位，融入经济建设、政治建设、文化建设、社会建设各方面和全过程，建设美丽中国、实现中华民族持续发展是国家环境发展的目标。交通是经济发展的前提条件，有利于开发自然资源，促进市场经济发展，加强各地区、各民族间政治、经济、文化的联系，使人与人之间的交流更为便捷。中低速磁浮系统作为满足大坡度、小半径的线路，生命周期综合成本较低，建设速度较快，振动噪声低，是环保的轨道交通系统，正日益成为城市轨道交通系统的理想选择之一。

1. **中低速磁浮交通的运营将对我国的环境保护具有推动作用**

中低速磁浮交通的运营将有力地促进我国环境保护事业的发展。根据国内外对中低速磁浮交通系统的运营线和实验线带来的环境污染的测试，中低速磁浮交通系统主要在以下几个方面对环境产生影响。第一个是噪声，主要来自列车行驶时和空气摩擦产生的空气动力噪声，列车直线电机产生的电磁噪声以及接触受流和机械制动产生的机械噪声等，经过多方面的测试发现，这些噪声源的影响相比其他类型的交通工具在同等速度下达到了最小。同样，电磁辐射、振动、空气压力波动和废水固体的影响在同样的条件下也达到了最小。我国的环保事业是在追求经济增长、社会进步的同时也要保护好环境，在做到对社会经济发展有利的同时也需要把对环境的影响降到最低。中低速磁浮交通的运营将在噪声、水污染、固体污染、大气污染等方面改善城市交通的环境，将强有力地支持我国环境保护事业的发展。

交通的便利带来了经济的快速发展，但是随着经济的增长，汽车类交通工具的增加也同样带来了严重的问题，比如城市交通拥挤、环境大气污染等都严重地影响着人们的生活。发展以公共交通为主的城市交通体系，将是解决大城市日益紧张的交通压力的有效手段和根本途径，也是解决城市大气污染的主要措施，同时也将是21世纪世界城市交通发展的必然趋势。中低速磁浮交通作为公共交通的一种运输方式，使用电能作为动力驱动车辆运行，无论在施工建设还是在运营载客时都不会产生大量对大气有污染的气体和颗粒。中低速磁浮交通等公共交通的使用不仅能有助于解决城市交通中存在的问题，同时将会减少汽车对大气污染的程度，可作为构建资源节约型、环境友好型社会，推动城市交通可持续发展的重要手段。

2005年12月，国务院发布《关于落实科学发展观加强环境保护的决定》，确立了以人为本、环保为民的环保宗旨，成为指导我国经济社会与环境协调发展的纲领性文件。［编者注：我国关于环境保护的法律有：《中华人民共和国环境保护法》（2014）、《中华人民共和国大气污染防治法》（2015）、《中华人民共和国环境影响评价法》（2016）、《中华人民共和国节约能源法》（2016）、《中华人民共和国水污染防治法》（2018）等。］中低速磁浮交通被认为是以人为中心、保护环境的重要公共交通方式之一，它提供安全、舒适、可靠、方便的乘车环境，在保证满足乘客需求的基础上，做到了同类交通工具中对环境保护事业的最大支持。

2. 保护城市环境是发展中低速磁浮交通的前提

城市环境不仅仅是指空气、水文等自然环境，还包括建筑群体、交通基础设施等人文环境。城市交通的格局首先要顺应原有城市结构和自然地形，根据自身城市条件，规划相适应的交通体系；然后通过分析可能的交通量、主要流向和交通集散点，在保持适度规模的交通容量下，形成合理的交通网。中低速磁浮交通技术的应用要根据城市自身的特点，以最小的环境影响服务城市交通发展。

3. 减少污水的排放，有利于城市生态环境

中低速磁浮交通列车对水环境的污染主要是因为列车的检修装备作业和车站列车到站作业排放污水。其排放污水相对较少，首先因其时速快，旅客在车上停留时间短，用水量也少；其次，列车维修用水量少，也减少了污水排水量。另外，由于磁浮列车全程封闭，可以避免旅客随便丢弃废弃固体物给沿线环境带来污染。磁浮交通相对城市高架轨道交通、高架道路更有环保优势，高速段可沿既有交通走廊（公路、铁路）走行，不增加新的环境负担。磁浮列车由于爬坡能力强，通过线路洼地或翻越山丘能力强，从而可避免开山挖沟对生态环境造成的破坏。

2.5 中低速磁浮交通与国家城镇化发展的协同关系

2.5.1 国家城镇化的现状及发展趋势

城镇化指由于城市工业、商业和其他行业的发展,使城市经济在国民经济中的地位日益增长而引起的人口由农村向城市集中的过程。它是由以农业为主的传统乡村社会向以工业和服务业为主的现代城市社会逐渐转变的历史过程。

改革开放之前,中国的城镇化水平很低,1949年,中国城镇化水平为10.6%,1949年至1978年这段时间城镇化水平上升缓慢;改革开放以后,中国的城镇化水平上升速度加快,1990年上升为26.4%,2000年上升为36.2%,2012年上升为52.6%,2014年超过53.7%。(编者注:2017年年末,我国城镇化率已达58.92%。)

虽然中国的城镇化水平得到了很大的提升,但从国际标准看,中国的城镇化水平与中国的国民生产总值之间还不相适应,城镇化的水平较低。而且当前的城镇化过程中存在很多的问题,城镇化的质量也比较低。当前中国城镇化发展存在五大战略性弊端:一是在世界格局中,中国的城镇化明显滞后于工业化所对应的非匹配;二是中国在城镇化进程中,明显地表现出土地城镇化快于人口城镇化的非规整;三是中国的城镇化亟须克服"城市和农村、户籍人口与常住人口"的非公平;四是中国的城镇化偏重城市发展的数量和规模,忽略资源和环境的代价,呈现出粗放式生产的非集约;五是中国的城镇化必须解决如何进入现代管理制度、消除城市病的非成熟。

2.5.2 国家城镇化与社会、经济发展的关系

城镇化的发展对社会、经济的发展具有重要的意义,城镇化可以改善环境,例如:通过平整土地、修建水利设施、绿化环境等措施,使环境向着有利于提高人们生活水平和促进社会发展的方向转变,降低人类活动对环境的压力。作为区域经济中心,城市能带动区域经济的发展,促使聚落形态、生产方式、生活方式、价值观等的有利变化。城镇化使城市能够创造出比较多的就业机会,大量吸收乡村剩余人口,劳动力从第一产业向第二、三产业逐渐转移。城镇化有助于提高工业生产的效率和加快科学技术的进步。

社会、经济的发展又会促进城镇化的发展,社会、经济发展与城镇化两者是相辅相成、相互促进的。社会、经济的发展会使生产力得到提高,使区域内城市聚集的人口增加,这就要求使该城市必须通过一系列措施安置这些人口,使城镇化得到发展。

2.5.3 中低速磁浮交通与国家城镇化协同关系的内涵

中低速磁浮交通能促进城镇化的发展。由于中低速磁浮交通运量大、无污染和噪声小的优点,在城市中采用中低速磁浮交通可解

决当前城市中交通拥挤、大气污染、噪声污染和车祸频出的问题。因此，中低速磁浮交通能够促进城镇化质量的提高，解决城镇化进程中出现的交通问题，进而促进城镇化的发展。

城镇化的发展能促进中低速磁浮交通的发展和应用。由于当前中国正处于高速城镇化的过程中，城镇化发展迅速，在这过程中不可避免地出现了一些问题，如"城市病"。要解决这些问题，提高城镇化的质量，城市的交通是亟须改善的一点。中低速磁浮交通的优点决定了它是解决城市交通问题的有效、低成本的交通方式。因此，随着中国城镇化的不断发展，中低速磁浮交通在中国的城市必将得到发展和应用。

发展协同的外部评价：运用外部关键因素评价矩阵（EFE）评价中低速磁浮交通产业是否与交通、能源、环境及城镇化等问题做出了较好的协同，具体关键因素、权重及分值见表2-6。

表2-6 外部因素评价矩阵分析（EFE）

	关键外部因素	权重	评分	加权分数
机会	1. 符合节约资源、保护环境等基本国策要求，获得各级政府支持	0.2	3	0.6
	2. 作为战略性新兴产业，是产业结构调整的关键支撑	0.1	3	0.3
	3. 与地铁、轻轨相比，其经济易实现性和性价比更高	0.2	3	0.6
	4. 城镇化进程加快，中低速磁浮交通发展空间及潜力巨大	0.2	4	0.8
	5. 未来城市交通的发展趋势是智能化、绿色化	0.1	3	0.3

（续表）

关键外部因素		权重	评分	加权分数
挑战	1. 经济调整期，地方财政压力巨大	0.0	1	0.0
	2. 社会各界反对中低速磁浮交通的声音依然强烈	0.1	2	0.2
	3. 中低速磁浮交通的商业实践经验缺乏	0.1	2	0.2
	4. 中低速磁浮交通的宣传、推广力度不够	0.0	1	0.0
	5. 各地方的地铁、轻轨发展依然强劲	0.0	1	0.0
总计		1.0		3.0

备注：①权重：权重表示该因素对于磁浮交通取得成功的相对重要性；无论是机会或挑战，只要对磁浮交通的成功有较大影响（正面/反面），就应该给出较高的权数，数值由0.0（不重要）到1.0（非常重要）；所有因素的权重总和必须等于1。②评分：按照磁浮交通对各关键因素的有效反应程度为各关键因素进行评分；数值由1.0（反应很差）到4.0（反应很好），3.0代表反应超过平均水平；2.0代表反应为平均水平；机会及威胁均可获得1、2、3、4分；平均分为2.5分。③加权分数：每个因素的权重乘以它的评分，即得到每个因素的加权分数；所有因素的加权分数相加，以得到的总加权分数；总加权分数反映磁浮交通对现有机会和威胁是否做出了最有效反应。④数据来源：对相关企业30位专家进行问卷调查，表中数值是将每个问卷结果中各个因素的权重和评分分别取平均值计算而得。

根据调研问卷结果，中低速磁浮交通面对关键机会和威胁，所得到的总加权分数为3.0，而平均总加权分为2.5，表明中低速磁浮交通已经与交通、能源、环境及城镇化等因素形成了初步协同，也即较有效地把握住了现有宏观环境的机会并把挑战等潜在不利影响降到了较低程度。

发展协同的内部评价：运用内部因素评价矩阵（IFE）将中低速磁浮交通技术及行业所具有的关键内部优势和劣势汇总，评价其是否拥有较好的发展潜力，见表2-7所示。

表2-7　内部因素评价矩阵分析（IFE）

	关键内部因素	权重	评分	加权分数
优势	1. 中低速磁浮交通的节能性更好	0.1	3	0.3
	2. 中低速磁浮交通的减排性更好	0.2	4	0.8
	3. 中低速磁浮交通的安全性更好	0.2	4	0.8
	4. 中低速磁浮交通的运营维护成本更低	0.1	3	0.3
	5. 转弯半径小、爬坡能力强，线路适应力强	0.2	4	0.8
劣势	1. 中低速磁浮交通沿线居民对其电磁辐射尚存认识误区，出现反对声音	0.1	2	0.2
	2. 中低速磁浮交通道岔结构相对复杂	0.1	1	0.1
	3. 中低速磁浮交通采用直线电机牵引，电机效率低	0.0	2	0.0
	4. 中低速磁浮交通轨道与普通轮轨列车不通用	0.0	1	0.0
	5. 中低速磁浮交通相关装备的国产规模化未形成	0.0	1	0.0
	总计	1.0		3.3

备注：①权重：权重表示该因素对于磁浮交通取得成功的相对重要性；无论是优势或劣势，只要对磁浮交通的成功有较大影响（正面/反面），就应该给出较高的权数，数值由0.0（不重要）到1.0（非常重要）；所有因素的权重总和必须等于1。②评分：1.0分代表重要劣势，2.0分代表次要劣势，3.0分

代表次要优势，4.0分代表重要优势。加权分数：每个因素的权重乘以它的评分，即得到每个因素的加权分数；所有因素的加权分数相加，以得到的总加权分数。③总加权分数反映磁浮交通自身是否拥有一个较强的内部环境。④数据来源：对相关企业30位专家进行问卷调查，表中数值是将每个问卷结果中各个因素的权重和评分分别取平均值计算而得。

根据调研问卷结果，中低速磁浮交通在汇总关键优势和劣势时，所得到的总加权分数为3.3，平均总加权分为2.5，可见其总体发展潜力较好。

通过内外部环境分析及内外部矩阵评价，一方面发现中低速磁浮交通对宏观环境反应程度高于平均水准，中低速磁浮交通能够较有效地抓住外部环境给予的机会，同时也能够将外部挑战可能带来的潜在负面影响降到较低水平，与交通、能源、环境及城镇化等因素形成初步的协同。另一方面通过中低速磁浮交通技术及产业所具有的关键优势和劣势汇总，可以得出中低速磁浮交通的发展潜力较好，拥有一个较强的内部组织及能力的结论。

综上所述，针对目前的内外部环境而言，中低速磁浮交通与国家交通、能源、环境及城镇化具备发展协同的较高可行性。

2.6 发展协同的战略制定及选择

2.6.1 指导思想

中低速磁浮交通发展的指导思想是：立足市场需求，发挥政府政策和资源配置的引导作用，通过用、产、学、研一体化的创新组织和需求驱动与用户主导的商业模式，促进我国中低速磁浮交通的规模应用和可持续发展。

2.6.2 基本原则

发展中低速磁浮交通遵循以下主要原则[43]：

1. 低成本原则

公共交通被视为准公共产品，其建设与运营均需要政府的投入和补贴。然而，中低速磁浮交通是一种更高质量的公共交通工具，在论证过程中，政府相关部门应对建设投入与运营有充分的认识和可持续发展的计划。中低速磁浮交通与传统地铁相比有显著的成本优势。中低速磁浮交通每千米工程造价不超过3亿元，而传统地铁每千米造价不少于5亿元。中低速磁浮交通运营成本还有较大的下降空间。中低速磁浮交通的维护成本比较低。中低速磁浮交通系统单位运输能力的造价比轮轨系统要低。作为发展中国家，中央政府、地方政府的财政实力总体上仍然是比较有限的，较适合建设中低速磁浮交通线路。

2. 低排放原则

低排放原则与中国政府倡导的节能减排与循环经济理念一脉相承。中低速磁浮交通从技术特性上完全有条件在建设和应用中发展为一种环保理想的绿色运输方式：采用二次能源——电能，运行中不排放有害物质；而且磁浮交通通过无接触方式实现支撑、导向、驱动、制动，避免了车轨主要承载界面的机械接触，机械噪声较低；中低速磁浮交通的磁场强度与轮轨相当，对人体健康没有影响；同时，由于磁浮交通时速快，并且全程封闭，避免了旅客随便丢弃废弃固体物给沿线环境带来的污染。因此，中低速磁浮交通产业化的发展符合国家节能减排与循环经济理念。

3. 易发展原则

（1）技术上易实现：中低速磁浮交通作为一项新兴的交通技术，日本的技术成果和运营经验值得中国借鉴。随着我国三条中低速磁浮试验线上开展工程化磁浮列车运行持续实验，以及北京和长沙中低速磁浮交通线路的建设（编者注：长沙线已于2015年年底建成，于2016年6月正式通车运营。），标志着我国已经具备中低速磁浮交通技术产业化的能力。

（2）经济上易实现：中国的经济发展和新型城镇化进程的加快，为中低速磁浮交通建设提供了市场。

4. 可复制原则

中低速磁浮交通比轮轨具有更优越的环保性、线路适应性、舒适性能，在技术上已经被验证为安全和可靠，并且已经具备了中低速磁浮交通产业化的制造能力，设备的自主生产将大大降低磁浮交通的工程造价。随着工程实践和应用，由于中低速磁浮交通建设的低造价和低运营成本低，技术特性易于在任何线路中实施，加之新商业发展模式的实践，未来在中国甚至在国际上，中低速磁浮交通技术将有可能成为城市公共交通的优先选择，使其在大、中城市中的推广应用成为可能。

5. 可持续原则

可持续发展的主要限制因素是资源与环境。中低速磁浮交通可持续性原则的核心是使其发展在现有的资源与环境承载能力条件下，降低能源消耗，减少PM2.5的排放量，减少城市土地资源占用，有利于资源永续，有利于提高环境质量，实现科学发展。中低速磁浮交通产业发展需要一个渐进发展的过程，需要以自主创新为动力，通过国家支持，整合各方优势资源，建立健全相关体系和机制，从而实现中低速磁浮交通产业的可持续发展，更好地服务于国家发展。

2.6.3 战略目标

我国中低速磁浮交通的发展目标拟分三个阶段进行：

第一阶段：近期目标（2020年）——加快示范，实现产业化。 中国磁浮交通经过多年研发、运行和发展，已经积累了技术基础，例如自动控制、传感器技术、电力电子技术、直线推动技术、网络通信技术、故障检测诊断技术等，掌握了自主知识产权。近期目标是：建好长沙机场线和北京S1线，推动深圳8号线的建设，积极推进中低速磁浮交通的应用，形成产业规模的发展能力和自主品牌，建成5条以上商业运营线路。（编者注：长沙机场线已建成投入运营，北京S1线正式稳步推行，而深圳8号线已弃用磁悬浮方案。）。

第二阶段：中期目标（2025年）——全面推广，实现规模化。在新一轮城镇化建设进程中，中国城市交通、能源、环境及城市结构布局等方面的老问题越发凸显，将成为新型城镇化建设的羁绊。以安全便捷、绿色环保为显著特征的中低速磁浮交通可望在解决上述城市问题方面扮演关键角色。中期目标是：规划和建设基于中低速磁浮交通的城际客运线、城市轨道交通线、旅游风景区交通线和市郊线，形成规模效益。

第三阶段：远期目标（2030年）——持续发展，实现国际化。城市交通工具的发展是人类城市文明进步的重要标志，中国在新一轮发展中已经做好了技术准备，继而在技术成果转化、产品商业运营方面紧跟新一轮城市交通革命的步伐。远期目标是：进一步推动中低速磁浮交通成为未来城市轨道交通的重要方式之一，同时在国外市场推广应用，走向世界。

2.6.4 战略制定

运用SWOT（Strengths Weakness Opportunities Threats）矩阵将关键外部因素与内部因素进行战略匹配，形成SO战略、WO战略、ST战略和WT战略，如表2-8所示。

表 2-8　中低速磁浮交通SWOT矩阵

内部能力＼外部因素	优势（strengths）	劣势（weaknesses）
	节能性、减排性及安全性优势明显； 建造和运营维护成本更低； 转弯半径小、爬坡能力强、线路适应力强	沿线居民对其电磁辐射尚存认识误区； 道岔结构相对复杂，不能与常规轨道通用； 直线电机牵引，电机效率低； 相关装备的国产规模化未形成
机会（opportunities）	SO战略	WO战略
与政策的导向一致，获得政府支持； 产业结构调整需要这一战略性新兴产业； 其经济易实现性及性价比更高； 市场空间及发展潜力巨大； 未来城市交通技术趋势是智能绿色	发挥技术优势，抓住政府支持和市场需求等机会，与企业、高校建立联盟因地制宜开展磁浮交通建设；快速学习德国、韩国，尤其是日本的先进经验，进行创新	抓住中央政策外部优势，努力获得中央财政支持，弥补产品成本高昂劣势；加强管理，降低成本
威胁（threats）	ST战略	WT战略
经济调整期，地方财政拮据； 社会各界反对声音依然强烈； 商业实践经验缺乏，宣传推广力度不够； 地铁及轻轨发展强势	利益内部技术研发优势，简化生产建设流程，降低成本，克服外部财政约束问题。同时加大技术推广宣传，获得高度社会认可	在经济不景气、处于调整期的前提下，受地方财政和高昂投入的双重制约，产品自身应尽最大可能降低成本

2.6.5 战略选择

SO（优势-机会）战略强调发挥中低速磁浮交通的内部优势来把握外部机会。通过之前的分析，中低速磁浮交通在内部能力方面拥有特定的优势。首先，节能性、减排性及安全性优势明显；其次，转弯半径小、爬坡能力强、线路适应力强；最后，相比较于地铁，中低速磁浮交通的建造成本和运营维护成本相对较低。而宏观的外部环境又为中低速磁浮交通发挥其内部特定的优势创造了条件：第一，中低速磁浮交通以环保为特征，符合国家节约资源、保护环境的国策，是实施国家科学发展观，落实可持续发展战略的具体表现；第二，整个外部经济急需产业结构调整升级，迫切需要培育一批类似中低速磁浮交通的战略性新兴产业；第三，随着城镇化进程的加快，城市公共交通需求量不断增加，需求导向不断变化，中低速磁浮交通的市场潜力巨大；第四，放眼全球，未来城市公共交通的发展趋势是智能化和绿色化，符合未来主旋律的中国中低速磁浮交通可望引领世界。

综上可见，我国与发达国家发展阶段不同；发展中低速磁浮交通的机遇大于挑战；需求与发展空间大，做得好做得及时有可能引领世界。

2.6.6 发展协同的战略实施

1. 将中低速磁浮交通作为国家战略新兴产业

明确中低速磁浮交通为国家战略新兴产业，给予中低速磁浮交通系统集成、车体、转向架、牵引传动系统、网络控制系统、制动系统等技术与产业发展的政策支持。

新型轨道交通在国家大力培育战略性新兴产业背景下已成为推进战略性新兴产业成长的必然要求。一方面，新型交通的诸多领域都是战略性新兴产业重要的组成部分；另一方面，以新技术为核心的新型交通，需要新材料、新能源、新通信以及高端装备制造等战略性新兴产业为其提供技术支撑，这也为战略性新兴产业的成长提供了广阔的市场和实践平台。中低速磁浮交通系统集成、车体、转向架、牵引传动系统、网络控制系统、制动系统等关键技术和设备需要依托冶金、通信、电子、机械制造等实体产业类高尖端技术的支撑，而这些高端技术是战略性新兴产业突破的重点，也是战略性新兴产业发展所依赖的重要市场。

2. 扩大示范线建设规模

在长沙机场线（编者注：长沙线已建成投入运营。）和北京S1线建设的同时，推进在城市繁华区、旅游风景区和城际客运线的示范线规划和建设。

中低速磁浮交通涵盖车辆、信号、控制、线路等系统的相关产业，加快长沙机场线和北京S1线等运营示范线的建设与运营，结合运营示范线开展线路设计及施工技术优化研究、中低速磁悬浮列车车辆关键技术和能耗标准研究、供电系统及制式研究、列车运行控制综合系统研究与其他轨道交通系统资源共享技术研究等更深层次问题的研究，降低中低速磁浮交通的建设和运营成本，可为未来在国内甚至国际上更多城市采用中低速磁浮交通提供示范，为中国自主知识产权的中低速磁浮交通形成新兴战略产业创造条件。

示范是市场的基础，加速中低速磁浮交通示范线的建设与运营，可开展工程应用与运营问题的深化研究，促进市场的形成，为走向国际提供示范。

3. 采用BOT（建设—经营—转让）模式发展中低速磁浮交通

采用市场化发展中低速磁浮交通，引进社会多元投资，实现可持续发展的商业模式。

产业化是实现市场化发展的前提与基础，各方面要有足够的紧迫感，齐心协力尽快建设中低速磁浮交通产业示范线，才能促进市场的形成，为实现中低速磁浮技术产业化提供有利条件和广阔市场，做好中低速磁浮技术迈向市场化、发展盈利模式和商业模式的创新研究工作。在现有轨道交通发展模式的基础上，通过借鉴、吸收及创新，探索BOT模式、关键技术和工程采用BT（建设—转让）模式、多元投资的有限公司管理模式等，实现中低速磁浮独有的市场盈利模式和可持续发展的商业模式，推动中低速磁浮交通全面市场化。

4. 加强宣传，形成共识

加大对中低速磁浮交通的安全性、环保性、经济性以及公众敏感问题等宣传，使广大人民群众认识中低速磁浮交通，形成发展共识。

加大宣传力度，宣传中低速磁浮交通的安全优势、技术优势、节能优势、环保优势和经济优势，注重对公众敏感问题的阐述与解释；宣传中低速磁浮交通的关键技术、应用范围和市场空间等方面的前景，让更多的人认识中低速磁浮列车的优势和特点；从促进高端技术发展的战略高度宣传推进中低速磁浮技术的应用和发展，形成共识,加快中低速磁浮交通的发展。

5. 加大基础研究,建设创新平台

借"十三五"规划的东风,从基础前沿、重大共性关键技术到应用示范进行全链条创新设计,一体化组织实施中低速磁浮交通的技术创新;加快国家级技术创新平台建设。

中低速磁浮交通是一项战略高技术,也是一项复杂的系统工程,其研究和制造涉及自动控制理论、传感器技术、电力电子技术、直线推进技术、结构动力学、网络通信、故障监测与诊断等众多学科理论技术。中低速磁浮交通的这一本质特征,要求培养一大批多学科交叉、多知识融合、多技术集成的复合型人才。首先,涉及磁浮学科背景的高校应该认识到中低速磁浮交通这种高科技成果是一项多学科交叉、融合的结晶,在磁浮交通领域的复合型人才培养方面应做出其应有的贡献;其次,相关企业应该特别注重人才的岗位轮换,使其在多部门横向流动,为复合型人才的培养提供不同学科、知识的锻炼平台。

人才的培养与技术的创新依赖于高水平的技术创新平台,培育与建立若干国家级中低速磁浮技术创新平台,以满足日益增长的中低速磁浮交通人才培养需要,为中低速磁浮交通技术与产业的可持续发展提供保障。

3

中低速磁浮交通技术可行性研究

3.1 磁浮技术与磁浮交通概述

3.1.1 磁浮技术概述

1. 吸力悬浮

1922年，德国人赫尔曼·肯佩尔（Hermann Kemper）首先提出了电磁吸力悬浮的基本原理，并在1934年获得世界上第一项相关磁浮技术的专利。为了获得稳定的吸力悬浮，必须使用悬浮体的位置反馈器，并通过它来调节磁铁中的电流大小，通过改变力达到改变位置的目的。

比如对于如图3-1所示的电磁吸力悬浮系统来说，如果电磁铁通过固定电流，当系统受到微小扰动，气隙增加则电磁吸力减小，从而导致磁体间气隙的进一步增加，直到小球完全落下；同样，微小扰动使得气隙减小时，电磁力会进一步增加，直到小球与电磁铁完全吸住，所以对于固定电流的电磁铁系统不存在稳定的悬浮气隙点。

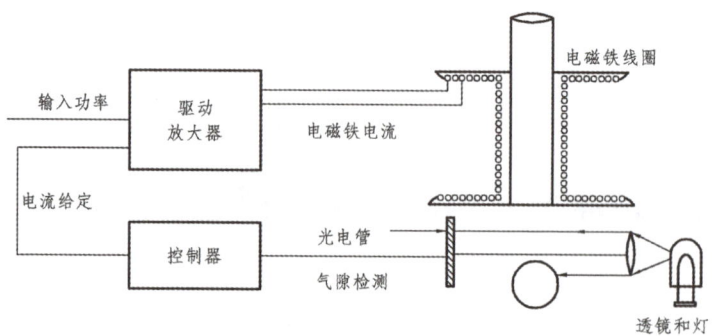

图 3-1 电磁吸力悬浮原理

在图3-1所示的电磁吸力悬浮系统原理中，电磁铁电流的大小随着气隙的改变而发生变化，使电磁力始终可以维持小球的稳定悬浮，这就是电磁悬浮的基本原理。图中电磁悬浮系统由对气隙进行检测的光电管、根据气隙计算电流的控制器以及电磁铁电流的驱动放大器等环节组成。

采用反馈控制是电磁吸力悬浮的特点，采用气隙检测控制电磁铁电流，从客观上来说改变了电磁铁自身的气隙-电磁力特性曲线，如图3-2所示。电磁铁原有的气隙与电磁力的近似平方反比关系被修正为近似的线性关系。

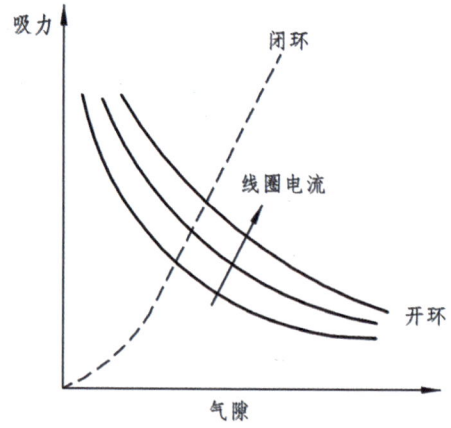

图 3-2 开环与闭环气隙-电磁力特性曲线

在电磁吸力悬浮系统中，这种气隙-电磁力特性的改变往往并不是全局性的，而是平衡点附近的局部区域，也就是在额定负载力和额定气隙附近局部区间的一种气隙-电磁力特性修正。这时电磁力可以看作由两个部分构成：一部分可以认为是提供静态力的静态分量；另一部分可以认为是维持系统稳定的动态分量。在固定负载下，静态分量由静态的电磁铁电流或者电磁铁磁场提供，这是一种近似的直流分量；动态分量是在静态分量上叠加的一个交变分量，它的直流均值在某些情况下可以认为等于零。

对于通常的常导电磁吸力悬浮系统来说，悬浮系统中电磁铁的能耗主要由电磁铁的静态分量产生，这部分通常提供固定的电磁铁电流（或者安匝数）或电磁铁磁场，如果这种静态分量全部或者部分由不消耗能量的永磁体或者超导体提供，那么系统就是永磁混合悬浮或者超导混合悬浮。对于永磁混合或者超导混合悬浮来说，最大的优势在于电磁铁不需要提供或者只需要提供部分静态电磁力，使得常导电磁铁的能耗大大降低，对于混合系统来说甚至可以做零功率控制，即以常导电磁铁能耗最小为控制指标进行系统控制优化。

永磁或者超导混合悬浮在节能的同时也引入一些其他的问题，比如系统更加复杂；对永磁混合悬浮来说，由于永磁体磁导率的问题等效地增加了气隙值；对于超导混合悬浮来说，因增加了一套低温系统，使系统可靠性大大降低。

无论是常导电磁吸力悬浮、永磁混合电磁吸力悬浮还是超导混合电磁吸力悬浮都有广泛的应用。和其他形式的电磁悬浮系统相比来说，电磁吸力悬浮可以提供的电磁力通常比较大，系统可控并且可靠性相对较高。除了在磁浮列车中的应用，电磁悬浮还广泛地应用于磁浮轴承、磁浮天平等场合。

2. 斥力悬浮

电动式磁悬浮（Electro Dynamic Suspension，EDS）或称之为电动斥力悬浮是基于楞次定律的原理而工作的。从物理学可知，当一个磁极以速度 v 进入闭合的线圈时，该线圈中的磁链将发生变化，于是在闭合线圈中的导体里将产生感应电压并产生感生电流。感生电流的方向总是使它所产生的磁场阻碍引起感生电流的那个磁通量的变化。当磁体进入闭合线圈时，线圈产生的磁场与磁体的磁场是相互排斥的，若线圈固定，则磁体在排斥力的作用下实现悬浮。根据磁体的不同，电动悬浮可分为永磁电动悬浮和超导电动悬浮两种形式。

1）永磁电动悬浮

永磁电动悬浮的基本原理是当列车运行时，依靠安装于车体底部的永磁阵列在反应轨道（非磁性金属板或者独立线圈）中产生感应电流，两者相互作用，产生一个向上的磁斥力，从而将列车悬浮于导轨表面一定高度上。实际工程应用中，永磁阵列通常采用Halbach阵列。如图3-3所示为该阵列结构形式与其所产生的磁场，在磁体下侧磁场接近正弦，而其上侧磁场接近零，这种结构可以在增加悬浮效率的同时减小漏磁对乘客的伤害。

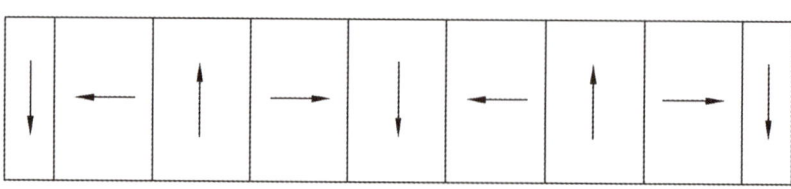

（a）结构形式

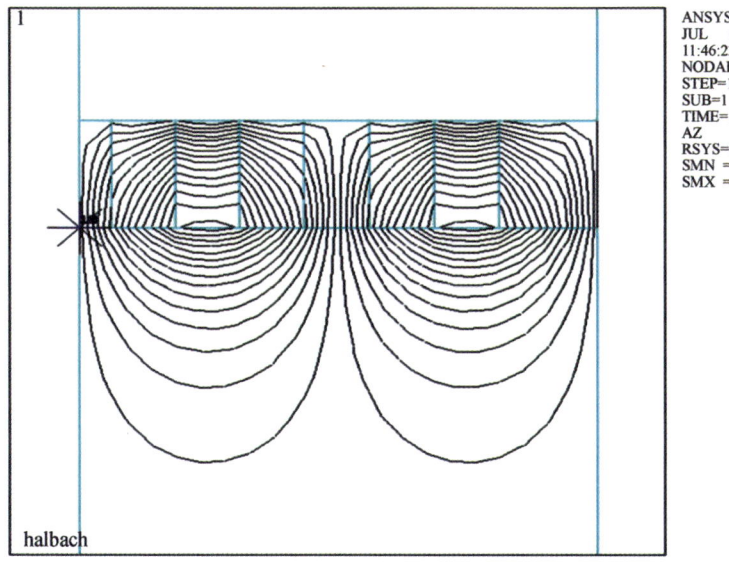

（b）磁场分布

图 3-3　Halbach永磁阵列

永磁电动斥力悬浮系统由车载永磁体、感应轨、支撑轮和轨道、直线牵引电机、地面牵引供电系统、分段供电和运行控制等部分构成。其原理示意图如图3-4所示。

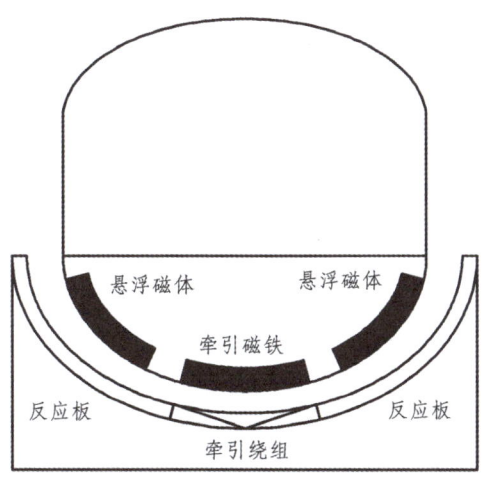

图 3-4　永磁电动悬浮示意图

由于电动悬浮不能在静止状态下实现悬浮，因此支撑轮将在列车停车及低速运行时为其提供支撑。需要指出的是，永磁电动斥力磁悬浮系统由于悬浮在导轨上运行，与轨道没有接触，不能采用传统的旋转牵引电机和轮对实现列车的加减速运行，而更多采用直线电机。由于它的悬浮间隙大，运行速度高，直线异步电机是不合适的。因为直线异步电机在大气隙与高速运行条件下，其效率与功率因数均很差。根据研究，长定子直线同步电机是一个合适的选择。长定子直线同步电机采用地面供电方式，其动子磁极采用Halbach阵列结构，安放在车上。当同步电机的三相对称绕组通过三相对称电流时将产生一个行波磁场，该磁场与车载磁体的磁场作用，使磁浮车运行。通过控制同步电机定子电流的频率，就可以控制磁浮车的运行速度；改变同步电机的相序即可改变电机的行波磁场的方向，即磁浮车的运行方向。

永磁电动悬浮利用斥力产生悬浮力，这种悬浮方式能实现自稳定，不需要复杂的悬浮控制系统，结构简单，运行可靠。但国内外相关研究都表明这种悬浮模式浮阻比较小，通常只能达到15~25，阻力能耗较高，这是限制该悬浮模式发展的主要瓶颈。

2）超导电动悬浮

与永磁电动悬浮类似，通电的超导线圈也能在反应导轨中产生电流，从而产生悬浮力。在超导电动悬浮领域，日本的研究最具有代表性，20世纪60年代后期，日本开始超导磁浮列车的研究与开发，1972年首次试运行。1977年，日本在南部九州建成7 km超导磁浮列车试验线，即宫崎试验线。宫崎试验线是单线，没有坡道和隧道，不能完全满足应用试验要求。1992年，日本又在山梨县境内开始建设山梨试验线，1997年4月3日，开始在新建成的试验线

（18.4 km）上进行试验运行。山梨线为双线，分别称为南线和北线，线路的87%在隧道内，变电站和控制中心设在露天线路旁。该试验线在1997年不载人试验运行中，最高试验速度达到550 km/h，创下地面交通速度的世界最高纪录。1999年，载人运行试验速度达到552 km/h，再次刷新地面交通工具最高试验速度。近30年来，日本对超导磁浮列车中一系列技术问题进行了大量的实验研究，对8种EDS型试验车作了不断改进和完善。其中悬浮、导向系统关键技术的进展令人瞩目，目前应用于MLX01型磁浮车的是悬浮、导向系统合一的新技术。

在磁浮车上，采用液氦冷却的低温超导线圈励磁，形成超导磁铁体。磁铁的N极和S极沿车的运行方向交替分布。车辆侧的超导磁铁和线路侧的8字形线圈和无铁心的长定子同步电机线圈共同作用，实现车辆的驱动、悬浮和导向功能。用于驱动的定子线圈和用于悬浮和导向的8字形线圈都设置在U形线路侧壁上，如图3-5所示。当线路侧的定子线圈的三相绕组中通入三相交流电时，产生沿线路运行的磁场，这一移动磁场吸引车上的超导磁铁，同步地往前运行。改变定子线圈中电流的频率和强度，可以调节牵引力和车辆运行的速度。当车辆运行时，由于车上的超导磁铁与线路侧的8字形线圈之间相对运动，在8字形线圈中感应出电流和磁场，这一感应磁场与车上的超导磁铁的磁场相互作用，产生悬浮力和导向力。感应磁场的强度与车辆行驶的速度有关，速度越高，8字形线圈中感应的磁场越强，悬浮力和导向力也越大。当磁浮列车静止时，没有悬浮力和导向力。在低速时，磁浮车依靠橡胶轮支承和导向。当列车加速到大约 150 km/h时，列车进入与线路完全无接触的悬浮状态。

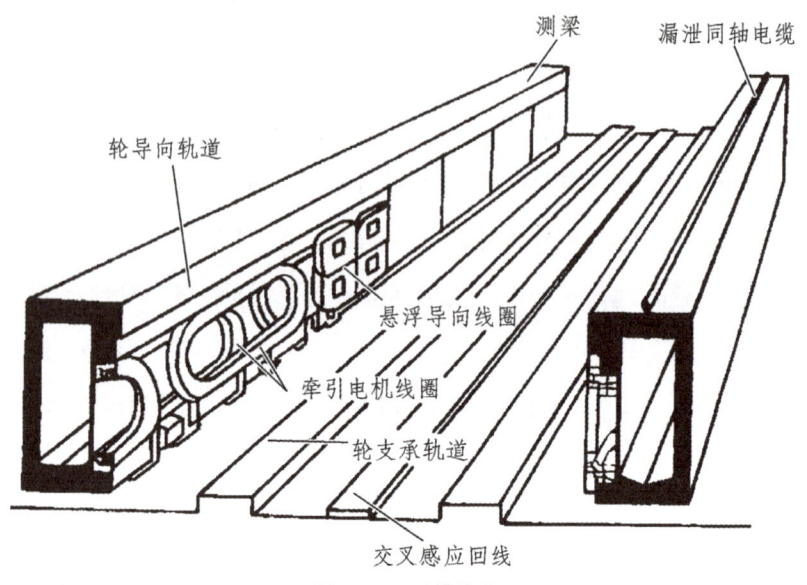

图 3-5 U形槽线路

超导电动悬浮同样属于斥力悬浮，因此也能实现自稳定悬浮，不需控制，这样使得列车有较高的可靠性。超导方案由于要采用液氦对超导线圈制冷，低温超导体和制冷设备的耗费较大，故多数专家认为该方案的造价较高。但部分专家认为，超导磁浮列车在构成方案上，以及今后采用高温超导磁铁上尚有发展余地，可能在以后发展中达到更好的特性和更低的造价。

3. 钉扎悬浮

钉扎悬浮是一种高温超导磁悬浮原理，更确切地说是高温超导块材的磁悬浮原理，不涉及采用高温超导线材的磁悬浮原理。

典型的高温超导悬浮系统由单个圆柱形永磁体PM（也可以是电磁体）与单块圆柱形高温超导体SC构成，这里永磁铁采用钕铁硼，属于非理想的第二类超导体，高温超导体采用熔融织构工艺的

YBCO[52]。如图3-6所示为轴对称高温超导悬浮系统简单示意图。将高温超导体放在低于临界温度的环境中，便具有抗磁性和磁通钉扎性。高温超导悬浮系统就是由抗磁性提供一个静态悬浮力，利用钉扎性提供一个稳定力，从而实现不需控制的无源稳定悬浮。

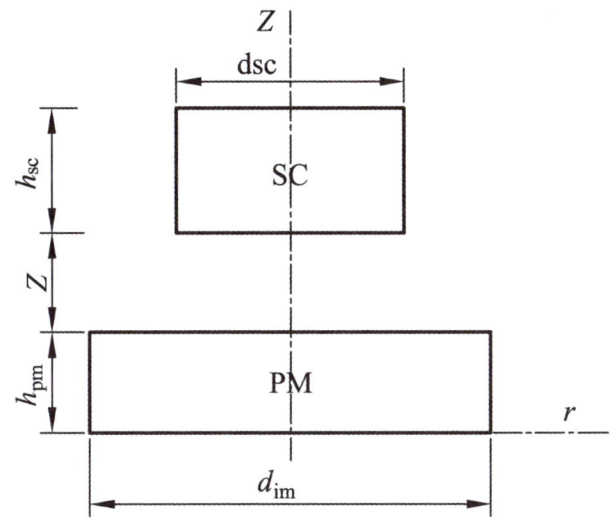

图 3-6　高温超导悬浮系统单间示意图

高温超导块材磁悬浮最大的优点是它能够稳定地悬浮在外磁场中，其实里面隐含了两个条件：第一，外磁场必须是非均匀的，即一定要有磁场梯度存在；第二，高温超导体必须俘获一定的磁场。高温超导体（即非理想第二类超导体）对磁通的强钉扎作用，使超导悬浮系统具有自稳定性，在一定条件下无须复杂的稳定性控制部件就可以达到满意的稳定悬浮，因此超导悬浮成为最具有吸引力的悬浮技术之一，已被应用于飞轮储能、磁浮轴承等领域，成为各国争相研发的目标之一。

3.1.2 磁浮交通分类

1. 按运行速度分类

磁浮列车按运行速度可分为中低速磁浮列车、高速磁浮列车和超高速真空管道磁浮列车。中低速磁浮列车主要应用于城市内部轨道交通系统，列车最高运行速度为100 km/h左右，最典型的是日本常导中低速电磁悬浮HSST系统或与之类似的系统。高速磁浮列车的运行速度一般为 400~500 km/h，德国的Transrapid常导磁浮列车技术最高运营速度可达500 km/h；另外日本典型的MLX磁浮系统采用超导电动式方案，载人运行速度已达550 km/h。真空管道磁悬浮属于超高速磁浮系统，有专家甚至提出，真空管道磁浮列车的理论极限速度能够接近第一宇宙速度，达到20 000 km/h。

2. 按悬浮原理分类

磁浮列车从悬浮机理上主要有电磁吸力悬浮（Electro Magnetic Suspension，EMS）和电动斥力悬浮（Electro Dynamic Suspension，EDS）两种形式，前者以德国的Transrapid（简称TR）08型和日本的HSST100L型为代表，后者以日本的MLX型超导磁浮列车为代表。除了这两种主要的磁浮列车外，还有超导钉扎悬浮实现的磁浮列车。电磁吸力悬浮，一般采用"T"形导轨，车辆环抱导轨运行。置于导轨下方的车载悬浮电磁铁通电励磁而产生磁场，磁场与由铁磁材料构成的导轨之间产生电磁吸力，维持车辆悬浮在8~12 mm。这种悬浮方式中磁场在电磁铁与导轨之间形成闭合回路，磁场向外界扩散较少，电磁污染程度很低，磁场对人的影响可以忽略不计。

电磁吸力悬浮在实际使用中,悬浮磁场通常与导向磁场、牵引磁场做优化使用,如TR列车中悬浮磁场兼作牵引转子磁场,HSST中悬浮磁场与导向磁场为同一磁场。目前,电磁吸力悬浮磁浮列车主要采用常导电磁吸力悬浮,永磁混合悬浮有相应的试验模型和车辆,超导混合悬浮目前并无相关报道。

电动斥力悬浮利用电动悬浮的原理,当列车运动时,车载磁体(如低温超导线圈或永磁铁等)的运动磁场在安装于线路上的悬浮线圈中产生感应电流,感应电流产生感应磁场,感应磁场与车载磁体相互作用产生排斥力,将车辆悬浮起来,悬浮高度一般为100~150 mm。与电磁吸力悬浮车辆相比,电动斥力悬浮系统在静止时不能悬浮,必须达到一定速度(约为150 km/h)后才能起浮;电动斥力悬浮在产生悬浮斥力的同时也产生阻碍列车前进的磁阻力,并且磁阻力较大;电动斥力悬浮的悬浮磁场不闭合,其电磁污染比电磁吸力悬浮要大许多。但电动式悬浮系统在应用速度下,悬浮间隙较大;在稳态悬浮时悬浮磁场由永磁体或者超导体提供,能耗较低;同时,其悬浮系统在不需要进行主动控制就可以实现自稳等方面具有优势。

在电动斥力悬浮中,日本的MLX采用低温超导线圈产生悬浮所需要的磁场,而在其他一些系统中如Magplane、GA等系统中采用永磁体产生悬浮磁场。

3. 按驱动方式分类

从理论上讲,只要定子与动子间无机械接触,并且可直接将电能转换成直线运动机械能的电机均可以用于磁浮列车的驱动。目前,实际应用的磁浮列车的驱动方式主要有直线感应电机驱动和直线同步电机驱动两大类[48]。

中低速磁浮列车，如日本的HSST100L采用短初级直线感应电机做牵引电机。其主要特点是电机初级安装在磁浮车上，复合次级位于轨道上。该系统的优点是牵引系统的成本低；其缺点是由于电机初级安放在车上，为其供电的逆变器等设备也必须放在车上，故增大了车辆的自重和结构的复杂性。受条件限制，电机的功率较小。

长定子直线同步电机主要用在高速磁浮列车牵引中。电机的初级绕组沿轨道铺设，故称长定子。动子安装在车上。动子磁极或为直流电励磁结构（德国TR）或为超导磁体（日本MLX），或为直流电励磁与永磁体混合（美国M3），或为永磁体（美国GA）。长定子同步电机的电磁推力大、效率高，电机的供电设备放在车下，车辆自重小，电机功率大；但需沿轨道铺设电机初级绕圈并建变电站，其造价昂贵。

3.2 中低速磁浮交通系统技术特征

3.2.1 中低速磁浮列车车辆系统

1. **车辆概述**

1）车体

中低速磁浮列车车体与地铁和轻轨车辆的车体相比，两者之间既有共性技术，又有其独特之处。中低速磁浮列车车体依然分为头车和中车两种类型，如图3-7所示，头车车体主要由司机室、底架、侧墙、车顶和端墙构成。各部件之间采用焊接的方式进行连接。

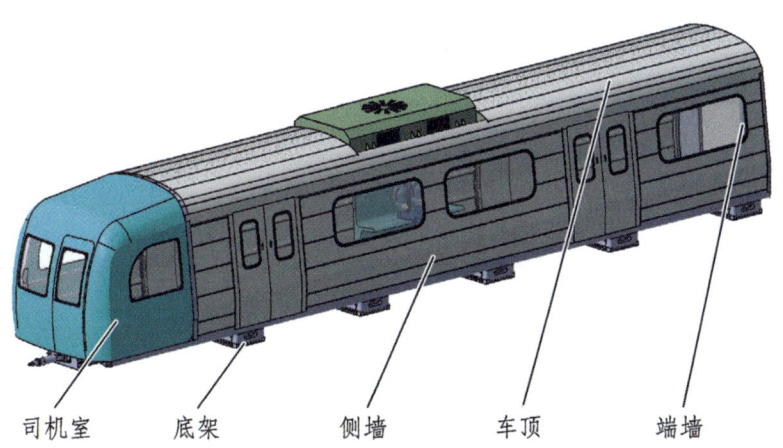

图 3-7 中低速磁浮列车头车车体外形和结构组成图

司机室主体结构为金属骨架，其外依附蒙皮。金属骨架为承载构件，蒙皮为玻璃钢成型单薄结构，为非承载构件。司机室结构由立柱、斜角柱、顶梁、端梁和多个加强肋构成，其中，立柱与侧墙部件的立柱为焊接连接形式，从而将司机室与车体的底架进行连接。与地铁和轻轨车辆类似，中低速磁浮列车头车在司机室的前端设置紧急疏散通道。

中低速磁浮列车头车车体的侧墙左右两侧均开设有两道门，每道门均采用向外推的塞拉门，门的尺寸为1400 mm×2000 mm。两面侧墙设置3扇窗户，窗的外形尺寸为840 mm×2000 mm。侧墙主要由大型面状中空挤压型材和立柱构成，二者之间采用焊接连接。面状挤压型材可保证侧墙的平面度。立柱和侧墙板的下沿均与车体底架焊接，构成厢式结构。

车顶结构与侧墙结构类似，中间圆弧顶面为铝合金挤压型材，两侧为设有开口的铝合金挤压型材；为保证整体强度，车顶设置有横梁和纵梁结构。在车顶结构的中部设有安装空调单元的位置，与地铁和轻轨车辆类似，空调均采用下埋式空调，在该位置设置纵向梁制成空调。同时，安装空调位置处设有空调回风口及出风口，通过弯风道通向两侧的主风道。

车体尾端端墙结构依然为铝合金板和立柱的焊接结构，包括2根立柱、1根横梁及1根下端梁，它们之间通过焊接连接。端墙可根据风挡的连接形式设置安装座。

中低速磁浮列车车体与地铁和轻轨车辆最大的不同之处在于车体的底架结构。如图3-8所示，中低速磁浮列车头车车体底架主要为挤压型材的结构形式，通过挤压型材制成的横梁与滑台连接。底架结构中的边梁和中梁是主要的承载部件，各型材之间通过机械结构形式的连接接口插接，以定位和焊接。同时，根据磁浮列车悬浮架的特殊形式，在底架底部设置T形槽用于吊装车辆各电气部件。而底架下方的横梁则用于车体与滑台的连接。

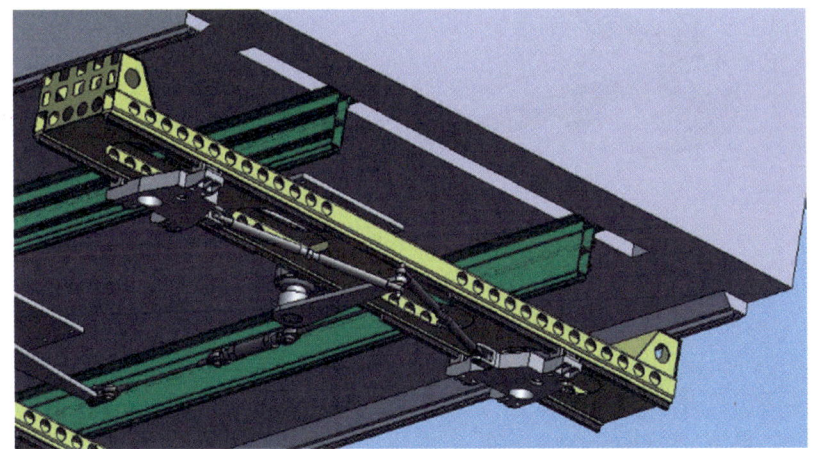

图 3-8　中低速磁浮列车头车车体底架结构组成

由于磁浮列车采用电磁悬浮力实现承载，车体自身的质量成为影响载客量的关键因素。因此，基于可靠性和安全性条件下的车体轻量化设计成为紧迫的研究方向。

2）悬浮架

中低速磁浮列车每节车的走行机构均由5个悬浮架及其安装的相关部件组成，头车和中间车的悬浮架结构基本相同（见图3-9）。作为中低速磁浮列车运行和承载的关键部件，每个悬浮架由4个托臂、2根纵梁、2组抗侧滚梁和4只空气弹簧构成，使得悬浮架具备了以下的功能：悬浮电磁铁和牵引电机的安装载体以实现非接触运行、承载列车自重和外载荷、独特的左右解耦结构可适应轨道的各种几何扭曲与不平顺，保证列车行驶中具有较高的平稳性。

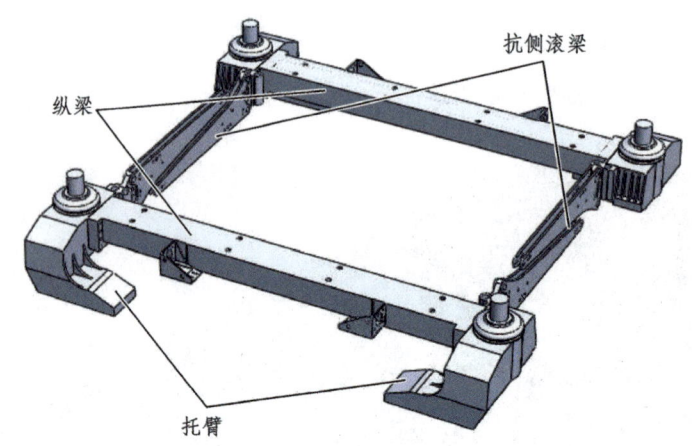

图 3-9　中低速磁浮列车悬浮架结构组成

悬浮架结构分为左右两个模块,沿轨道中心线相互对称。同一侧的两个托臂之间采用纵梁连接,三者连接为整体结构,悬浮电磁铁的两端分别与两个托臂进行连接,牵引电机则吊挂于纵梁下方,形成了单侧模块;而抗侧滚梁则实现了左右单侧模块的连接。抗侧滚梁中的片梁与托臂之间的连接处设有关节轴承,左右连接片梁之间采用阻尼器连接,使得悬浮架左右模块之间允许有一定范围的多自由度平动和转动。阻尼器的刚度系数和阻尼系数直接影响左右模块的解耦程度:刚度系数较小,使左右模块充分解耦,但抗侧滚程度降低;刚度系数较大,抗侧滚能力增强,但使得左右模块耦合程度较高;而阻尼器的阻尼系数的确定则直接影响着左右模块之间的相互抗干扰能力和结构解耦能力。因此,采用抗侧滚梁的结构形式,能够实现左右模块之间的机械解耦,使得悬浮架能够适应较大的线路扭曲和不平顺,并为单点悬浮控制的稳定性提供机械结构基础。

每个悬浮架包含四只空气弹簧,每个托臂处安装一只;其他的零部件,诸如紧急制动雪橇、牵引杆、走行轮等,均安装于悬浮架托臂处。

由于悬浮架是悬浮电磁铁和牵引电机的载体,紧邻两个强磁场,为避免对磁场的干扰,并且处于轻量化设计的目的,悬浮架的主体结构均采用铝合金等不导磁轻型材料制造成型。在保证悬浮架安全性和可靠性的基础上,参照地铁和轻轨车辆的设计规范,悬浮架按AW3载荷运行的设计寿命达到30年。

3)二系悬挂

二系悬挂是连接车体和悬浮架的悬挂装置,悬挂的垂向刚度或静挠度是系统设计的重要参数之一。中低速磁浮列车二系悬挂系统主要由空气弹簧、端部滑台、中间滑台、固定滑台、直线轴承和防脱装置构成(见图3-10)。空气弹簧坐落于悬浮架托臂的内孔中,初步实现二系悬挂与悬浮架之间的连接。车体前端和尾端的4个空气弹簧上安装端部滑台,中间相邻两悬浮架之间的托臂安装中间滑台和固定滑台。每个滑台均设置有两组直线轴承组件,直线轴承中的滑动块安装于滑台上表面,滑动导轨安装于车体下方的横梁下表面,初步实现车体与二系悬挂之间的连接。

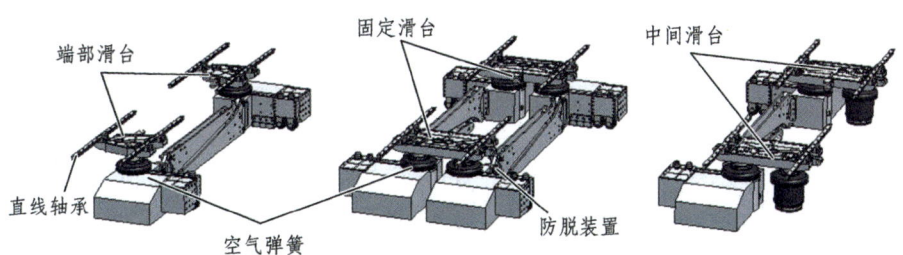

图3-10 中低速磁浮列车二系悬挂结构组成

空气弹簧具有很高的降噪和缓冲、吸能能力，可以补偿曲线通过时车体与悬浮架之间的横向位移，隔离悬浮架产生的横向和垂向振动，提供曲线通过时悬浮架与车体的垂向限位。空气弹簧的特性曲线可按实际需要进行理想设计，使其在车辆的额定载荷附近具有较低的刚度值，并使悬浮架获得较低的固有频率。

端部滑台、中间滑台和固定滑台均设有与迫导向机构横向拉杆相连的可拆卸安装座，实现二系悬挂系统与迫导向机构的连接。固定滑台两端安装有牵引拉杆，牵引拉杆的另一端与悬浮架的纵梁连接，实现车体的牵引。

为防止车辆在运行过程中由于离心力或是其他因素导致二系悬挂系统与悬浮架垂向分离，在每只滑台处均安装有防脱装置。该装置通过具有一定弹性的钢丝绳的一端与滑台相连，另一端与悬浮架的托臂相连。

4）迫导向机构

迫导向机构是中低速磁浮列车能够实现弯道运行的关键机构，可以将横向力均匀地分配到各个悬浮架的二系悬挂系统上，使所有的悬浮架受力相同，从而使得各个悬浮架沿着弯道曲线形成最合理的位置分布。如图3-11所示，中低速磁浮列车迫导向机构主要由长T形臂、短T形臂、横向拉杆和纵向拉杆构成。长、短T形臂与车体下方的横梁连接，位于轨道中心线上，可在水平面内自由旋转；横向拉杆一端与二系悬挂系统中的滑台连接，另一端与长、短T形臂连接；纵向拉杆则实现长、短T形臂的连接，形成四边形结构，使长、短T形臂的角位移相同。

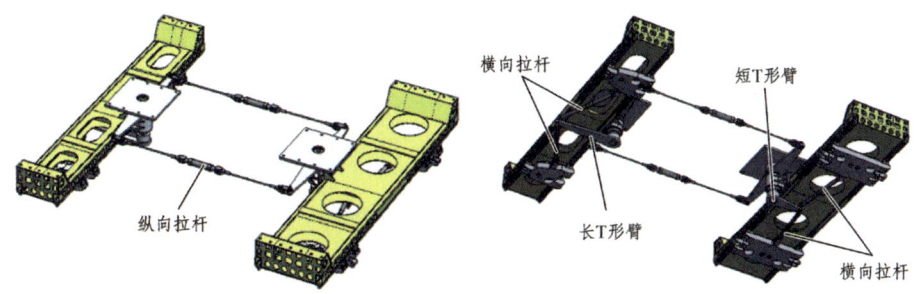

图 3-11 中低速磁浮列车迫导向机构组成图

当车辆曲线运行时，T形臂与车体横梁之间的连接位置在车体的纵向中心线位置，而T形臂与左/右滑台之间的连接位置位于左/右滑台中间位置，该位置将在车辆过弯时偏离车体中心线位置。因此车体与悬浮架之间的相对横移，将强迫T形臂相对车体发生转动，进而带动纵向拉杆，使悬浮架相对车体发生一定角度的转动，此角位移与车辆在线路曲线上的位置相匹配，从而实现转向。为基于机械结构控制车体相对于各个悬浮架的横移量，车体需要固定的转动轴心。二系悬挂系统中的固定滑台就能实现转动轴心的功能，可使磁浮列车过曲线时，车体相对固定滑台没有相对的横向滑动，迫使其他位置的滑台产生横向滑动。迫导向机构能使每一节车的各个悬浮架自动沿曲线变化方向顺序变化，能减小对电磁导向力的要求。

5）悬浮与导向

（1）悬浮系统原理与特性。

中低速磁浮列车悬浮系统采用电磁吸力悬浮原理，对车载的、置于导轨下方的悬浮电磁铁通电励磁而产生磁场，悬浮电磁铁与导轨上的F形铁磁导轨构件相互吸引，电磁吸力克服悬浮电磁铁自身重力和车辆重力，将列车向上吸起悬浮于轨道上，悬浮电磁铁与F形导轨之间的悬浮间隙一般为8~12 mm。

悬浮系统通常由F形铁磁导轨构件、悬浮电磁铁、用于检测悬浮气隙和悬浮电磁铁加速度的悬浮传感器、用于控制悬浮电磁铁电流的悬浮控制器组成。F形铁磁导轨构件和悬浮电磁铁产生电磁吸力。悬浮传感器用于检测电磁铁与F形轨道间的气隙和气隙加速度，检测信号通过电缆送到悬浮器。

悬浮控制器主要由控制电路和主电路两部分组成。悬浮控制器控制电路主要实现车辆的悬浮控制算法，传感器传送上来的信号通过变换得到相应的电信号，通过DSP进行算法处理，计算出电磁铁需要的电流，根据实际反馈的电流输出PWM脉冲给悬浮控制主电路，用于主电路开关管的开通和关断。悬浮控制器主电路控制主电源的开通、关断和保护，通过悬浮斩波器，控制开关管的开通和关断，在电磁铁上实现控制计算得到电流。此外，悬浮控制器控制电路还具有车载诊断控制接口、主电路的控制保护等功能。

中低速磁浮列车悬浮系统结构如图3-12所示。

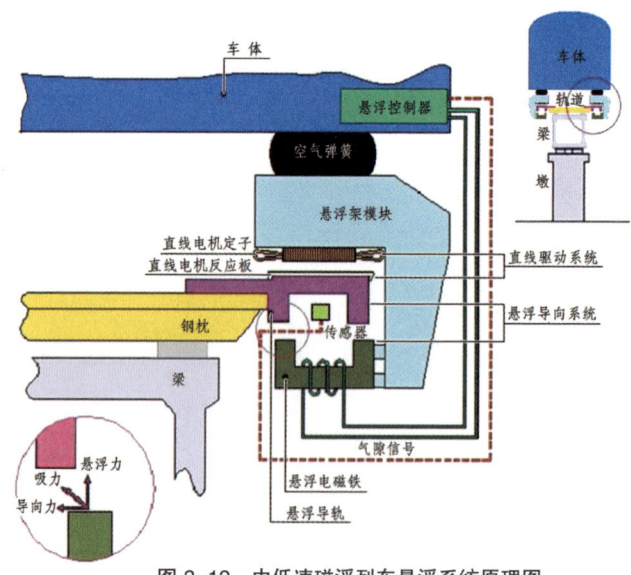

图3-12 中低速磁浮列车悬浮系统原理图

中低速磁浮列车悬浮系统作为电磁吸力悬浮系统首先具有一般电磁吸力悬浮系统的普遍特性，即电磁吸力悬浮系统是本质不稳定系统，需要采用闭环控制实现悬浮间隙的稳定。悬浮系统首先检测悬浮电磁铁与F形轨道之间的距离（称为气隙值），通过对气隙值的判断来调整电磁铁电流，实时地调节电磁力，使得系统可以在动态平衡中稳定于理想的间隙上。

作为运载工具的子系统，中低速磁浮列车悬浮系统还面临负载变化大、线路不平顺带来的扰动、运行工况复杂、车辆机械结构产生耦合以及舒适平稳性要求高等问题。这些问题使得中低速磁浮列车悬浮系统的控制技术要求高，难度大。

（2）悬浮电磁铁。

在悬浮系统中，悬浮电磁铁与F形铁磁导轨构件共同产生电磁吸力，这种电磁吸力使得车辆悬浮，悬浮电磁铁是悬浮系统的重要组成部件。对于中低速磁浮列车来说，悬浮电磁铁采用同时具备悬浮和导向功能的U形磁铁。每节车每个转向架通常采用左右两组悬浮电磁铁，每组悬浮电磁铁采用4个相同的电磁铁线圈。

早期的悬浮电磁铁采用组件安装模式，通常一个线包、两块侧板和一块底铁构成一个悬浮电磁铁组件，组件安装于悬浮架上，悬浮电磁铁的安装和维护比较困难。目前悬浮电磁铁主要采用模块安装模式，将一侧的单组悬浮电磁铁的4个电磁铁线圈分别安装在两块长侧板和一块长底铁上，形成一个悬浮电磁铁模块，模块作为整体安装于悬浮转向架上。

需要注意悬浮电磁铁上还需安装制动器、传感器、横向限位滑橇等机械装置。

（3）悬浮传感器。

悬浮传感器是悬浮控制系统的重要部件，为悬浮控制系统提供非常关键的悬浮运行数据，每个悬浮控制器对应一个悬浮传感器[59]。悬浮传感器工作环境恶劣，故障发生率较高，且对悬浮性能有直接的影响，因此中低速磁浮列车对悬浮传感器功能及性能的要求较高。因为行动时电磁铁模块与轨道之间无接触，因此气隙测量需要采用无接触的测量方式进行，并准确可靠检测悬浮气隙的真实大小，排除轨道接缝等干扰的影响。另外由于电悬浮传感器测量的是悬浮电磁铁磁板与轨道面的距离，因此其必须安装在电磁铁旁边，当电磁铁通过交流大电流时，其周围空间的电磁干扰是非常严重的，悬浮传感器必须能在恶劣磁场干扰下正常工作。此外，为提高中低速磁浮列车的悬浮系统可靠性，关键信号的获取需要采用冗余设计，当有任意一路信号获取出现故障时，列车的悬浮系统仍然能够正常工作，保证列车运行安全。另外，因为悬浮气隙检测对象为F轨道，轨道的设计为适应外界环境温度的变化，两段轨道之间保留一定的距离为轨道热胀冷缩时的形变预留了一定的空间，当气隙传感器正对某一过缝时，其输出值必然失真，此气隙传感器信号无法为控制系统提供准确数据，因此悬浮传感器的设计中必须考虑过缝问题。当同时考虑冗

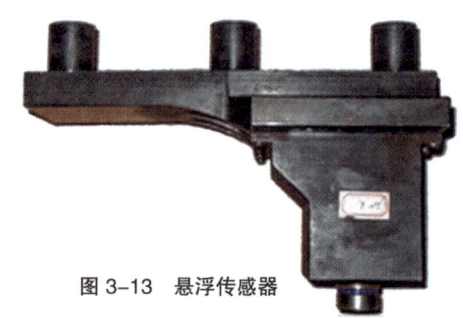

图3-13 悬浮传感器

余与过缝问题时，最少需要三套悬浮传感器，某悬浮传感器实物如图3-13所示。

悬浮传感器内部由三个气隙传感器探头和两个加速计组成，

悬浮气隙和列车垂向加速度信号在悬浮传感器内部转换为数字信号，以同步485总线信号形式输出到悬浮控制器中，也可以转换为4～20 mA电流信号输出给悬浮控制器。参考国内外悬浮控制研究成果并根据悬浮控制器的要求，悬浮传感器的气隙传感器的主要技术指标：

（a）工作环境温度范围：－25 ℃～+100 ℃。

（b）测量范围0～25 mm。

（c）测量精度 0.1 mm，分辨率0.1 mm。

（d）频响范围：0～5 kHz，5 kHz处衰减不大于5%。

加速度计的主要技术指标：

（a）工作环境温度范围：－25 ℃～+100 ℃。

（b）测量范围：10g或5g。

（c）分辨率：0.01g。

（d）灵敏度：5%（频率为1～100 Hz时），10%（频率为100～200 Hz时）。

（4）悬浮控制器。

悬浮控制器是悬浮系统的关键电气部件，负责处理悬浮系统的检测信号，并且控制悬浮电磁铁的电流。从功能上，悬浮控制器可以分成控制电路和主电路两部分，其中：控制电路主要用于信号处理、控制算法实现等，属于弱电系统；主电路用于控制悬浮电磁铁电流以及输入功率电源管理等，属于强电系统。

悬浮控制器主电路通常也称为悬浮斩波器，是电磁悬浮系统中的功率控制部分。悬浮斩波器本质上是一种DC/DC变换器，它能够按照输入的控制指令输出合适的PWM电压，在电磁铁上得到一个合适的电流值，从而调节电磁铁吸力的大小。悬浮斩波器必须具有较高的输出精度和稳定度才能保证悬浮间隙的稳定度和精度。同时，磁悬浮列车从空载至满载，从平道至坡道，从直道到弯道都要保持悬浮间隙稳定不变，而悬浮系统本身却是一个不稳定系统，为了保持系统稳定，电磁铁电流需要不断地进行快速调节，尤其当系统受到干扰时，电磁铁要求的调节速度更高，所以悬浮斩波器需要有很快的电流调节性能，才能满足悬浮系统的需求。

目前，中低速磁浮列车悬浮系统供电电压以DC 330 V为主，悬浮系统供电电压越高，电流响应速度越快。但是高电压会造成开关管器件的应力增大，中间电容的耐压值增加，所以该电压也受到器件等情况的限制，应该根据情况在满足实际需要的电流响应速度下，选择较低的电压。

悬浮斩波器主要由开关阵列、驱动电路和保护电路等组成，其中开关阵列是悬浮斩波器的核心，主电路原理图如图3-14所示，这种电路通常也称为H形两象限斩波器。

电路由可控元件（T_1，T_2）和不可控元件（D_1，D_2）组成，负载电磁铁在AB之间，并用L_0和R_0组成串联电路来等效，用直流电流传感器检测电磁铁电流。

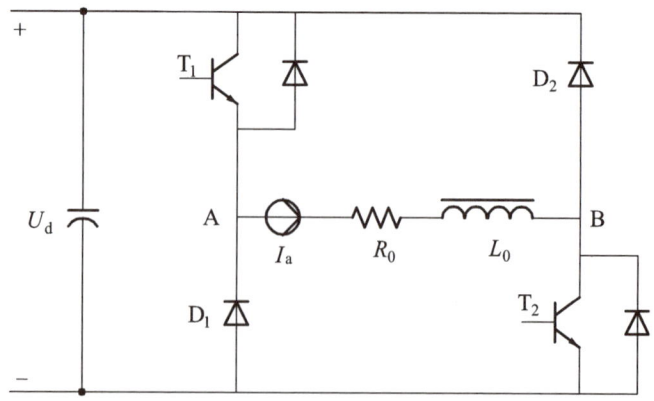

悬浮控制器的主电路在工作时，悬浮电磁铁作为大电感以很高的频率不断地充电放电，为了减小对电源的冲击需要加入支撑电容以及相应的充放电电路。

悬浮控制器的控制电路主要负责传感器信号处理、悬浮控制算法的实现、主电路的控制和保护以及外部接口信号的处理等。

（5）导向原理与导向特性。

中低速磁浮列车导向系统与高速磁浮列车导向系统原理并不相同（见图3-15）。在中低速磁浮列车系统中，导向力由U形电磁铁与F形轨道共同提供，悬浮系统与导向系统有机地统一起来。

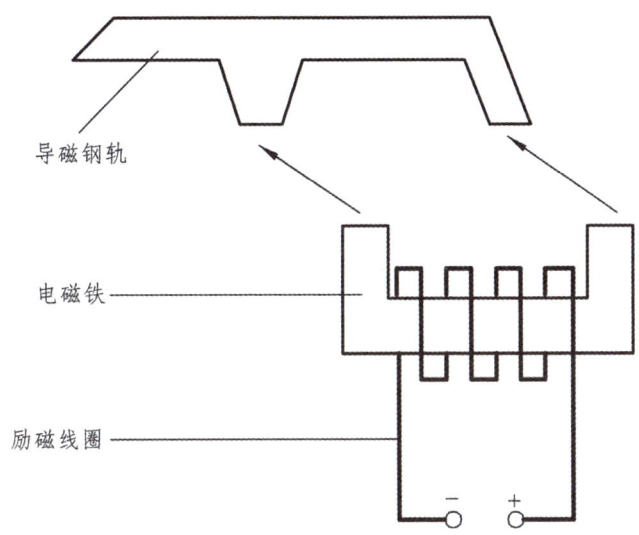

图3-15 中低速磁浮列车导向原理示意图

如图3-15所示，中低速磁浮列车导向力的形成是利用磁场的边缘效应，是垂向悬浮力的切向分力，故不会很大，通常不会超过悬浮力的20%。对于中低速磁浮列车来说，速度并不高，因为线路等原因产生的离心力不是很大，电磁力产生的导向力通常可以满足实际需要，而不需要采用独立的导向系统。

6）列车驱动

（1）驱动系统结构与组成。

驱动系统是一套车载的大功率逆变器-直线感应电机系统。磁浮车的牵引动力来源于直线感应牵引电机。电机的短初级安装在列车上，长次级由铝板和钢质F导轨组成，为复合次级结构。地面变电站将工频交流电变换成直流电（一般为DC 1500 V），并送到轨道梁两侧的动力轨。制动斩波器和制动电阻也放在变电站内。

驱动系统由三个主要部分构成：短初级直线感应电机、牵引变频器和牵引控制系统。短初级直线感应电机布置在磁转向架的两侧，每个悬浮模块布置有一台直线电机，电机的数目与磁浮车磁浮架的数目有关。为消除电流的不平衡，电机采用换相串联后再并联的连接方式，如图3-16所示。牵引变频器吊装在车体下，每节车都有独立的驱动系统。

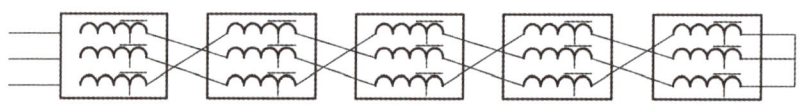

图 3-16　牵引电机的换相连接

车载受流器将动力轨上的DC 1500 V送入车辆，经高压隔离开关送入逆变器。逆变器将直流电转换成电压和频率变化的交流电，供给直线感应电机，实现列车的牵引。

当列车再生制动时，直线感应电机作发电机运行，将列车的机械能变换成电能，回馈DC 1500 V直流电网。当再生制动能力不能满足要求时，电机进入反向牵引状态工作，迫使列车减速停车。

牵引控制系统完成牵引控制指令及状态的给出与传输，牵引系统故障保护和列车前进/后退、牵引/再生制动/反接制动等状态的控制。

牵引控制系统包括司机控制器、列车控制单元VCU（车辆级控制）、传动控制单元DCU（传动级控制）等三个部分。

为防止电机的法向力过大，采用基于矢量变换控制原理的电流滑差频率控制方式对直线感应电机进行控制。

（2）异步直线电机。

直线电机是一种将电能直接转换成直线运动的机械能而不需要中间转换机构的电磁装置。把旋转感应电动机沿径向剖开并将圆周展开压平成为直线形状，就得到了直线感应电机。短初级的制造成本和运行费用更低，是应用的主体。

直线感应电机一般都采用复合次级结构。即：次级由导电性能好的铝或铜板与导磁性能好的铁（钢）压制而成。由于铝或铜的磁导率与空气相同，所以反应板厚度不能太大，一般为4~5 mm[53]。

直线感应电机的工作原理与旋转感应电机相同。但是，初级铁心与绕组在两端开断和次级的有限宽度结构，会使电机出现一些特殊现象，称为端部效应，包括纵向和横向端部效应两类。

由于初级铁心及绕组在两端开断，各相绕组之间的互感不相等，即各相阻抗不相等，造成三相电流不对称的现象称静态纵向端部效应[54]。

当初级运行时，在电机的入端和出端附近气隙磁场的分布将发生变化：入端附近的气隙磁场削弱，出端增强。速度越高，这种现象越严重,这称为动态纵向端部效应。

此外,电机还存在次级板感应电流方向不单一、气隙磁密沿横向分布不均匀等现象,称为横向端部效应。

直线感应电机的另一个重要特点是,当电机工作时,除产生推力外还会在作用面的垂向产生电磁力,称法向力或磁拉力,一般为吸力。法向力加重了悬浮系统的负担和功耗。当法向力波动时,会使悬浮系统受到干扰甚至失稳。

增大电机的转差频率可以减小法向力。因为转差频率越大,在反应板中产生的涡流就越大,而涡流与气隙磁场作用产生的力是斥力。法向力控制可以在电机控制中实现。

(3)牵引逆变器。

磁浮车用牵引逆变器与地铁车牵引逆变器大致相同。

逆变器主电路采用两电平电压型直-交逆变电路,功率器件采用IGBT。在实际制造中,考虑到对车载设备体积、质量的限制,磁浮车牵引逆变器通常分为两个柜:一个为高压柜,装有隔离开关、高速开关、接触器、滤波电感及充放电回路和续流回路、中间继电器等部件;另一个为逆变柜,包括逆变模块、斩波电路、滤波电容、测量传感器、传动控制单元(DCU)等部件。典型的逆变器主电路如图3-17所示。

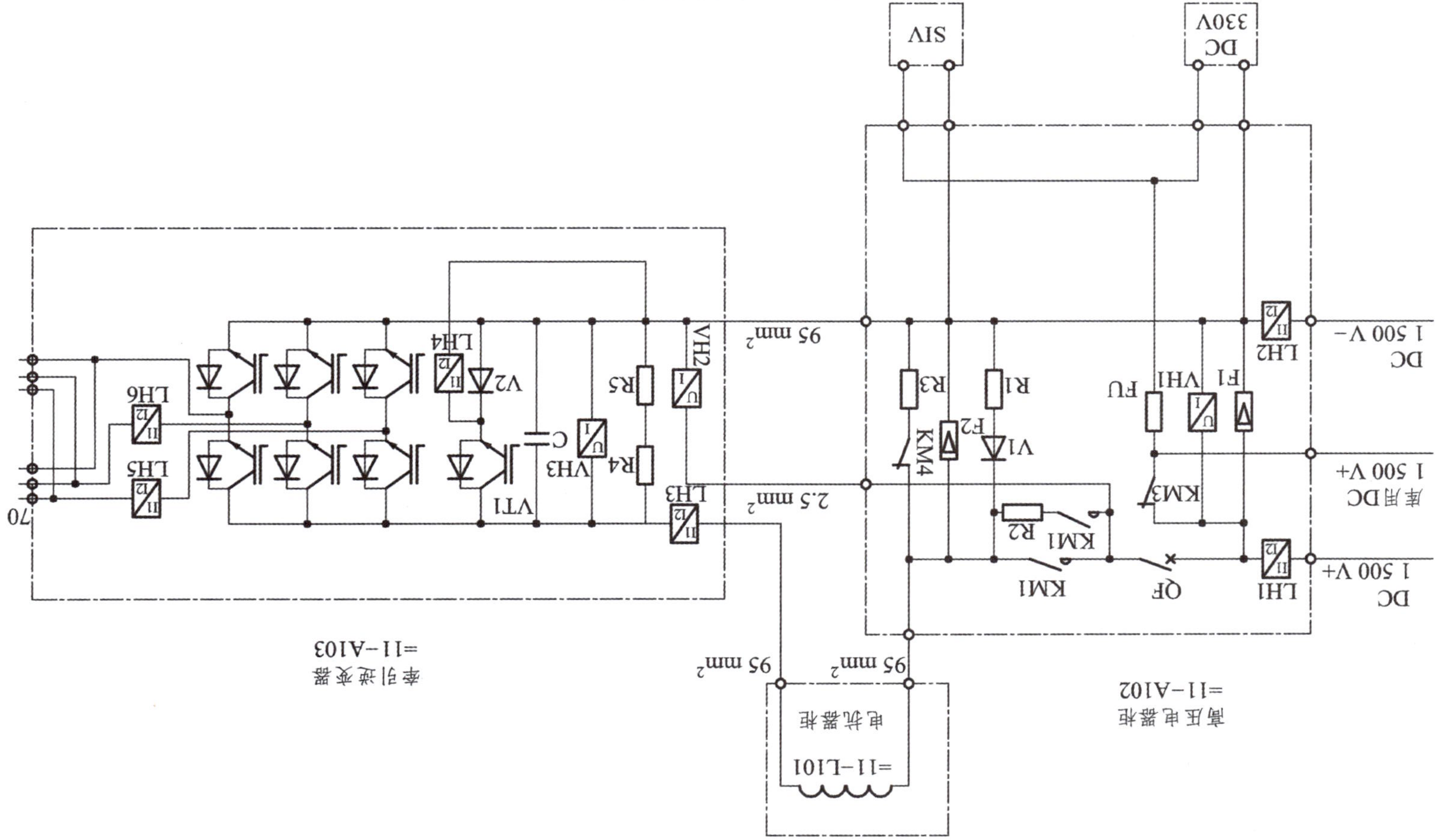

图 3-17 牵引逆变器主电路

再生能量吸收设备设于牵引变电站，牵引逆变器不负责处理再生能量。

通常，列车再生制动产生的电能回馈到直流母线上，被线路上其他车辆所消耗。当再生能量不能被平衡时直流网压将升高。此时地面的网压检测装置启动制动斩波器，使再生能量在制动电阻上消耗掉。

高压电器柜中滤波电感 L 的作用之一是为防止逆变器贯穿短路1500 V电网。为防止网压过高，在电感 L 前检测网压。运行中当逆变器故障，输入端高速开关QS断开时，电感 L 的电流经二极管、电阻和1500N续流。

逆变器箱中除逆变器模块外，还集成了一个IGBT和一个二极管构成的过压斩波器。当中间直流电压短时超过规定值时，过压斩波器工作，将耗能电阻接入，以消除过电压，保护逆变器主开关元件。

牵引逆变器采用热管散热＋强迫风冷。

再生能量吸收设备设于牵引变电站。

当逆变器电路发生故障时，保护电路动作。控制器根据故障的类型与等级采取相应的保护措施。

牵引逆变器的主要技术参数，如容量、最大输出电压、电流和频率等，需要根据磁浮车的总体设计要求和直线牵引电机的参数来确定。

（4）牵引控制系统。

牵引控制系统的核心任务是完成对逆变器-直线感应电机的实时控制，同时具备完整的故障保护功能、模块级的故障自诊断功能。牵引控制系统完成牵引控制指令及状态的给出与传输，牵引系统故障保护和列车前进/后退、牵引/再生制动/反接制动等状态的控制。

牵引控制系统包括：司机台、列车控制单元（VCU，车辆级控制）、传动控制单元（DCU，传动级控制）等三个部分，它们之间的连接关系如图3-18所示。牵引控制的核心功能在传动控制单元DCU中实现。

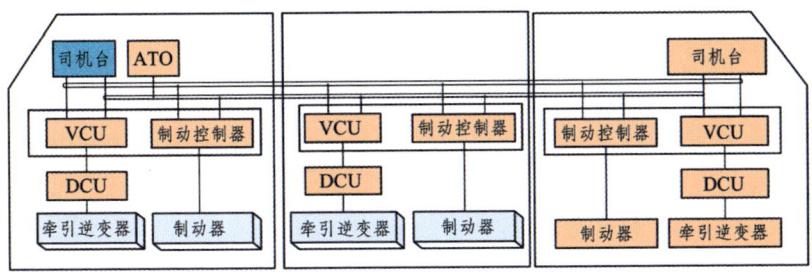

图3-18　牵引控制系统

传动级控制单元（DCU）包括逆变控制器、逻辑控制器、信号测量电路、输入输出电路、保护及故障检测电路和电源电路等。它们集成在一个标准机箱（例如6U机箱）内，置于带屏蔽结构的逆变器箱中，通过电气连接器及光纤连接器实现与列车电气控制的连接及通信。DCU结构如图3-19所示。

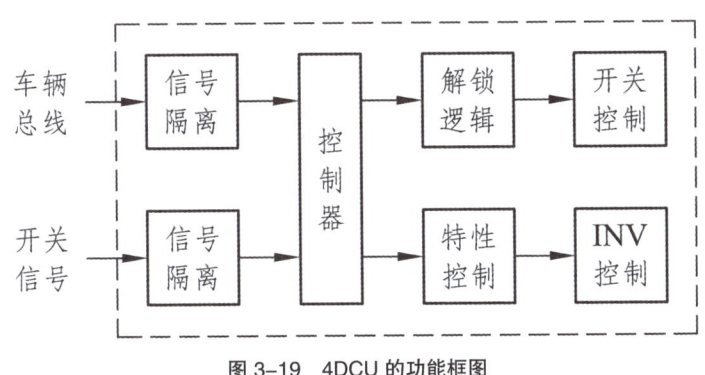

图3-19　4DCU的功能框图

传动控制单元DCU通过WTB/MVB总线及硬布线接受上级传

来的牵引控制指令，实现牵引力的闭环控制。同时，实现部分车辆控制级控制功能，如牵引/制动特性控制、主电路联锁逻辑控制及故障保护等。牵引系统自身状态信号通过MVB总线及硬线反馈给上级控制单元，并将信号同步传输给车辆诊断系统。

DCU还接受与安全相关的牵引状态信号（前进、后退、紧急制动等）。在故障运行情况下，DCU通过硬布线接受ATO或人工驾驶指令，按预定模式运行。

DCU具备超速保护功能。DCU从速度检测装置获得速度信号，当检测到的实际运行速度大于最大速度时，DCU降低逆变器输出，并向VCU发出的超速报警信息；如果经过规定时间列车速度不减，则在列车控制器允许前提下进行再生制动。

7）列车制动

（1）正常制动。

制动性能是磁浮列车安全运行最重要的指标。磁浮列车有电气和机械制动两种模式。它们可以相互独立或联合使用。

常规电气制动，即直线感应电机作为发电机运行，把列车的机械能转换成电能，输送到动力轨上，同时电机产生阻力使列车减速。再生制动控制与牵引控制一样，在滑差频率不变的条件下，通过调节电机初级电压，实现对电机电流的控制，从而控制制动力。一般地，电机的制动力大致与牵引力相同。在最大速度点电机的制动功率最大，随着列车运行速度的下降，制动功率也跟随降低。

再生时，若滑差频率 f_2 保持不变，则电机的定子频率 f_1 是：

$$f_1 = V_2/(2\tau) - f_2 \tag{3-1}$$

这里V_2是列车运行速度，τ是极距。从式（3-1）知，当列车运行速度低于某值（例如25 km/h）后就无法进行再生制动，因为此时初级频率接近零。实际上，由于直线感应电机初级阻抗大，再生时要产生额定的电机电流所需要的列车运行速度会更高。为产生制动力，必须反向牵引，直到列车静止为止。为了安全起见，在停车之前速度很低的区段，需要施加液压制动。

正常的制动顺序是，运行速度高于某值（例如25 km/h）以上采用再生制动，25 km/h以下采用反向牵引制动，当速度小于5 km/h后施加液压制动。

为了减小对车辆悬浮的影响，同时充分发挥制动力，再生制动时取滑差频率$s_f = -f_2$（Hz）。反接制动时$s_f = f_2$（Hz）。

电气制动时，电能由电机流向直流母线侧。当直流母线电压高于一定值时（如DC 1750 V），制动斩波装置自动启动，制动能量被制动电阻消耗掉。当然，也可启动能量回收装置（若已安装），将电能返回交流电网。

（2）紧急制动。

在需要快速制动时可以同时实施电气制动和液压制动。其制动力较单纯的电气能耗制动、反接制动、再液压制动依次进行时大很多。通常仅在需要快速停车时实施。

紧急制动是一种最大制动力制动措施，仅在紧急情况下实施。

目前，磁浮车中采用两种机械制动措施：

（a）液压制动钳。液压制动钳安装在悬浮模块上。制动时制动钳嘴咬住F轨的立面，由于摩擦而产生机械制动力。制动力的大小与液压的大小成正比。

（b）着陆滑橇。滑橇安装在悬浮模块低部，由高摩擦系数的耐磨材料制成。当磁浮车降落后，滑橇与导轨摩擦产生阻力，从而实现制动。由于滑橇的磨损大，如果速度大于50 km/h，就只能容忍2个制动周期，并且更换麻烦，所以应当慎重使用。

同时使用电气和机械制动模式在最大速度下实施紧急制动可以达到最大制动力。相应的制动距离最短。但紧急制动的条件之一是电气制动失效（如牵引系统故障），所以仅使用机械制动进行紧急制动也必须达到相同的效果。

为防止牵引系统及DC 1500 V系统损坏，紧急制动时，一般应当切除电气制动，立即启动最大液压制动。若达不到预订效果，磁浮车应当立即降落，利用滑橇与导轨的摩擦实现制动。此时最大液压制动仍必须保留。

在电气制动失效的非常时刻，不论速度多高，必须立即启动液压制动，并根据情况决定车辆是否紧急降落。

8）车载电网

（1）DC 1500 V主电网。

中低速磁浮列车与城轨列车可以采用相同的供电方式，即DC 750 V或者DC 1500 V供电，目前国内普遍采用DC 1500 V供电。对车辆系统来说，车辆通过受流机构从1500 V受流轨取得电能，1500 V电源构成了车辆的主电网。

在1500 V主电网中，主要的设备有高压配电柜、高压断路器、牵引逆变器以及330 V DC/DC变换器等。其中列车牵引系统直接采用1500 V电源进行逆变，330 V DC/DC变换器对主电网进行变换后形成DC 330 V子电网。

（2）DC 330 V悬浮电网。

330 V DC/DC变换器通过1500 V电网，产生DC 330 V电源，该

电源及其负载构成了DC 330 V电网。由于该电网主要供给悬浮系统，通常也称作DC 330 V悬浮电网。在该子电网中，为了保障在DC/DC变换器故障情况下，悬浮系统可以悬浮，需要配备相应的蓄电池。

在DC 330 V悬浮电网中，主要的设备有悬浮斩波器、330 V蓄电池、330 V配电柜、220 V辅助逆变器、110 V DC/DC变换器等。

（3）DC 110 V控制电网。

110 V DC/DC变换器通过DC 330 V电源，产生DC 110 V电源，该电源及其负载构成了110 V DC电网。由于该电网主要供给车载控制系统，通常也称作DC 110 V控制电网。在该子电网中，为了保障在DC/DC变换器故障情况下，主要负载系统可以正常工作，需要配备相应的蓄电池。

在DC 110 V悬浮电网中，主要的设备有110 V蓄电池、110 V配电柜、司机控制台、列车控制器、车载诊断控制系统等。

9）车载控制网

（1）列车线网络。

列车线网络和车辆总线网络是用来进行车辆控制的两套系统[55]。列车线网络系统中，对影响行车安全的信号使用故障导向安全的设计，列车控制的逻辑互锁和保护在ATP软件中进行，输出信号通过安全列车线进行传输确保整个系统满足故障导向安全的要求。

在列车线控制系统中，ATP/ATO设备是系统的核心，辅以列车控制台，各种模拟量/数字量转换板和信号安全列车线构成列车线系统。列车线网络系统结构见图3-20。

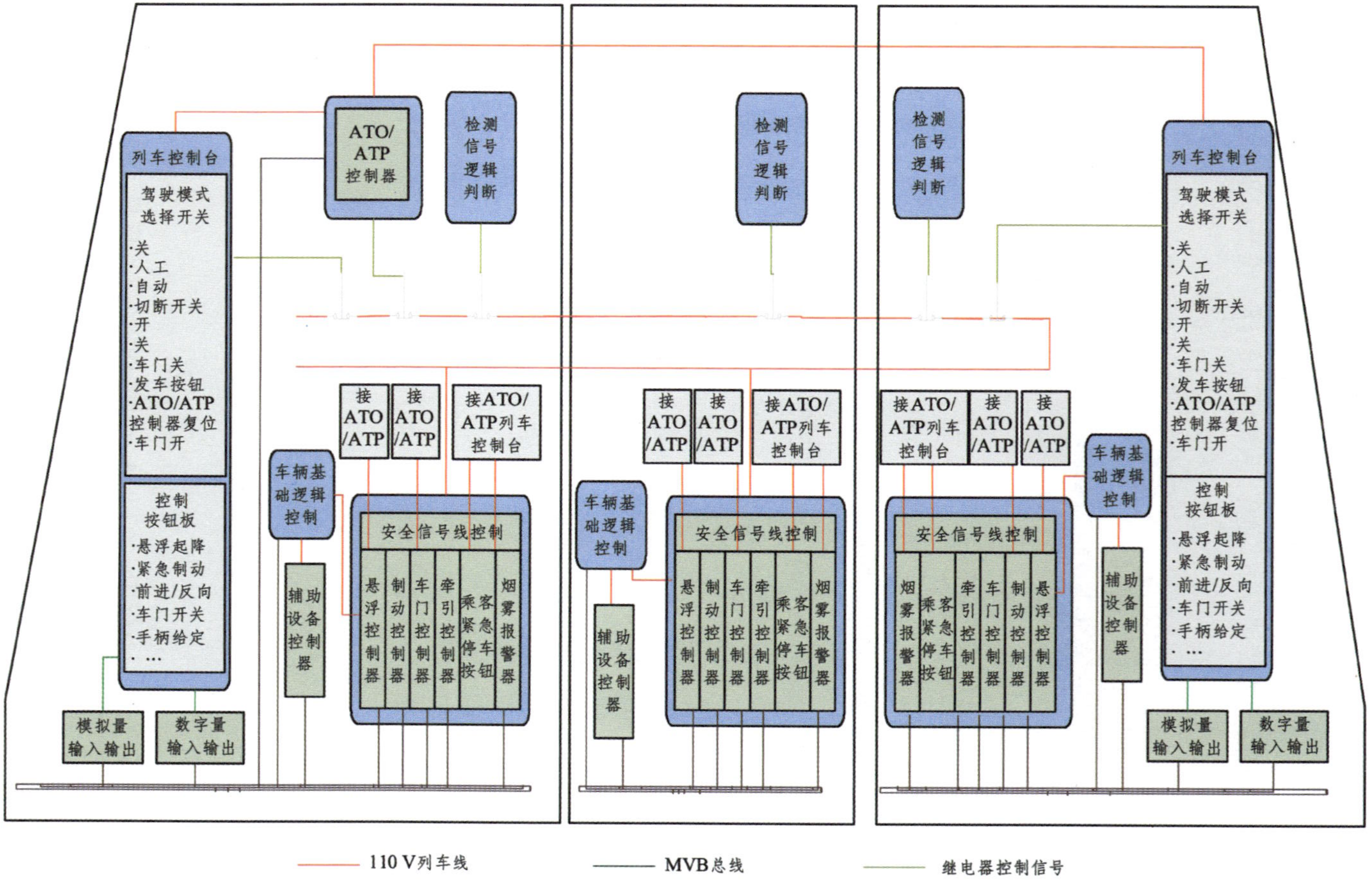

图 3-20 列车线网络系统结构

在基于列车线的车载控制与诊断网中,ATP/ATO输出的与行车安全直接相关的信号经过一个切换开关直接进入列车线,列车线直接接到各车辆的执行设备上。列车线采用硬连线方式传输,采用110 V双电平信号表示一个逻辑信号,通过继电器实现逻辑功能上的故障导向安全。

列车控制台将模式设置信号线发给ATP/ATO,如驾驶模式设置、发车指令等。该连接线为硬连线,具体的连接线的信号要根据ATP/ATO来定。

ATP通过列车线实施的保护功能包括:

(a)速度监督,超出设定值进行紧急制动;根据设定值进行紧急制动后,还没有降低到安全值时紧急降落。

(b)监督列车在"反方向"运行中的任何移动,如果移动距离超过规定值实施紧急制动。

(c)车门释放功能,保证当表明安全时允许车门打开。

(d)如果检测到列车在移动,而车门没有锁闭在关闭状态,对列车实施紧急制动。

(e)接收到地面站台的紧急制动报文后在最短距离内停车。

ATO通过列车线执行的功能包括:悬浮功能、牵引功能、制动功能、车门控制功能、火灾报警处理功能和乘客紧急停车功能。

(2)车辆总线网络。

车辆总线网络分为列车级和车辆级两级总线网络。列车级使用WTB网络,车辆级使用MVB网络。车载控制系统利用WTB列车总线和MVB车辆总线将大量的车载电气设备接入控制系统和诊断系统,大大节约了直接布线成本和相应带来的质量、空间的占用,同时在功能上也比传统直接布线方式更加强大,可靠性更高。

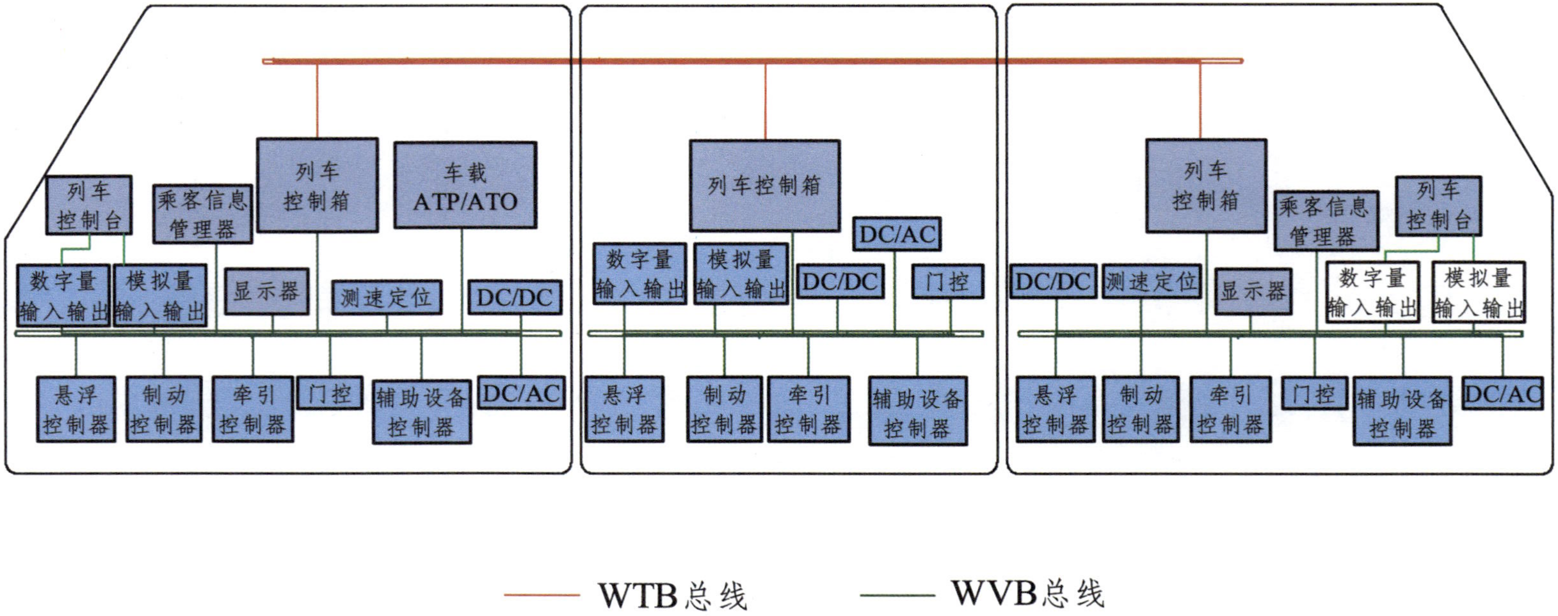

图 3-21 车辆总线网络系统结构

车载控制系统总线部分主要由列车诊断/控制器及人机界面、车辆控制器、两级的传输网络（车辆级MVB总线和列车级WTB总线）以及底层的被控功能部件组成。车辆总线网络系统结构见图3-21。

车辆之间都通过列车总线WTB相连，WTB采用双线冗余结构设计，任一根网线断开不影响通信。车辆网关/控制箱是车辆同列车总线WTB相连的接口，也是车辆内部控制/故障诊断的核心设备。

在每个车辆中，MVB总线上接入的设备包括：悬浮控制单元、牵引逆变器控制器、制动控制器、门控制器、空调控制器、300 V DC/DC、110 V DC/DC、DC/AC逆变器、高压电器柜、车辆控制器、气路控制器、列车控制箱、测速定位控制器和ATP/ATO设备。

对于接入设备没有MVB接口的，可以采用通信转换板将其他通信口转换为MVB总线，对于没有通信接口的设备可以安装模拟信号I/O板直接采集设备的状态信号接入MVB总线。

在以WTB/MVB线为核心的两级车载总线网络中，处理的数据包括控制数据、诊断数据以及实时数据广播。这三种数据都在同一个网络中传递，物理介质相同，网络结构相同，但是数据逻辑上的走向和数据传输的要求各不相同。

（3）悬浮调试网络。

悬浮控制器中悬浮参数的确定需要在一定的实验条件下进行在线寻优才能使列车悬浮性能满足不同轨道线路、车体结构参数及乘客乘坐舒适度等要求，因而在列车悬浮控制系统设计时，预留了调试网络，调试网络采用CAN总线结构。CAN总线是ISO国际标准化的串行通信协议。CAN 的高性能和可靠性已被认同，并被广泛地应用于工业自动化、船舶、医疗设备、工业设备等方面。调试网络采用CAN总线的网络结构如图3-22所示。

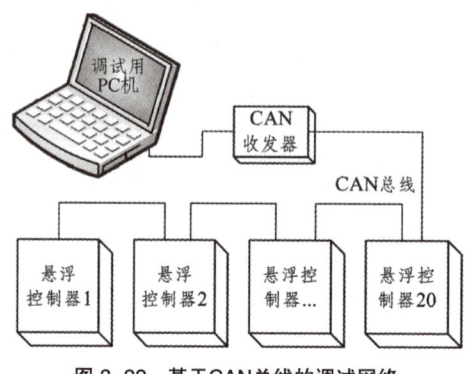

图3-22 基于CAN总线的调试网络

其中CAN收发器可以方便地将PC机通过USB口与列车上的每个悬浮控制器相连。基于CAN总线的调试网络结构简单，仅用两根信号线，传输数据高通信速率最高可达1 Mb/s，采用双绞差分线传输，其抗干扰能力强。每个悬浮控制器内有一个DSP芯片，能与上位PC机进行双向通信，调试用PC机发送指令给控制器内的DSP，DSP按指令调整悬浮控制参数，同时把悬浮状态数据通过CAN总线网络上报给PC机，调试人员可以方便地控制每个悬浮控制节点的工作状态并获得任意一个节点的任意参数值，并可将各状态数据存储到PC上，以方便离线数据分析。

2. 线路结构

1）轨道梁

随着磁浮技术的发展和进步，世界各国陆续修建了多条磁浮实验线。日本从HSST-04型车开始采用高架形式的双线轨道梁；美国推出了多种轨道梁结构形式，其中Florida公司为市内交通线研制的窄轨道梁截面为1.2 m×1.4 m；韩国展示了单线全尺寸示范车HML-03，轨道梁高1.9 m，跨度25 m；德国为其中低速和高速磁浮列车研制了众多的轨道梁结构形式，2006年推出了Transrapid轨道梁系统；国内则以西南交通大学和国防科技大学为研制主体推出了各自的实验线，采用了不同形式和参数的轨道梁结构。总之，目前国内外轨道梁跨径多为20~30 m，大多采用箱型混凝土简支梁，高速磁浮挠跨比在1/4000左右，中低速磁浮挠跨比在1/2000左右，竖向基频在5 Hz左右，冲击系数为1.06~1.2。表3-1为目前国内外采用的轨道梁结构及基本参数汇总。

表 3-1　国内外各类型轨道梁结构及基本参数表

磁浮实验线	跨径/m	最大活载/(t/m)	活载挠跨比	垂向基频/Hz	动力系数	设计速度/(km/h)
横滨博览会	16	1.38	1/1275	4.46		110
大江实验线	20	1.70	1/1700	5.2	1.06	110
TKL	30		1/1500		1.1/1.2	110
ODU	24~27	1.34		3.2		240
Maglev2000	22	0.75				192
GA	30	1.38		3.45		241
M3	36刚构	0.85	1/4000	2.27		200
CDOT	25~30	2.30	1/1750		1.24/1.16	200
大田博览会	25	2.50	1/3000	5.05		50
KIMM	25	1.86	1/4000	7.5		130
青城山	12	2.04	1/4000	13.89	1.6	100
浦东线	24.8	2.61	1/4000	8.866	1.2	500
TVE箱梁	24.8	2.61	1/4000	6.53		500
TVE π 型梁	12.384	2.61	1/2900	9.02		500
TVE叠合梁	24.8	2.61	1/3800	6.56		500

(续表)

磁浮实验线	跨径/m	最大活载/(t/m)	活载挠跨比	垂向基频/Hz	动力系数	设计速度/(km/h)
PMG	15	1.33				54
M-Bahn	17~25	1.42				80

根据中低速磁浮轨道交通"抱轨"运行的特点，满足磁浮车辆限界要求的小截面单线轨道梁是最经济的梁型方案。目前，我国已建成或在建的几条中低速磁浮试验线均采用此种方案（如图3-23所示）。在桥墩上表面架设左右线路的单轨道梁，单轨道梁上再铺设F形磁浮轨排。由于目前中低速磁浮轨道线路均采用高架形式，为增加线路的景观效果，也涌现了多种轨道梁梁型的优化设计方案。

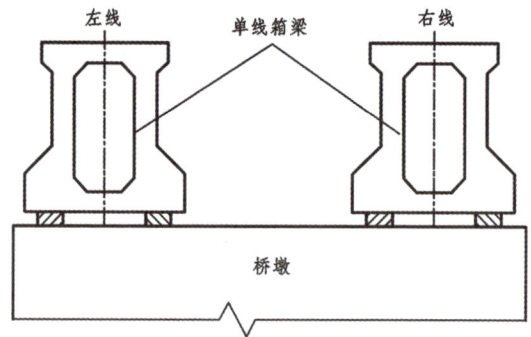

图3-23 中低速磁浮列车轨道梁结构示意图

由于中低速磁浮列车电磁悬浮承载和牵引的特殊性，轨道梁的刚度值成为设计的主要参数。设计刚度合理与否不但直接影响车桥振动的响应、车辆运行平稳性和乘客的乘坐舒适性，还与轨道梁工程建设的造价密切相关。刚度大，乘坐舒适性好，车轨耦合振动性能好，但造价高；刚度小，造价低，舒适性差，自振频率低，振动幅值大。因此，为避免轨道梁产生垂向挠曲变形，从而引发车辆-线路的耦合垂向振动，确保车辆悬浮控制的稳定性和牵引的安全性，合理的刚度设计值既要考虑经济造价，又要兼顾磁浮列车运行的特殊性。

2）悬浮轨

磁浮列车是利用电磁力将列车悬浮于轨道上，由直线电机直接驱动前进的交通工具。列车的支承、驱动、导向和制动都由电磁力实现，这些电磁力来源于悬浮电磁铁、直线电机和悬浮轨之间产生的磁场。因此，悬浮轨既是中低速磁浮列车所有载荷的承载基体，也是悬浮力、导向力和制动力的源泉。

为了确保中低速列车安全、平稳、快速运行和乘坐的舒适性，悬浮轨应具备足够的强度、稳定性、耐久性和适量的弹性。在中低速磁浮列车工程化应用的前提下，悬浮轨的制造和铺设应采用成熟、先进的技术和施工工艺；在满足悬浮轨功能的前提下，全线悬浮轨的结构应简单，结构形式应统一，以便于养护维修。

如图3-24所示，悬浮轨主要由F形轨、反应板和轨枕组成。轨枕通过螺栓安装于轨道梁的上表面；F形轨左右各一根，安装于轨枕的两侧；反应板则通过化学方法固定于F形轨的上表面。轨枕之间的间隔距离和F形轨的分段长度，应与轨道梁和车辆的运行要求相适应。中低速磁浮列车工程线路中的正线轨枕间距应大于600 mm，小于1200 mm。

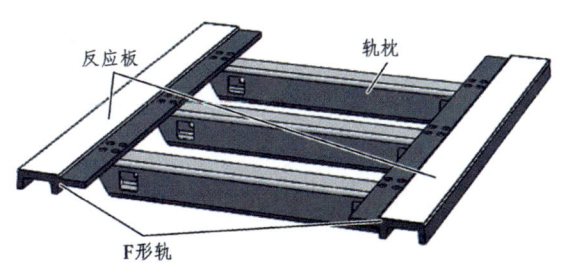

图3-24　中低速磁浮列车悬浮轨结构示意图

如图3-25所示，F形轨下表面的两个突出部分别与电磁铁的左右极板相对应，产生电磁吸力，并且通过两个突出部与极板的对应关系产生导向力；固定于F形轨上表面的反应板采用铝制材料，与悬挂于悬浮架纵梁下方的直线电机的磁场产生感应，产生牵引力。

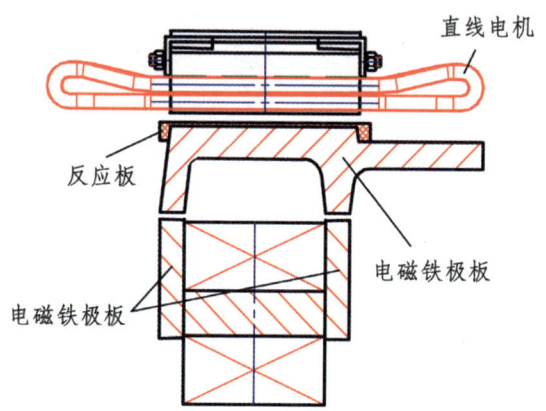

图3-25　F形轨与电磁铁和直线电机相互作用示意图

为确保电磁吸力、导向力和牵引力的可靠，F形轨、反应板、轨枕和连接件的材料必须符合《中低速磁浮交通轨排技术条件》（Q/TX C2-008）中的规定。同时，在悬浮轨与轨道梁的连接结构中设置有轨道的减振构件；连接固定轨枕的螺栓长度应满足轨道长期运营可能发生的变形量的调节裕量。对于悬浮轨安装完毕后的线路精度要求，则应满足电磁悬浮控制和牵引控制系统对线路提出的要求；国内几条实验线的测试数据标明，线路安装完毕后的精度要求包括以下项目：

（a）左右两F形轨的中心距离偏差值不得超过±1 mm。

（b）左右轨面高低差偏差值不得超过±3 mm。

（c）10 m范围内，轨道垂向和横向弦矢高偏差值不得超过±3 mm/10 m。

（d）在相邻F形轨的接缝处，横向和竖向偏差值不得超过±1 mm。

3. 供电系统

1）变电所

中低速磁浮列车的最高时速一般为100 km左右。城市轨道交通的特点决定了中低速磁浮列车的牵引供电必须采用直流电流制，其电压等级应选DC 1500 V。因此中低速磁浮列车采用交直流牵引变电所，其牵引供电方式与目前地铁、轻轨基本相同。

DC 1500 V供电电压是一种非常成熟的电压制，其特点是供电距离长，供电电流小，线路损耗小，其供电设备、车载电器设备国内外都有许多十分成熟的产品可供选用。

正确合理地选择牵引变电所的容量能够节省建设用地和投资费用。对于正常运行的磁浮列车系统，其牵引变电所应由2路互为备用的独立电源供电，即由2路互为备用的高压进线系统、整流变压器、整流器及开关装置组成，以实现供电系统的不间断供电。

在选择牵引变电所供电设备容量时，全线只考虑有1个牵引变电所发生故障的情况。当正线牵引变电所任何1个发生故障时，其相邻牵引变电所采取越区供电方式，担负起该段磁浮列车的牵引供电负荷。牵引变电所的数量及其在线路上的位置，必须经计算确定，并满足在故障状态下单边（或越区）供电的要求。

磁浮列车的牵引供电系统的负荷由牵引系统、悬浮系统、辅助系统及车站、维修车间、控制中心的动力、照明等负荷组成。负荷容量的大小需要通过牵引计算确定。

牵引变电所的主要电气设备有整流变压器、动力变压器、交直流开关柜、整流器、地面再生制动斩波器和制动电阻器。

2）供电轨

在城市轨道交通系统中，直流电是通过刚性供电轨（第三轨）和车载受流器为车辆供电的。采用供电轨接触受流的优点是，供电轨具有良好的导电性能，损耗小，维护量小，可靠性高，安装位置包含在车辆限界之内，使用寿命很长。供电轨受流方式有3种，即上接触式受流、下接触式受流和侧面接触式受流。

上接触式受流是指受流器滑靴从上压向供电轨的顶面接触受流，而在下接触式中供电轨受流接触面朝下。

侧面受流与另外两种受流方式相比有更多突出的优点。首先，由于供电轨侧立安装，不易在受流面上积攒尘土、冰雪等杂物，机械磨耗和电弧烧蚀大为减少。其次，侧面受流对车辆垂向运动的影响最小，所以不会干扰悬浮系统的工作。受流摩擦副的表面接触压力易于控制，有利于平稳受流。此外，侧面受流轨的安装调整方便，不影响车辆的横向限界。所以，国内外磁浮车大都采用这种方式。

供电轨在早期的地铁中使用的是低碳钢轨。为减小磨损，同时降低供电轨的电阻，降低电能损耗，近些年已经逐步使用钢铝复合轨替代。磁浮车宜采用钢铝或钢铜复合轨，也可采用铝导体上覆盖不锈钢的形式（铝与不锈钢复合），以减小磨耗。

供电轨通过绝缘子固定在轨道梁两侧。为使受流器电刷磨耗均匀，表面平整，避免出现凹槽影响悬浮，一般供电轨呈"之"字形布置。

3）受流器

磁浮列车的受流装置通常安装在悬浮架底部。受流滑靴（或滑板)在一定外力作用下,通过与供电轨机械滑动接触,将地面电能送至车上。供电轨的位置状态和悬浮架姿态都会影响受流的质量。

磁转向架有上下、俯仰和偏摆6个方向的自由度,在一定范围内是一个空间自由体。因此,和悬浮架相连接的受流器也应当具有同样的运动模式。使供电轨和受流器滑板保持良好接触,是受流器设计的目标和要求。

4. 运行控制

1)测速定位系统

由于列车运行时与轨道不接触,故传统的轮轨测速定位系统不适用于磁浮车,只有采用无接触式的检测系统才能满足其特殊要求。有代表性的无接触测速定位方案如下:

(1)基于交叉感应回线的测速定位系统[56]。

若使电缆每隔一定距离相互交叉就形成了所谓的交叉感应回线,当接收线圈处于交叉回线的环路正上方时,会产生最大的感应电压,而位于相邻环路的交叉部分时,产生的感应电压最小。所以列车连续移动时会形成位置脉冲。交叉感应回线必须在线路上按一定的距离安放信号源。这对长距离的线路是不经济的。

交叉感应回线的抗干扰能力强,实现比较简单,但得到的位置脉冲占空比较小,随着列车的速度增加,位置脉冲漏计的可能性增大。

(2)基于涡流效应的测速定位系统。

在轨道上敷设等距放置的金属物质,车上装有电涡流传感器。当探头位于金属物质上方时,传感器输出高电平信号,而探头离开金属物质后输出信号为低电平,从而得到磁浮列车的位置脉冲信号，由此计算出磁浮车的速度值。

这种方式的主要问题是需要有精确布置的金属物质，测速定位精度受其安放精度的影响。若不能利用既有条件则实施的成本太大。

（3）查询应答器定位系统[57]。

应答器以一定间隔距离设置在轨道交通沿线上，列车每经过一个地面应答器，车载查询器就会读取存储其上的数据信息，实现列车的点式定位。

查询应答器的维修费用低、使用寿命长且能在恶劣条件下稳定工作，具有很高的定位精度，它在应答器安装点的定位精度为1～2 m。其缺点是只能给出点式定位信息。

2）地面网络

地面网络主要实现列车自动监控系统、数据存储单元、区域控制器、连锁系统和地面无线接入点AP（Access Point）间的通信。地面网络主要由骨干网和接入骨干网的线路构成，系统结构如图3-26所示。

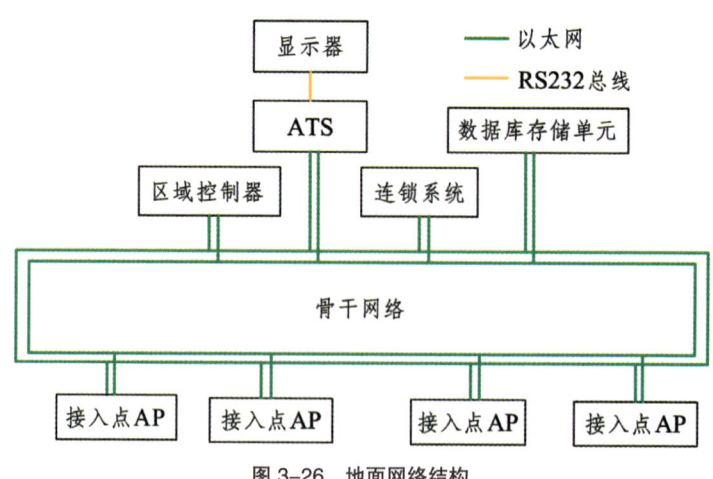

图3-26　地面网络结构

地面网络应能实现以下功能：

（1）点到点信息转发功能。

任意连接设备向另一个连接设备发送的数据信息，都能准确到达目标设备，并且其他任何连接设备都不会对该信息做出响应。

（2）单点到多点信息转发功能。

为实现某些管理/控制功能，地面网络应支持组播/广播，即某个连接设备可以向所有连接设备或者一部分指定连接设备同时发送内容相同的数据信息，地面骨干网能够将该数据信息同时复制并转发给相应的接收设备，并保证非目标设备不会对该信息做出响应。

（3）无线数据通信系统接入功能。

地面网络应能与无线数据通信系统互联互通，能够通过无线数据通信系统接收/发送车地通信数据。

（4）通用连接功能。

地面网络应该为地面设备提供通用接口，在不改变连接设备的现有软/硬件的前提下，实现设备的接入，即对于设备来说，传输介质是透明的。

（5）时钟同步功能。

地面系统传输的都是列车实时状态信息和控制信息，具有很强的实时性要求。这就要求系统内所有设备具有同步的时钟。

（6）实时性。

地面网络必须具备的主要特性有：传输延迟小、传输带宽大、便于管理、具有抗毁/自恢复能力、能适应工业控制环境。

3）车载运行控制系统

车载运行控制系统主要实现列车自动驾驶（ATO）系统和列车自动防护（ATP）系统的功能[58]。

列车自动防护（ATP）系统能连续检测列车的位置、监督速度限制、防护点和根据列车在站台区域的精确停车、控制列车车门和站台安全门。ATP车载设备具有常用制动和紧急制动两级速度防护控制的能力。通常在常用制动失效后，可实施紧急制动。ATP主机是列车自动防护系统的核心控制部分，ATP主机实时接收从地面信号设备传来的信息，通过实时分析和计算，向列车的牵引系统或制动系统发出控制指令，列车的牵引系统或制动系统在接收到控制指令后，对列车施加牵引力或制动力，以控制列车的运行速度，使列车在允许速度范围内运行。

列车自动驾驶（ATO）系统的主要作用是实现正常情况下高质量的自动驾驶，提高列车运行效率，增加列车运行舒适度并节省能源。ATO车载控制器是ATO系统的核心组成部分，它从ATP车载设备获得必要的信息，如列车运行速度和列车位置信息等，进行实时处理，计算出列车当前所需的牵引力和制动力，向列车发出请求，列车牵引或制动系统收到请求指令后，对列车施加牵引或制动，使列车得到实时控制。ATO系统的功能分为基本控制功能和服务功能。基本控制功能是自动驾驶、自动折返、车门打开。这三个控制功能相互之间独立地运行。服务功能包括：列车位置、允许速度、巡航/惰行等。

4）地面控制中心

地面控制中心主要指对列车进行自动监控，其核心是列车自动监控系统（ATS），ATS是整个交通运营的重要部分，它需要ATP和ATO系统的支持，根据时刻表对全线列车进行监控，实现进路控制、运行图管理、列车移动监督、运行调整等功能。

ATS主要是实现对列车运行及所控制的道岔、信号等设备运行状态的监督和控制，为行车调度人员显示出全线列车的运行状态，监督和记录运行图的执行情况，在列车因故偏离运行图时及时做出调整，辅助行车调度人员完成对全线列车运行的管理。

控制中心ATS设备主要包括：中心计算机系统、综合显示屏、调度员及调度长工作站、运行图工作站、维修工作站和局域网等。

正常运行时，ATS自动进行列车运行的控制，系统根据接收到的信息连续地追踪列车，并在工作站显示器和显示盘的轨道图上显示每列车的位置。在与每条轨道相关的地方显示列车标识号。列车标识号将自动跟随轨道表示而变化。利用这种方式，在整个范围内可监督列车的运行。ATS提供一组控制功能，用这些功能可自动或通过调度员人工指挥通过其控制区域的列车。这些功能包括启动道岔、设置进路、取消进路和关闭信号。

在每个车站，ATS将运行图和时刻表的调整信息传给列车。ATS采集所有列车运行、车站信息和出现的报警，从而记录一份完整的系统运行历史数据。

5. 安全运行

中低速磁浮交通系统运行过程涉及机、车、工、电、辆多个部门，引起铁路突发事件的因素比较多，且错综复杂，有系统内部的和外部的因素，也有自然的和人为的因素。但所有因素都可以包含在四种基本因素之中：人的因素、机械事故因素、自然因素和安全管理因素。

1）地面电子电气设备安全运行

引发行车事故和故障的原因主要分为三类：技术设备类、社会治安类和自然灾害类。

（1）技术设备类是由于运营组织失误或车辆、轨道、运营、通信、信号设备设施故障而发生的事件，包括列车冲突、火灾、爆炸、线路、桥梁、隧道设备不良，信号、通信、供电、给水设备故障耽误列车等，主要表现为行车事故。

（2）社会治安类主要指在线路上发生的爆炸、涉枪、杀人、抢劫、重大盗窃等危害铁路运输安全的重大治安事件和冲击铁路、拦截列车、聚众哄抢铁路运输物资等事件。

（3）自然灾害类包括发生地震、水灾、冰冻、风灾、高温、雷击等影响运营的事件。

为了达到安全运行的目的，需对列车运营所涉及的各个方面进行安全设计、建立监控和预防机制、制定故障和事故应急处理方案。

磁悬浮交通系统需要独立的变电所和调度室等地面系统，其中的电气设备应该能保证安全运行，否则将对列车运行产生重大安全隐患，其安全措施与普通铁路系统相类似，采用继电保护装置与设备实现人员安全和设备安全的控制。

中低速磁浮交通系统采用第三轨受流方式，沿线路两侧布置两根供电轨，受流轨电压为DC 1500 V，必须对其进行警示与行人隔离，以避免触电事故。

2）车载电子电气设备安全运行

悬浮控制器和悬浮传感器是配置于中低速磁浮交通系统中的特色装备，是列车能正常稳定运行的关键部件。传感器必须在任何条件下都能为悬浮控制系统提供可靠、实时的气隙信息。悬浮控制器根据该信号动态控制悬浮磁场的强度，保证列车稳定悬浮在轨道上，并高速动态响应运行中的悬浮气隙动态变化。

为保障列车安全运行，需对车载设备制定严格的检修规程和故障诊断规则。

低速磁浮交通系统悬浮控制器检修规程主要有：①技术资料的妥善保管，定期检测资料存档；②悬浮控制器开箱检查，包括检查铭牌编号、箱体结构、风扇罩、接地端子、接插件、盖板等有无异味；③控制器内部器件紧固性检查；④控制器通电检查，利用专用控制器检测台，将该点处的电磁铁、传感器、电源接口利用专用检测连接线与控制器连接、通电、静浮并保持规定时间；⑤定期巡检；⑥定期维护。

为保障安全可靠运行，低速磁浮列车交通系统悬浮传感器采用总体结构一体化设计，将各个部件稳定可靠地连接在一起。传感器电源和输出线路、信号探头，都引到安装盒内置的走线板上，并用环氧树脂胶灌封走线板，避免焊接、拆卸、震动造成导线脱落等故障（封装后使用航空插头可直接调校）；走线板用防插反的双排插座实现与电路板的连接，传感器气隙信号处理板和编码板顺卡槽插入双排插座；插入电路板以后用带弹性橡胶的压紧件，确保电路板安装连接可靠；加速度计和加速度处理板导线焊接好后，焊接点用软胶保护好，导线用绝缘胶带缠绕在安装盒上，避免甩动；导线再卡入导线紧固件，用扎带绑在紧固件上；导线紧固件设计高度顶着外罩内部，外罩罩下时压紧安装盒，使传感器内部成为一个整体；在外罩边缘和螺钉位置涂敷防水剂。

悬浮传感器安装、拆卸、运输时避免剧烈碰撞、跌落，尤其是探头部位。未使用时，要注意保护航空插头，避免金属屑等污物掉入。航空插头一般直接用手拧紧，但易因为操作人员失误造成连接不可靠，所以应将航空插头拧紧至看不到红色警示圈位置。

3）列车运行常规故障处理措施

利用最新的数字通信和计算机技术等进行列车控制以保障列车安全运行，如由车载系统和地面控制器构成列车间隔控制系统。地面控制器具有间隔控制、进路控制、平交道口控制及维修工作控制功能。车载系统通过车载无线设备将列车位置信息传给地面控制器，同时根据地面控制器提供的信息控制列车。通过有效地避免列车碰撞、减少路旁工作人员的疏忽、降低设备损毁及超速事故等提高铁路运输的安全。

采用科学的预测手段，搜集导致灾害事故的各种外部数据，对水淹线路、地震等灾害进行预测，采取相应的灾害报警和制定灾害下的行车规则，将灾害导致的铁路事故防患于未然。

采用灾害检测系统直接检测那些难以预测的落石、塌方、桥梁冲毁等灾害，使运行中的列车及时停车，并将信息传给有关部门。由安装在相应地点的地震计、雨量计、水位计、风向风速计、积雪探测装置、落石探测器、限界障碍探测器终端系统通过传输系统进行报警信息处理和传送，并由设在调度中心的中央系统执行行车调度、电力调度、养路调度等工作。在司机室内不间断地显示信号系统允许的速度，检查列车实际速度与信号系统允许速度是否吻合，在超过允许速度情况下实现自动停车。

4）列车运行停车故障处理预案

磁浮列车运行中如发生以下情况必需紧急停车并采取相应的应急措施：

（1）列车悬浮运行过程中电磁铁与轨道发生剧烈擦碰现象。

（2）车辆配件发生破损脱落故障。

（3）线路上存在塌方落石或人为摆放障碍物。

（4）工务施工的机器故障滞留在线路上。

（5）前方发生列车事故。

只要发生以上一种状况，必须立即停车，监测并报送控制中心保障信息，使ATC显示停止信号。同时放下支撑轮，缓行至维护段，检修故障并检测相应部分的各机械部件，对于不达标的部件立即进行更换。

沿线路每隔一定距离（250 m）设置一应急停车点，如发生火灾或爆炸事故，应立即行驶至应急停车点，疏散乘客到应急停车点并采取有效措施灭火。

沿线路每隔一定距离（250 m）设置列车防护开关，供巡道工使用。一旦巡道工发现列车危险时，可推此开关迅速报警，使ATC显示停止信号[59]。

5）系统运行人为故障处理预案

系统运行人为故障主要有以下几种情况：

（1）列车操作人员不遵守信号和其他行车指令的故障，疲劳导致错误操作，或者调度员发出不正确指令。

（2）列车监测人员未按规定进行发车前监测，导致列车附带故障隐患运行。

（3）因旅客违章携带危险品以及旅客吸烟不慎等引起火灾。

为避免系统运行人为故障，首先必须制定严格的安全管理机制、安全操作规范、监测规范。其次对列车操作人员、监控、调度人员，应实现人的智能化管理，即监测和提高交通从业人员的适应性与可靠性。其监测指标主要有：视力、听力、色觉、记忆力、注意力、疲劳程度[60]。

监测和培训的方法主要有两种：静态监测方法和动态监测方法。

静态监测主要从深度感知、信息处理能力、驾驶技能、心理反应等几个方面进行。动态监测主要利用真车实路的检测、模拟驾驶器检测、模拟监控器检测等方法。

6）线路状态监测与主要区段监视

中低速磁浮交通系统采用线路状态监测、主要区段监视、障碍物检测装置来保证线路的安全。

安装于线路各个路段的监控单元需具备控制逻辑、警报灯、警报音响、封闭栏状态监控、故障检测等功能，并通过车站LAN得到联结。监控系统通过车站LAN来收集各单元的故障、安全信息，并可完成记忆、储存、打印输出工作。

沿线路需配置障碍物检测装置：其目的是在险情发生之前，采取措施使列车在障碍物前停车。目前主要有3种检测方式：

（1）光电式道口障碍物检测方式：它在道口上罩以光束，障碍物遮断光束时可立即检测到列车障碍物。

（2）环型线圈方式：它在道口的地下埋设环型线圈，汽车等金属物经过线圈时，线圈电感发生变化，从而检测到障碍物。

（3）超声波型道口障碍物检测方式：利用超声波来检测障碍物。

布置于线路的PTC系统、轨道电路或路旁传感器产生的列车存在信息，通过数字数据通信网提供给道路交通指挥中心，并通过路旁交通信号提供给司机，或通过专用短程通信传送到车内显示器，或采用自动报警系统。

对于道岔、坡道、弯道、桥梁、隧道等路况需采用主要区段监视的方式，除常规的信息监测外，需针对性地对各区段情况采取必要的监测方法[61]。

3.2.2 中低速磁浮交通系统关键技术

1. 悬浮电磁铁结构

在磁浮列车的悬浮系统中,悬浮电磁铁设计为同时具备悬浮和导向功能的U形电磁铁。U形悬浮电磁铁与F形铁磁导轨在正对的情况下产生悬浮力,并在错位的情况下产生导向力。悬浮电磁铁是悬浮系统的执行元件,其工作性能直接影响整车的功耗、自重、运行稳定性、轨道造价等指标[62]。

早期的悬浮电磁铁采用组件安装模式,由一个线包(铜导线)、两块侧板和一块底铁构成一个悬浮电磁铁组件,组件安装于悬浮架上,采用这种结构的悬浮电磁铁存在数量多、安装和维护困难等缺点,如图3-27所示。

图3-27 组件式悬浮电磁铁

改进后的悬浮电磁铁采用集中式结构,由4个相同的电磁铁线包、两块极板和连接底铁共同组成一个电磁铁组。电磁铁的极板宽度与F形铁磁轨道的一致,极板上留有安装孔,如图3-28所示。

图 3-28　集中式悬浮电磁铁

其中，悬浮电磁铁的线包采用自黏性铝导线和整体绝缘浸漆处理，可有效降低电磁铁温升。

这种集中式的设计可以有效地减少悬浮电磁铁的质量，并且易于安装和维护。需要注意的是：在电磁铁线包安装过程中，必须注意绕制方向，以保证电磁铁各线包的极性一致。同时，在电磁铁极板高度的设计上，要综合考虑其自重和刚度要求。

中低速磁浮列车的每节车的单个转向架上配置左右两组悬浮电磁铁，每组悬浮电磁铁作为整体安装于悬浮转向架上（见图3-29）。同时悬浮电磁铁的极板上还需安装制动器、传感器、横向限位滑橇等机械装置。

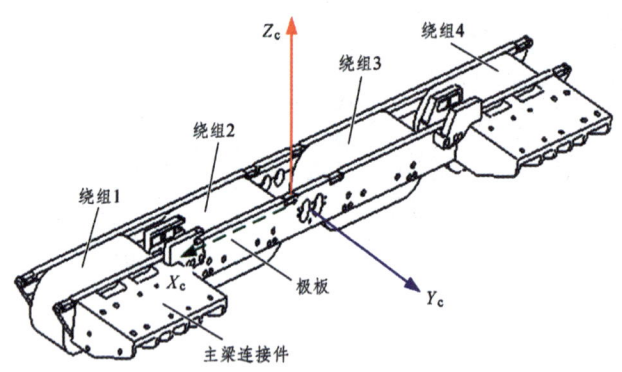

图 3-29　集中式悬浮电磁铁安装示意图

2. 悬浮气隙检测

悬浮气隙检测需要采用非接触方式进行，磁浮列车中，通常采用电涡流气隙传感器来实现气隙的无接触测量，电涡流传感器利用检测线圈与被测导体之间的涡流效应进行测量，具有非接触测量、灵敏度高、频响特性好、抗干扰能力强等优点[63]，其工作原理如图3-30所示。

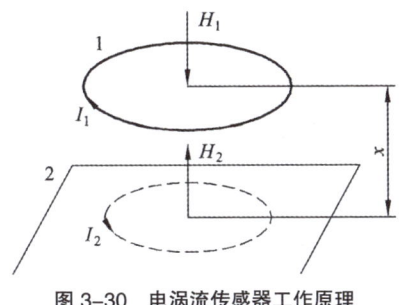

图3-30 电涡流传感器工作原理

当激励线圈1通以高频电流 I_1 时，其周围产生一交变磁场 H_1，线圈靠近被测导体2时，导体中将产生与此磁场相交连的电涡流 I_2，而此电涡流又将产生一交变磁场 H_2 来阻碍 H_1 的变化。由于被测导体中存在涡流损耗和磁损耗，这种相互交连的结果，使线圈的等效电感 L 发生变化。线圈等效电感为

$$L = L_1 - \frac{(\omega M)^2}{R_2^2 + (\omega L_2)^2} L_2 \qquad (3-2)$$

式中：L_1 为不计涡流效应仅考虑静磁效应时传感器线圈的电感；ω 为线圈激励电流的角频率；L_2 为金属导体涡流回路的电感；M 为线圈与导体涡流环间的互感系数；R_2 为金属导体涡流回路的电阻。

在金属导体的电阻率 ρ、磁导率 μ、线圈激励电流强度 I、角频率和线圈尺寸等参数恒定不变的前提下，线圈等效电感 L 是位移 x 的单值函数。将线圈电感 L 作为克拉泼振荡电路的一部分，在电容不变的情况下，谐振频率 f 将是 x 的单值函数，即 $f = \varphi(x)$，利用这一特性，可做成调频式电涡流位移传感器。

悬浮气隙传感器的首要问题是各探头之间的干扰问题，此类干

扰问题对传感器的动态测试影响较大,解决办法是各探头的工作频使用不同的工作频率,并采用较大的差值。

另外,悬浮传感器的工作环境温度变化较大,存在着温度漂移现象[64],如果不对它采取一定的措施,间隙传感器就无法正常工作。常用的解决温度漂移问题的方法有硬件补偿和软件补偿,而在实际的悬浮传感器气隙检测温度补偿中常采用硬件补偿和软件修正两者结合的方法,通过硬件电路结构和参数的设计将温度漂移特性控制在一定范围内,再通过软件修正,以提高补偿效果,能够更好地提高气隙检测的温度稳定性。

3. 悬浮控制策略

目前的中低速磁浮列车主要采用常导电磁吸力悬浮的形式。对于常导电磁吸力悬浮来说,系统是一种不稳定系统,需要通过主动控制来使系统稳定。在早期的电磁悬浮控制策略中主要采用平衡点线性化的方法,将悬浮系统变为局部线性系统,通过传统的PID控制或者状态反馈控制等线性控制理论对控制器进行设计并且通过模拟电路来实现。随着控制理论以及数字器件的迅速发展,悬浮系统的设计由局部线性化逐渐向全局线性化发展,同时各种非线性的控制理论和方法也逐步引入控制器的设计中。目前,主流的悬浮控制策略主要由数字芯片实现。

低速磁浮列车悬浮系统在技术上除了电磁吸力悬浮技术中的普遍问题外,还存在低速磁浮交通中需要解决的一些特殊问题,这些问题对悬浮系统提出了特殊的要求。

首先,悬浮系统与外界机械、土木系统具有强耦合关系。低速磁浮列车悬浮系统除了具有电磁吸力悬浮系统的普遍问题,即本质不稳定和非线性外，还同时与外界机械系统（车辆等）、土木系统（轨道等）具有强耦合关系，悬浮系统不仅要克服自身的稳定问题，还需要解决与机械、土木系统的耦合问题。其中，车轨耦合问题是低速磁浮列车悬浮系统在实际中需要解决的主要问题和常见问题，也是国内外研究的热点问题。

其次，悬浮系统需要在负载和气隙大范围变化时保持稳定。在实际运行中，载客量变化时，单悬浮点的平均负载会发生变化，以南车株机磁浮列车为例，其空车约25 t，加载量最大达到9 t，单悬浮点平均负载变化36%。此外，由于磁浮列车采用多点悬浮，负载分配会随着车辆姿态、偏载等因素发生变化，分布并不均匀，单悬浮点负载变化可能达到额定负载的数倍。除负载变化外，由于轨道铺设、线路曲线变化等问题，悬浮气隙也会发生变化，甚至突变，这就要求悬浮系统不仅要在负载大范围变化时保持稳定，也需要在气隙大范围变化时保持稳定，以保证系统在运行过程中不会出现失稳甚至失稳后不能重新收敛的情况。

再次，悬浮系统受到的外部扰动种类多，扰动值大，变化速度快。系统受到的扰动有车辆负载变动、机械耦合、轨道不平顺、轨道振动、竖曲线、弯道、悬浮模块之间耦合、涡流产生电磁力损失、直线电机法向力、轨道接缝等。

最后，车辆系统对悬浮系统要求的平稳性指标高，气隙和加速度允许波动范围小。悬浮系统的波动范围要保证车辆的机械部分不能与轨道接触，通常气隙波动被限制在±2 mm左右，部分恶劣工况不超过±4 mm。悬浮系统的振动加速度会通过机械机构传递到车体，从而影响车辆运行时乘坐的舒适性，通常要求悬浮系统加速度的波动不大于±0.2g。

综上所述，低速磁浮列车悬浮系统除了要克服系统非线性和本质不稳定保证系统稳定外，还要满足稳定范围大、抗干扰能力强、系统平稳波动小，以及克服与外界系统耦合等诸多问题。所以高性能悬浮系统的研制存在困难，悬浮控制技术对低速磁浮交通来说不仅是关键技术也是瓶颈技术。

4. 直线异步电机设计

直线电机的设计采用与旋转异步类似的方法和步骤。国内外直线电机设计的方法和公式都基本类似。与其他电机的设计不同的是，磁浮车用直线电机的设计有许多约束条件，如初级铁心长度、初级的宽度、次级铁轭宽度、工作气隙值、次级反应板厚度和材料、初级线圈材料、电机电压、电流、散热条件、电机的高度和质量等均不能自由选择，只能在制约条件内设计和选择。

直线感应电机的设计的一般步骤是[65]：

（1）确定电机的主要尺寸。由于电机传递的电磁功率与电机的有效作用面积成正比，因此，首先要确定初级铁心的极距和极数（电机长度）。为有效利用已有条件，电机宽度取F轨上表面宽度。电机的极数应当大于6以减小端部效应的影响。

（2）初级绕组与冲片的设计，包括初级绕组匝数、绕组线规、绝缘和槽型设计。采用双层短距绕组，开口槽型和尽量小的槽深有利于改善电机的性能。

（3）磁路计算。

（4）电机等效电路参数计算。

（5）电机特性计算。通过基于等效电路的电机特性计算可以确定所设计的直线电机是否满足设计要求。若不能满足，则应当修改相应的参数，重新设计和计算，直到达到设计要求为止。

所以，电机的设计就是在给定的约束条件下，不断地选择设计参数、计算电机特性和比较各项性能指标，最终确定合理的电机结构参数的过程。通过参数的比选、优化及电机特性的计算最终完成设计过程。

电机的推力值、法向力、效率、功率因数、重量等量均可以是设计考核的指标。采用直线电机计算机辅助设计可以大大减小设计的难度，提高设计的效率，目前已经得到广泛应用。

直线电机与旋转电机在结构上有巨大的差别，设计完成的电机还必须进行校验计算。由于直线感应电机存在独特的端部效应，要准确地计算其特性比较困难，目前还没有公认的方便、简单的方法。采用有限元法来计算直线电机的特性是目前广泛应用的方法。工程上普遍采用电磁场有限元工具软件对设计好的直线感应电机进行校验计算。为减小计算量，一般多采用2D计算模型。

5. 牵引控制策略

在电力牵引中，牵引运行至少可分为两个运行调节区，即起动加速区和恒压运行区。与传统轮轨机车不同，在单边直线感应电机驱动的磁浮车中不存在黏着限制的问题。为了使列车能够尽快地起动和加速，在起动加速区应当发挥尽量大的恒定牵引力。显然电机必须恒磁通运行。这需要通过控制电机的电流和滑差频率来实现。

受逆变器输出电压的限制，当电机端电压达最大值后就进入恒压运行区。通过控制滑差频率为"临界滑差频率"值，可使直线感应电机在推力−速度特性的最大值附近运行[66]。

直线感应电机在工作时除产生推力外还会产生法向力，主要表现为吸力。法向力使车辆产生额外的重量,加重悬浮系统的负担和功耗。若法向力波动时,会使悬浮系统受到干扰甚至悬浮失稳。所以必须对它进行限制。研究表明,控制电机的滑差频率可以将法向力限制在规定的范围内。因为滑差频率越大,在铝反应板中产生的涡流就越大,而涡流与气隙磁场作用产生与吸力相反的斥力。结果,电机的合成法向力减小。

在磁浮车控制中对法向力的限制是很严格的,因此,滑差频率往往取值较大。例如:某型磁浮车在起动加速区是13.69 Hz;而在恒压区,该滑差频率值接近"临界滑差频率"值。所以磁浮车牵引控制系统多采用滑差频率恒定的控制方式。

在磁浮车用直线电机设计与控制中,滑差频率的取值是通过对法向力的评估来确定的。必须指出,滑差频率是一个非常重要的量,其取值越大,低速恒流区的法向力越小,但牵引力也越小。因此,需要在推力、法向力、效率等各个因素间折中。

采用电流-滑差频率控制方式可以有效地控制电机的推力并将法向力限制在规定的范围内。这种控制方式已经在国内外磁浮车的直线感应电机牵引控制中得到广泛的应用[67]。为得到较好的控制效果,牵引控制系统采用基于矢量变换的电流滑差频率控制方式。控制系统由初级频率控制和电流控制两个部分组成。变量的控制调节在同步旋转坐标系上完成,然后通过旋转坐标变换到ABC坐标系中。

6. 液压制动系统

中低速磁浮列车液压制动系统关键技术主要包括两方面的内容,其一是液压支撑轮子系统(见图3-31),其二是盘式液压制动子系统(见图3-32)。

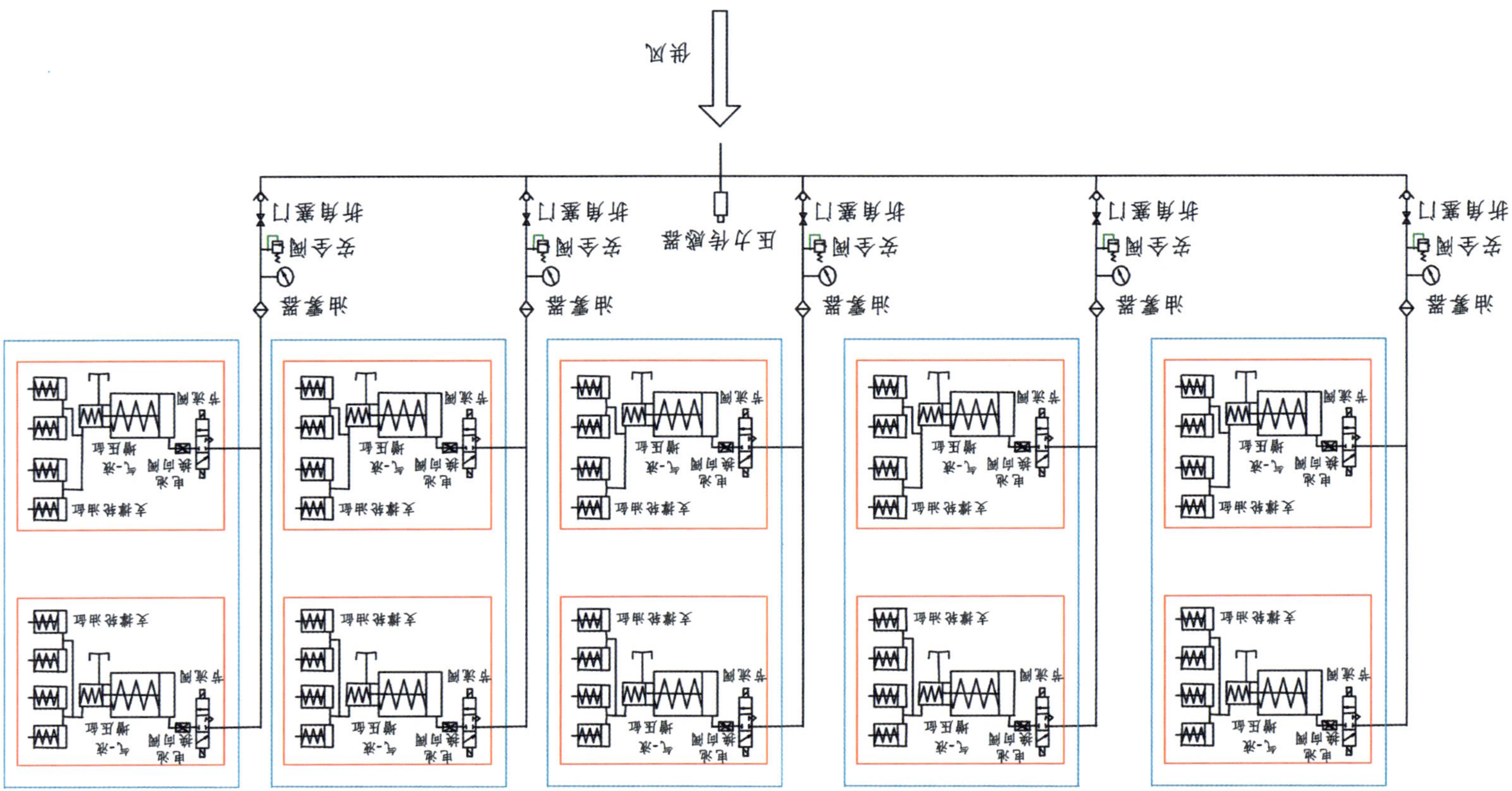

图 3-31 液压支撑轮子系统工作原理图

为实现车辆过缝顺利，在每只空簧处设置两只液压支撑轮，相互独立控制；单车共计40只支撑轮；每个转向架单独设立一条管路控制，共分为5路。在空气和液压管路中设置有压力传感器，实时监测管路压力，并将监测值上传到车载控制系统，在司机室控制台显示，若有故障则报警；每路均设置安全阀、油雾器、电磁换向阀、节流阀；电磁换向阀接收车载控制系统指令换向，产生进、排气作用，实现支撑轮伸、缩动作；节流阀控制支撑轮动作速率；收轮时，依靠气缸及液压缸内的弹簧复位。为保证支撑轮液压缸有足够的压力顶起车辆，系统内设有气-液增压缸；液压支撑轮子系统的关键点在于管路压力的实时监控和控制系统能及时根据车辆运行状态反馈指令、液压支撑轮的收放速率以及适应于悬浮架有限空间的液压支撑轮的强度、刚度和可靠性要求。

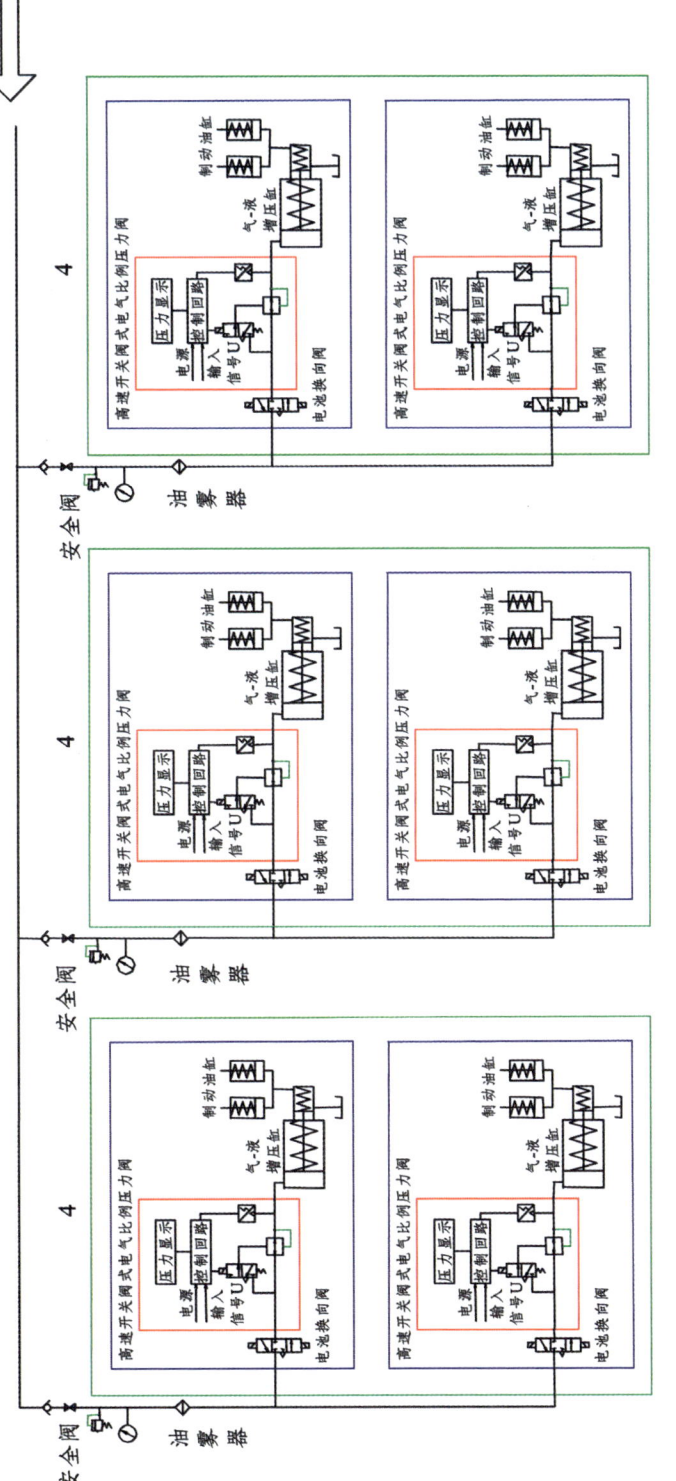

图 3-32　盘式液压制动子系统工作原理图

考虑制动安全及制动需要，在2、3、4悬浮架两侧各设置一套盘式液压制动钳，相互独立控制，每套制动钳含两只油缸；液压制动系统工作原理为管路中设有一只压力传感器，随时监测管路压力，并将监测值上传到车载控制系统，在司机室控制台显示，若有故障则报警；每路均设置安全阀、油雾器、电磁换向阀；电磁换向阀接收车载控制系统指令换向，产生进、排气作用，实现制动与松闸动作；为保证制动油缸能产生足够的摩擦力实现制动，设置气-液增压缸增加油缸压力。为配合实现车辆的定点停车，需要液压钳制动力根据车速、距离等因素连续控制，因此每只气-液增压缸之前设置电气比例压力阀，由车载网络控制系统发送指令不断调整气体压力，从而改变制动力，实现定点停车。

盘式液压制动子系统的关键点在于气液增压缸的增压比分析、电气比例压力阀接受车载控制系统指令配合实现车辆的制动控制系统、有限设计体积内盘式制动钳的力学分析、摩擦性能分析和可靠性分析。

7. 悬浮轨制造与安装

如前所述，悬浮轨是中低速磁浮列车承载和运行的基础。单根悬浮轨的截面结构如图3-33所示，主要由F形轨和覆盖于其上表面的反应板构成。F形轨的下表面的两个凸起结构主要对应于悬浮电磁铁的左右极板，横向延伸部分主要用于实现F形轨和轨枕的连接；反应板用于和直线电机配合实现列车的牵引。

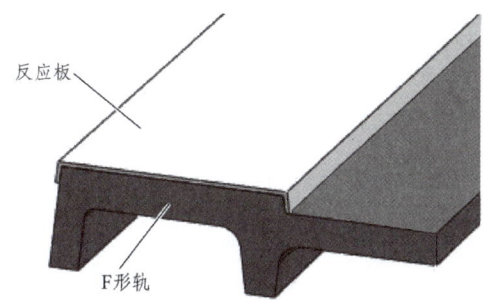

图 3-33 单根悬浮轨断面示意图

悬浮轨制造与安装的关键技术主要包括：

1）F形悬浮轨的整体成型技术

F形轨与悬浮电磁铁配合产生电磁悬浮力，是悬浮磁场的通路，这就要求悬浮轨内部组织结构的连续性；因此F形轨的凸型结构和横向延伸结构应采用整体轧制技术成型。

2）反应板与F形轨不同材质之间的可靠连接技术

F形轨的材质为钢，反应板为铝制材料，且两种材料热胀冷缩性能相差较大，因此如何实现两者之间的可靠连接成为悬浮轨制造的关键技术。

3）轨排整体机械化与自动化铺设技术

此点关键技术与轮轨交通类似，为配合目前国内外轨道梁跨径为20～30 m的设计总体情况，在中低速磁浮列车线路的工程化施工中，两根悬浮轨和相应的轨枕组成的轨排为分段制造、组装，如何实现这些分段轨排的整体机械化、自动化和连续安装作业，应根据磁浮轨排和轨道梁的独特设计，借鉴轮轨交通线路施工的经验，制订相应的施工程序，完善大型的、自动化程度高的线路机械设备。

4）长距线路悬浮轨位置精度快速检测技术和快速调整技术

由于中低速磁浮列车独特的悬浮原理，对悬浮轨铺设完毕后的线路位置精度要求较高，包括左右两F形轨的中心距离、左右轨面高低差、轨道垂向和横向弦矢高、接缝处横向和竖向偏差值等参数。如何快速检测长距线路的位置精度，并为悬浮轨位置精度调整配备自动化程度较高的机械设备，是中低速磁浮列车正在研制和将来必须完善的关键技术[68]。

8. 正负轨供电网

在地铁交通系统中，供电轨（第三轨）的高压直流电经受流器引入车辆，再经钢轨回流到供电所。在常导磁浮交通系统中，由于磁浮车辆与地面无接触，必须采用至少两条供电轨（刚性接触网），它们沿轨道梁两侧壁做刚性布置，一侧为正极，另一侧为负极。刚性接触网以铝合金汇流排T形托架固定在支持绝缘子上，如图3-34所示。通过车载受流器为车辆供电。

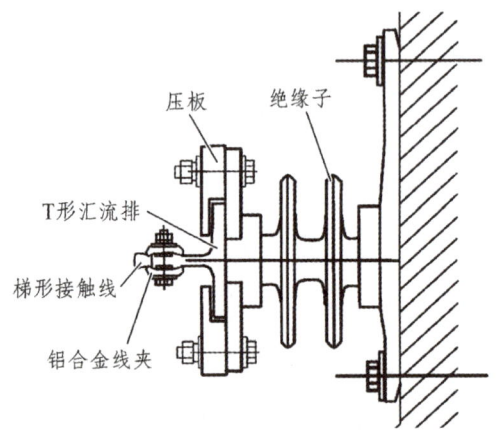

图 3-34 刚性接触网

与地绝缘的车辆在运行过程中因电磁感应会带电，甚至出现车体与轨道间的放电现象。车辆与地之间的电压对乘客来说是相当危险的。为了确保列车到站后乘客的安全，必须安装列体接地保护装置，使列车到站时能可靠接地。采用安装接地电刷或加装第三条接地轨可以有效地解决这个问题。但电刷对反应板的磨损明显，并且接地效果不可靠。增设接地轨会增大建设投资，但效果好。采用将DC 1500 V负极接地，并将车体与DC 1500 V负极相连也可以解决车体产生过高感应电压的问题，但必须将DC 1500 V负极沿轨道密集接地。这除了会增大成本外，还会使直流电网的保护变得困难。

为了有效地切除直流供电网的短路故障，保证设备的正常工作和乘客安全，必须在牵引变电所的正、负极均设置接地保护装置。采用将DC 1500 V电网负极浮置、中点（用接地电阻分出）接地即可以实现正、负极的接地保护。

9. 车载设备轻量化

根据中低速磁浮交通车辆运行的特点，磁浮车辆车载设备主要包括：车载电网系统、车载牵引系统、车辆空压和液压制动系统、悬浮控制系统。其中：车载电网设备如表3-2所示；悬浮控制系统设备如表3-3所示；车辆空压和液压制动系统设备如表3-4所示。

表3-2　车载电网设备明细表（三车编组）

名称	数量	规格/mm	备注
主DC配电柜	6	880×450×300	
高压分线箱+高压隔离开关箱	3	400×360×300	两者合并在一只箱内
330 V蓄电池	9	800×450×300	
110 V电源	3	880×450×300	
1500 V分线箱	3	880×450×300	
辅助逆变器	2	1570×800×600	T车

（续表）

名称	数量	规格/mm	备注
DC 330 V逆变器	2	1700×700×600	T车
蓄电池	3	800×300×530	
高压电气柜	1	1400×800×600	M车

表3-3 悬浮控制系统设备明细表（三车编组）

名称	数量	规格/mm	备注
悬浮控制器	30	760×450×300	
悬浮传感器	60	224×170×160	

表3-4 车辆空压系统主要大型设备明细表（三车编组）

名称	数量	规格/mm	备注
空气压缩机	2	750×360×480	T车
储气风缸	2	950×400×400	T车
主风缸	3	950×400×400	
均衡风缸	3	750×350×350	
制动风缸	3	750×350×350	

对于车载设备的轻量化设计技术研究，不同的设备需要按照其功能进行不同的轻量化设计。车载电网设备和悬浮控制系统的设备，由其功能所决定的设备构成不能更改，因此轻量化的设计研究将主要针对其设备的箱体、吊装结构等附件；在确保箱体结构强度、刚度、可靠性和电磁屏蔽等功能的前提下，可进行箱体结构、安装附件等结构件的轻量化设计研究，包括材料的替换等轻量化方法。而对于车辆空压和液压制动系统，系统内各零部件的功能不同，可对空压和液压制动系统进行优化设计，在满足功能的前提

下，优化各零部件、结构部件的尺寸参数，如各种功能的风缸、盘式制动钳等；同时可进行材料替换的实验性研究，采用轻型材料进行替换[69]。

综上所述，针对车载设备的轻量化设计，关键在于针对不同功能的设备采用不同的优化设计方法；对于系统的优化设计，采用理论与实验相结合的方法，优化设计时必须整体考虑设备的结构优化、结构与功能之间的关系、控制系统对结构的要求等因素；同时在经济性研究的基础上，开展轻量化材料替换性研究的前瞻性实验工作[70]。

3.2.3　现有中低速磁浮交通系统技术的优化

1. 降低车载设备噪声

1）概述

磁浮车辆车载设备系统主要包括车载电网系统、车载牵引系统、车辆空压和液压制动系统、悬浮控制系统。在这些系统中含有多个设备，如车载电网系统就包括主DC配电柜、高压分线箱＋高压隔离开关箱、330 V蓄电池、110 V电源、1500 V分线箱、辅助逆变器、DC 330 V逆变器、蓄电池以及高压电气柜等。每个大功率的车载设备都装备了轴流式直流风机为设备散热，这些风机在工作过程中造成的噪声是车载设备噪声的主要源泉。发热量越大的设备装备的风机的功率越大，转速更高，产生的噪声越大。以西南交通大学和株洲机车车辆有限公司联合研制的试验线为例，三节试验车体装备的各种电气设备的散热风机在60只以上，当所有的风机同时工作时，产生的噪声相当大。

磁浮列车车载设备的另一个主要噪声源是空气压缩机，三车编组的磁浮列车共计需要安装两只空气压缩机。即使采用滑片式空气压缩机，单只压缩机噪声也会达到67 dB。

2）降低车载空压机噪声

中低速磁浮列车众多部件的动力源是气源，因此空气压缩机是不可或缺的重要部件。但空气压缩机是一种强噪声设备，运转时产生的强烈噪声恶化了工作条件和生活环境。空压机噪声的特点为噪声声级高、低频突出、传播距离远、污染范围大，特别是某些噪声的频率与人的内脏器官固有频率相接近，极易引起共振，使人产生头晕、恶心、心率过速及高血压等症状，不仅导致车辆乘坐环境恶劣，而且容易引发安全事故。因此，在中低速磁浮列车的优化研究中，必须遏制空气压缩机的噪声。

空压机是一个多声源发声体，其噪声主要为进气噪声、排气噪声、机械噪声及电磁噪声。各项噪声的产生均来源于空压机的工作过程（见图3-35），具体原因如下：

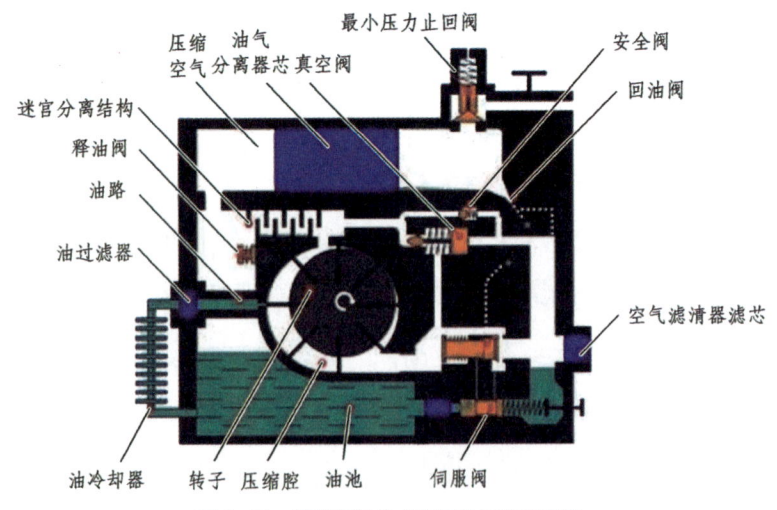

图3-35　低噪声滑片式空压机工作原理图

（1）进气噪声是由于空压机气缸进气阀门的间断开启，气流在间断吸入气缸时，在进气口附近产生压力波动，并以声波的形式从进气口辐射出来，从而产生进气噪声。

（2）排气噪声产生的原因是：当空压机产生的高压气体通过管路进入储气罐，随着排气量的变化产生压力脉动，使管路产生振动，储气罐产生巨大声响，形成噪声；而且当压缩气体通过阀的小孔时，以声速喷射，冲击阀门出口处或阀门接管出口处，形成阀门噪声。阀门噪声虽然是间断性出现的，但由于其频率和声级都比较高，所以对周围的环境影响很大。

（3）机械性噪声主要由摩擦、磨损以及机构间的力传递不均匀产生。空压机运行时很多部件快速旋转和往复运动，产生摩擦、冲击，引起机件振动而产生噪声。机械性噪声主要有活塞往复运动与气缸壁摩擦引起的振动噪声，转子及其装配件的不平衡、转子啮合、转子转速波动引起的冲击噪声，轴承振动与噪声，机体外部包括机壳和底座等结构件的振动噪声，甚至在滑动轴承中产生的滑动黏滞作用激励压缩机的其他部件产生的高频振动噪声。

（4）电磁噪声是由驱动电动机的磁场脉动引起的噪声。空压机驱动机为同步电动机，电动机运转时，定子和转子之间基波磁通和高次谐波磁通沿径向进入气隙，在定子和转子上产生径向力，由此而引起径向的振动和噪声；此外产生的切向力矩和轴向力也引起切向和轴向的振动噪声；电动机的冷却风扇还引起气流噪声。

中低速磁浮列车空气压缩机噪声遏制可采用吸声、隔声和消声三种方法及措施。吸声是指声波入射到物体表面时，部分声能被物体吸收转化为其他形式的能量而降低噪声；隔声是将噪声源封闭起来，把噪声控制在一个小的空间内，阻隔声音的传播；消声是将多孔材料按一定方式固定在气流通道内壁中，以达到削弱空气动力性噪声的目的。目前，国内外空压机消声器的结构形式有6种：①抗性消声器；②阻抗复合消声器；③微穿孔板消声器；④抗性微穿孔板复合消声器；⑤文丘里消声器；⑥组行消声器。在实际降噪措施中，可根据噪声源类型采取一种或几种措施同时进行控制，主要针对进气口噪声、排气口噪声、本体噪声、机体振动噪声、管道振动噪声进行分别控制。

3）降低电子电气设备散热风机噪声

如前所述，三车编组的中低速磁浮列车各个大功率电气设备需要安装60只以上的轴流式散热风机，这些风机的噪声必须加以遏制。轴流式风机的噪声主要是空气动力噪声，其他如机械噪声、电磁噪声等，在轴流式风机正常运行条件下都是次要的。

轴流式风机的空气动力噪声主要由旋转噪声和涡流噪声两部分组成。旋转噪声在噪声频谱上表现为离散的峰值。旋转噪声取决于叶片的负荷或风机的节流度。当叶片在大流量区，负荷又比较小时，旋转噪声则占噪声的主要部分。涡流噪声又称湍流噪声，在噪声频谱上表现为宽频带的连续谱。涡流噪声取决于转子叶片上流过的相对速度、机壳与叶片间隙和气动负荷。当叶片工作在小流量区而负荷比较大时，涡流噪声则占主要部分。由于在大流量时旋转噪声占主要地位，而在小流量时涡流噪声占主要地位，所以最小噪声出现在这两个范围之间。旋转噪声和涡流噪声两种噪声的强弱取决于叶片的几何形状和运行工况。

为降低车载电子设备的散热风机噪声，应从两方面着手：

（1）优化车载电子设备中的大功率发热电子器件的散热器。首先，在谨慎评估重量和经济成本的前提下，采用散热性能更好的散热器,如增加散热器的热容量,改变散热器的结构形式以增加散热器与空气的接触面积等,以降低散热所需要的风机输出风量,减小旋转和涡流噪声;其次,优化散热器的结构形式和在各个电子设备中的安装方式,充分利用车辆运行时与空气接触形成的风速散热。

(2)采用空气动力设计合理的轴流式散热风机。如采用"可控涡设计"思想,使径向加工规律合理;在保证轴流式风机流量、压力和效率的情况下,依据气动特性和声学特性曲线合理选择叶栅的稠度、冲角、相对弯度和相对厚度等参数,以保证叶栅噪声最小;合理选择轴流式通风机动叶与静叶的叶片数和轴向间隙。以上方法均可有效降低散热风机的噪声,应在评估经济性的前提下,合理选用甚至试制低噪声轴流式风机[71]。

2. 提高车辆承载能力

1)概述

在中低速磁浮列车悬浮轨结构尺寸参数和悬浮电磁铁电气参数、结构尺寸参数确定的情况下,影响列车承载力的主要因素为车辆的自重。车辆的自重主要分为悬浮架(含悬浮架和直线电机)、二系悬挂和迫导向装置、车体以及车载各电气设备。以上海中低速磁浮试验线为例,车载电网系统、车载牵引系统、车辆空压液压制动系统、悬浮控制系统等车载设备的质量达到了惊人的7 t;这些质量严重影响了车辆的承载力。

2)提高车辆单位长度的悬浮能力

磁浮列车是一种利用电磁力抵消自重从而实现悬浮的交通工具,其单位长度的悬浮能力决定了系统的载重能力,产生悬浮力的电磁场由悬浮电磁铁和铁磁轨道构成。在磁浮列车系统中，励磁电流、悬浮气隙大小、水平错位及侧滚角对电磁铁的悬浮力、导向力和侧滚力矩的都有影响[72]。

涡流在电磁铁两端的值显著大于电磁铁中间区域：前端涡流减弱磁场，阻止轨道中磁场的增大；末端加强磁场，阻止轨道磁场的减小。由于涡流的影响，气隙磁通密度的分布发生变化，在保持恒定悬浮间隙的情况下，电磁铁运动速度越大，气隙平均磁通密度越小。电磁铁前端磁通密度随速度增大而减小，电磁铁末端磁通密度随速度增大而增大；悬浮力随着电磁铁速度的增大而减小，在高速运动下钢轨涡流对悬浮力造成严重影响；电磁铁长度越长或磁极宽度越小，钢轨涡流对悬浮力的影响越小。

由于电磁铁极板之间的绕组部分只有上表面接触空气，散热条件较差，为了增大绕组散热面积，降低发热对电磁铁磁性能和力学性能的影响，实际应用中，在电磁铁内、外极板上贴近绕组的一侧均开有通风槽。表3-5为间隙为8 mm且无横向偏移时的分析结果，可看出开通风槽后悬浮力明显下降。

表 3-5 通风槽对悬浮力的影响

绕组电流/A	0	10	20	30	40	50	60	70	80
有通风槽时的悬浮力/kN	0.00	4.78	18.99	41.43	66.61	83.28	94.26	102.83	110.26
无通风槽时的悬浮力/kN	0.00	4.77	18.98	41.72	69.10	92.79	105.88	114.86	122.04

悬浮电磁铁的温升限制了励磁电流的大小，从而限制了电磁铁的悬浮能力，可以通过采用高温升等级的耐热材料、采用低电阻率

的材料作为线圈材料或改善线圈散热条件的方法来改善温升[73]。

通过优化电磁铁的结构，使得由线圈产生的磁场能量得到充分利用，也是提高悬浮能力的一种途径。电磁铁结构的优化设计应避免出现导向力下降或者浮重比减小的结果。

3）车载电子电气设备轻量化

磁浮车依靠电磁铁的吸力将车辆悬浮在导轨上。因此，减小车辆自重可以减轻悬浮系统的负担。在悬浮力不变的条件下，减轻自重即可提高载客量，这对磁浮车实用化极为重要。磁浮车的车载电气设备众多，自重大，减小电气设备的自重是磁浮车设计中的重要任务。

在南车（5磁浮架）磁浮车中，每个磁浮架配置4套悬浮斩波器（带悬浮控制），2个悬浮电磁铁，每个悬浮电磁铁包括4个线圈，如图3-36所示。

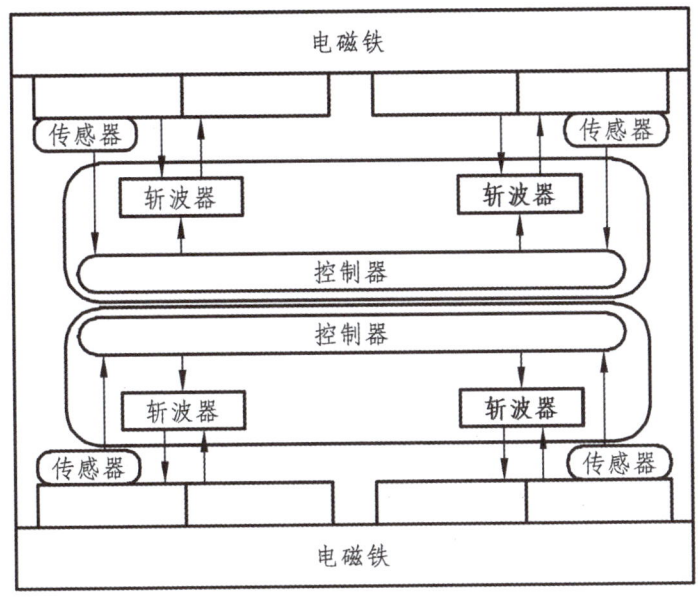

图3-36 一个磁浮架上的电磁铁与斩波器

为减轻自重，电磁铁线圈采用铝材而不是铜。这样做的好处是：优化设计电磁铁的铁轭厚度；减轻斩波器的质量；合理选取滤波参数，如电容、电感的值；合理选择接触器型号。

磁浮车辆每节配置了一台牵引逆变器和10台直线感应异步电机。其中，逆变器分为高压开关箱和逆变器箱两部分。为减重，牵引电机绕组选用铝型材并将电机初级铁轭的多余部分铣除。逆变器机箱选用铝合金制造。在高压开关选型时，不过分强调其安全裕量。进线滤波电感应当选用铝材绕制并选择保证系统安全的最小值。逆变模块合理选择散热方式，减少因散热带来的额外重量。

磁浮车车载电网包括DC 1500 V外部供电网的隔离开关箱、一套DC 330 V电网、一套DC 110 V电网、一套AC 380 V电网（用于空调和风机）、一套AC 220 V电网（用于照明和驾驶室加热）。除DC 1500 V外，其他均需要从DC 1500 V经变换得到。减少各个变换器的质量对车辆减重很关键。

提高变换频率对减少变换器的重量有显著效果。但变换频率的提高会增大系统损耗，从而需要增加散热措施，这又会增加系统重量，因此必须在二者间进行优化。

合理选取后备电池的容量也能显著减轻磁浮车辆的重量。

4）车辆结构简化与轻量化

中低速磁浮列车结构部件主要包括悬浮架、迫导向机构和车体。悬浮架由4个托臂、2根纵梁和2组抗侧滚梁构成，这使得悬浮架具备了以下的功能：悬浮电磁铁和牵引电机的安装载体以实现非接触运行，承载列车自重和外载荷，独特的左右解耦结构可适应轨道的各种几何扭曲与不平顺，保证列车在行驶中具有较高的平稳性。迫导向机构主要由长T形臂、短T形臂、横向拉杆和纵向拉杆构成。长、短T形臂与车体下方的横梁连接，可在水平面内自由旋转；横向拉杆一端与二系悬挂系统中的滑台连接，另一端与长、短T形臂连接；纵向拉杆则实现长、短T形臂的连接，形成四边形结构，使长、短T形臂的角位移相同；各个部件联合动作可实现车辆的曲线运行。车体则是乘客的载体。

在对中低速磁浮列车现有结构进行功能分析和力学分析的基础上，开展轻量化设计研究，主要将从两个方面进行。

（1）结构件轻量化优化设计研究。

针对中低速磁浮列车悬浮架和车体等大型结构件，采用现代优化设计方法，在选取结构件的基本参数时，不仅需要考虑几何参数，如构件的外形尺寸、机构的运动尺寸等，同时必须考虑结构件的物理特性，如重量、惯性矩等参数，还包括代表工作性能的导出量，如应力（强度）、挠度（刚度）、多阶频率、冲击系数等。这些参数根据结构件在整车中的工作特征要求，分为设计常量和设计变量。而设计变量的数目称为最优化设计的维数。

在目标函数的确定中，磁浮列车结构架轻量化设计的首要目标函数当然是结构的重量，即以结构最轻为优化目标；但在考虑磁浮列车的工作原理和工作特性的基础上，结构件的变形（刚度）、自振频率和振幅也必须列为优化设计中的目标函数，如悬浮架的刚度自振频率指标会严重影响车辆的稳定悬浮。

在确定各目标函数约束条件的基础上，可采用诸如一维搜索法、鲍威尔法、梯度法、随机方向法和惩罚函数法等现代优化算法，进行悬浮架和车体的结构轻量化设计。

（2）轻质高强度材料。

由于中低速磁浮列车特殊的工作原理，要求各型结构件大多采用不导磁材料制造，这也为轻质高强度材料的应用提供了基础。如轻质高强度铝合金、各类轻型复合材料，在谨慎评估经济性的基础上，这类轻型不导磁高强度材料成为磁浮列车轻量化设计研究中的可行方法。

5）车辆内装简化与减重

目前，国内各条试验线，包括上海试验线、株洲试验线和北京试验线等，这些试验线采用的中低速磁浮列车车辆的内装均以地铁和轻轨车辆的内装为原型进行设计，内装部分包括内饰、门、座椅、扶手、吊环等项目（如图3-37所示）。在这些内装项目的设计中也采用了地铁和轻轨车辆常用的基于人机工程学的内装设计分析，最大限度体现内装设计的人性化、舒适性和安全性。即首先以我国国家标准颁布的人体尺寸百分位数为基础，再依据地域原则、极限原则、可调原则、平均原则、安全原则等，确定车辆内部装饰部件的尺寸和位置，包括横竖扶手、座椅和排列数量等参数。

图3-37 地铁车辆常用内装示意图

以地铁车辆和轻轨车辆为原型的内装设计，随着我国城市轨道交通技术的成熟，已经可以实现人性化、安全性和舒适性的设计目标。但是，中低速磁浮列车和地铁、轻轨等现有轨道交通相比，有其独特的工作原理和运载特征，完全参照轨道交通车辆的内装设计准则并不可行。而是应在借鉴基于人机工程学的轨道交通车辆内装设计方法的基础上，结合中低速磁浮列车独特的运载特征，以车辆内装的轻量化为目标函数，以人性化、舒适性、安全性、车辆设计核准的载客量为约束条件，进行磁浮车辆内装的轻量化优化设计。

6）控制直线电机法向力以提高承载力

直线感应电机工作时，初级产生的行波磁场切割次级导体板，产生感应涡流。涡流与气隙磁场相互作用，除产生牵引力外还产生垂向的排斥力（洛仑兹力）。初、次级铁心间产生垂向的吸引力（磁化力）。这两种力的合力即为法向力。

法向力的大小和性质与初级电流、气隙、频率和次级材料有关。对于铁-铜（或铝）复合次级，法向力在不同条件下可能表现为吸引力，也可能表现为排斥力。一般情况下，法向力表现为吸力，且有较大的值。法向吸力会增大磁浮列车的视在重量，增加悬浮系统的负担。当它过分波动时还会干扰悬浮系统的稳定性，所以必须限制其大小。

法向力的计算式为[74]

$$F_y = F_{ya} - F_{yr} = \frac{B_{my}^2}{4\mu_0} S_A - \frac{B_{mx}}{B_{my}} (F_x + \Delta F_m) \quad (3-3)$$

式中：S_A 是初级铁心有效面积；ΔF_m 为机械阻力。第1项表示初-次级铁心间的吸力，第2项表示电磁斥力。注意到推力 F_x 正比于电机气隙磁密的 y 分量 B_{my}，斥力 F_{yr} 正比于 x 分量 B_{mx}。

影响法向力的因素很多，其变化规律异常复杂，要控制电机的法向力不变是极其困难的。研究表明，控制电机的滑差频率可以将法向力限制在规定的范围内。图3-38是初级电流与滑频不变条件下直线电机的法向力-速度关系曲线。从图3-38知，选择合适的滑频值对于限制法向力的大小是非常有效的。所以，中低速磁浮车牵引控制大多采用恒滑频控制方案。

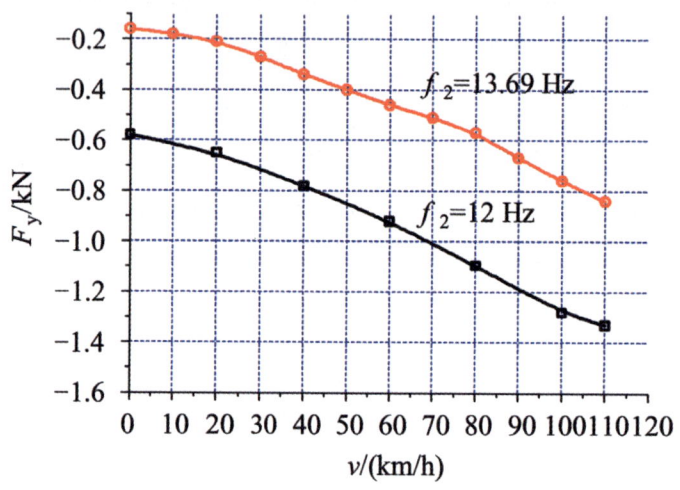

图3-38　法向力-速度关系

3. 提高直线电机效率

1）概述

直线感应电机的效率与功率因数均比旋转感应电机低得多。在节能环保的今天，这成了中低速磁浮列车应用的主要障碍之一。直线感应电机效率低下的原因与其本身的结构、大的工作气隙和高的滑差率等因素有关。

通过优化直线感应电机的设计与控制来提高电机的效率是可行的。事实上，国内外研究者对此课题已经并仍然在进行不断的研究，并已经取得了不少的成就。

2）优化直线电机结构

直线感应电机的结构参数对电机的效率有较大的影响。电机结构参数优化的目标是在满足特定的约束条件下，使电机效率、体积、功率、重量等性能指标达到最优。效率优化的项目主要有：

（1）槽宽与槽深。当槽宽小时，为布置下绕组，槽深必然加大。这会使励磁电抗增大，电机效率有增大的趋势；但同时会使槽漏抗增大，降低电机的效率。

（2）初级铁心叠片宽度。

（3）极对数的影响。增加极对数值可有效地减小纵向端部效应的影响。但极数受电机长度的限制，与极距相关联。

（4）初级齿宽及冲片高。

（5）电机极距。电机极距越大品质因数越大。但极距大会导致电机长度和重量的增大，铜耗及端接漏磁增大，效率降低。电机长度不变时，增大极距会使极数减少。

（6）次级反应板厚度的影响。增大反应板厚度可减小次级电阻，增大推力，但同时增大了电磁气隙值，又会减小电机推力。

（7）次级宽度的影响。增大次级宽度可以改善次级涡流的分布，降低次级电阻，从而提高效率，但同时会导致端部效应波的衰减变慢，降低推力。

由于各参数间的相互关联、制约甚至是矛盾的关系，要实现电机结构参数的优化必须借助于优化算法。传统优化设计主要采用搜索寻优模式，其全局寻优能力较差。近年来，模拟退火算法、遗传算法等与传统优化算法相继涌现，这些算法能跳出局部极值点，并能以较少的计算代价搜索到最优解，因而在直线电机设计中得到重视和应用。

3）减小直线电机气隙

为防止悬浮系统失稳造成电机的初、次级间在运动过程中产生碰撞，磁浮车用直线电机的机械气隙往往比其他应用中的电机气隙大得多。由于反应板为非导磁的铝（或铜）材料，在电磁计算中其厚度要归算到气隙值中，机械气隙 g 与非导磁反应板的厚度 d 之和称为电磁气隙 δ，即：

$$\delta = g + d \qquad (3-4)$$

此外，直线电机的槽型会影响电机的等效电磁气隙，这可用气隙系数来计算。气隙系数 k_δ 为

$$k_\delta = \frac{t_1}{t_1 - \dfrac{b_0^2}{5\delta + b_0}} \qquad (3-5)$$

式中，b_0 为开口槽槽宽；t_1 为槽距。电机的等效气隙 δ_e 为：

$$\delta_e = k_\delta \delta \qquad (3-6)$$

$$k_{\delta 2} = \frac{\mathrm{sh}\left(\dfrac{\pi \delta_e}{2\tau}\right)}{\dfrac{\pi \delta_e}{2\tau}} \qquad (3-7)$$

$$\delta_{eq} = k_{\delta 2} \delta_e \qquad (3-8)$$

从电机设计公式知，直线感应电机的气隙变化时，会引起励磁电抗、初级齿端漏磁导系数、谐波漏磁导系数、气隙磁场基波漏抗和气隙系数等参量的变化。各漏磁导系数的变化会引起初级漏电感的变化，但与励磁电抗的变化产生的影响相比可以忽略不计，直线感应电机特性的变化主要与励磁电抗的变化相关。

当气隙变大时，电机的励磁电抗将变小，从而使感应电势下降。由于直线感应电机的电磁推力正比于感应电势的平方，所以电磁推力会显著地变小。激磁电抗变小，直线电机的励磁电流就要相应增大，铜耗将会增加，电机的效率就会下降。所以，为获得较大的效率值，应尽量减小电机的工作气隙值。在设计中应当从减小机械气隙和反应板厚度，以及选择合适的初级槽型三方面入手。

4）滑频与推力综合控制

直线感应电机的效率与其控制方式密切相关。为防止电机工作时产生过大的法向力，磁浮车驱动用直线感应电机采用滑差频率控制方式。滑差频率的取值十分重要，因为它影响电机的牵引力、法向力、牵引系统的容量，特别是牵引系统的效率。表3-6是几种磁浮车直线电机控制系统滑差频率的取值。

表 3-6　滑差频率值

参数	车型				
	HSST04	HSST05	HSST100	Linimo	Col200
f_2/Hz	17.5	12.5	12	13.69	11.5
V_m/(km/h)	65	65	110	120	200

滑差频率的确定是一个复杂的过程，f_2的变化会引起牵引力和

法向力的变化。表3-7是某电机在初级电流、频率不变条件下，改变滑差频率f_2时牵引力与法向力的变化情况，负号表示为吸力。

表 3-7　滑差频率值与牵引力、法向力的关系

f_1/Hz	f_2/Hz	V_x/(m/s)	F_x/kN	F_y/kN
39.4	13.69	11.1	2.32	-0.15
39.4	12	11.837	2.5	-0.6
39.4	10	12.269	2.8	-1.25
39.4	8	13.565	3	-2.2
39.4	6	12.429	3.1	-3.8
39.4	4	15.293	2.7	-5.68

首先，当f_2减小时，牵引力、法向力均增大。当$f_2 = 10$ Hz，法向力已经接近牵引力的一半。这意味着悬浮系统必须增加额外的悬浮功率来抵消法向吸力。从系统观点上看，这增大了系统的损耗、降低了系统的效率。因此对f_2的最小值必须做出限定。

其次，由电机学原理可知，感应电机的损耗与转差率成正比。f_2越大损耗越大，牵引系统的效率越低。所以从减小电机损耗的角度应当减小f_2的值。因此，系统必然存在一个最优的滑差频率值。当在该值上运行时，可以确保直线电机产生的推力较大而法向力在预定的范围内，同时电机的效率较高。

5）减小端部效应

直线感应电机在运行时会产生所谓"动态纵向端部效应"的现象。在不同速度下，气隙磁密沿x的分布如图3-39所示。

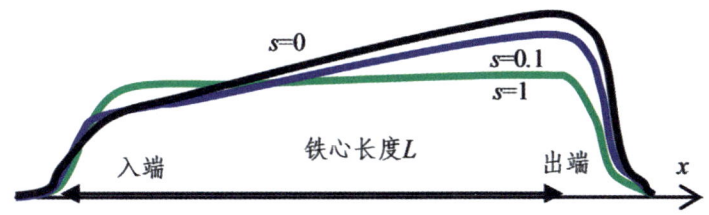

图 3-39 不同速度下气隙磁密的法向分量沿 x 的分布

电磁场分析表明，直线感应电机的气隙磁场主要由以同步速度行进的正常行波和入端波构成，即：

$$b(x,t) = B_{s}e^{j\left(\omega t - \frac{\pi}{\tau}x + \theta\right)} + B_{1}e^{-\frac{x}{\alpha_{1}}}e^{j\left(\omega t - \frac{\pi}{\tau_{e}}x + \theta_{1}\right)} \quad (3-9)$$

直线感应电机的电磁推力：

$$F_{s} = \frac{D}{2}\int_{0}^{2p\tau} \text{Re}[J_{1}^{*}(x,t) \cdot B_{s}(x,t)]dx \quad (3-10)$$

式中：D 为铁心宽度；$2p\tau$ 是电机的长度，J_{1}^{*} 是 J_{1} 的共轭函数。电机的电磁推力如图 3-40 所示。

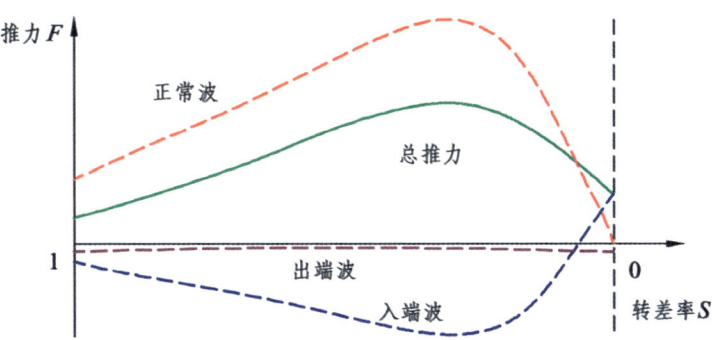

图 3-40 直线感应电机的电磁推力

上述分析表明，单边直线感应电机的效率低、高速时推力下降明显等问题，并不完全是由于电机的气隙大造成的，终端效应也是一个重要的原因。入端效应波使电机气隙磁场削弱、气隙磁密的分布发生畸变并产生阻力，速度越快电机性能恶化越严重。

在磁浮车上有多台相同的直线感应电机。将各台电机间的距离缩短，它们只受磁浮车转弯的约束。当电机运行时，电机的出端气隙磁场可以进入下一台电机的入端，从而使第二台电机的入端磁场增强。于是各台电机的磁场就能够实现连续并保持磁场的幅值为常数。在传统磁浮车中各电机的端部效应也就降低到原来的$1/N$，N是电机的串联台数。电机的效率因端部效应的削弱而增高，方法如图3-41所示。

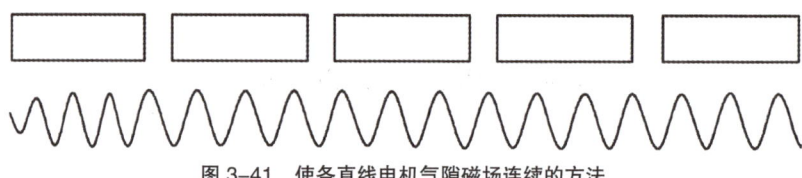

图3-41　使各直线电机气隙磁场连续的方法

图3-42是两电机相距72 mm时气隙行波磁场的分布图。气隙磁场实现了连续。

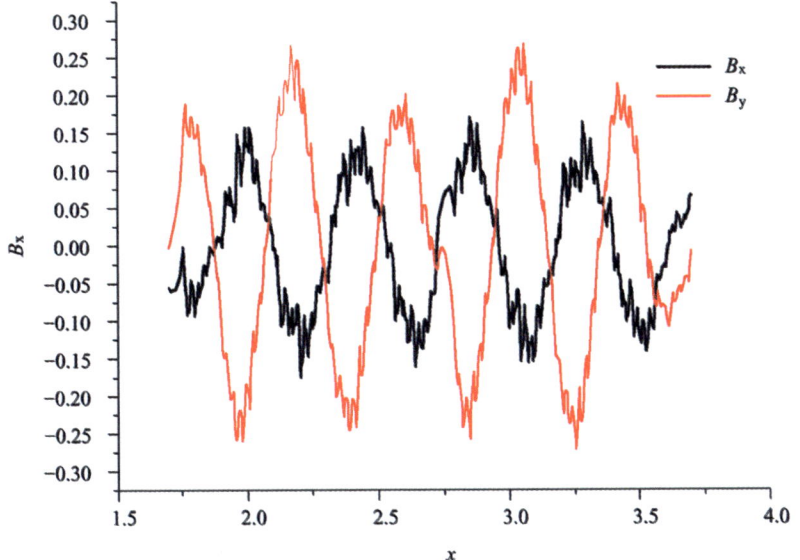

图 3-4　相距72 mm时的气隙磁场（距反应板6 mm）

4. 提高车辆悬浮功能冗余度

1）概述

现有中低速磁浮列车的车辆悬浮架相互独立，每一个物理悬浮点由1个控制点进行控制，当该控制点失效时，对应的物理悬浮点不能稳定悬浮。另外，现有的悬浮控制系统电路通常是单一的没有备份，一旦某个电路出现故障，则悬浮控制系统失效，对应的物理悬浮点同样不能稳定悬浮。

由此可知，由于现有中低速磁浮列车的车辆悬浮架结构和悬浮控制系统的特点，车辆悬浮功能没有冗余，其可靠性大大降低。

2）引入高速磁浮车辆悬浮架关联结构

以德国TR08高速磁浮列车为例，其具有独特的悬浮架结构，每节车底部分布有4只悬浮架，每个悬浮架左右各安装一个悬浮电磁铁。相邻悬浮架之间通过拉杆进行连接，轨道纵向方向相邻悬浮电磁铁之间设有铰接结构，可使磁浮列车沿轨道纵向方向具有连续的悬浮和导向力。单个悬浮架中间的纵梁设有弹性阻尼连接结构。

图3-43所示为高速磁浮车辆单悬浮架结构简图，图中共有8个与悬浮电磁铁的连接点。其中点3、点4为同一悬浮架单侧的两个与悬浮电磁铁的连接点，点5、点6为同一悬浮架另一侧的用于安装悬浮电磁铁的连接点。此种结构有效增加了高速磁浮车辆悬浮架悬浮功能的冗余度，即当某个单侧悬浮电磁铁失效时，可由相邻的两个电磁铁共同承担该悬浮电磁铁的载荷。

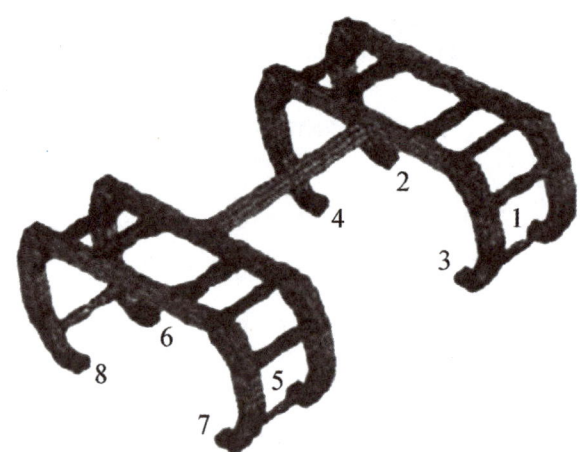

图3-43 高速磁浮车辆单悬浮架及关联结构简图

3）悬浮控制系统新方案

在国内外中低速磁浮列车悬浮控制系统中，各个悬浮模块互相独立，每个悬浮模块采用2点支撑，车辆系统结构简单[75]。对于这种单模块悬浮系统，目前通常采用一个悬浮控制系统控制两个电磁铁的方法，如图3-44方案1所示，一旦某一斩波器或悬浮控制器出现故障，则对应物理悬浮点不能悬浮。

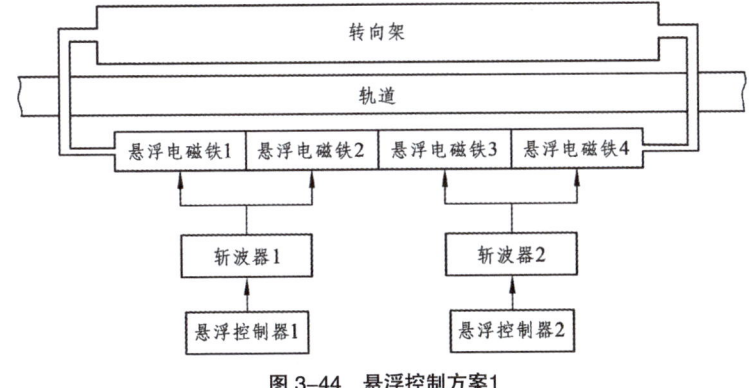

图 3-44 悬浮控制方案1

为增加悬浮的可靠性，可采用以下改进方案。

方案2如图3-45所示，将斩波器的个数增加一倍，该方案比方案1成本有所增加。该方案中，若某个电磁铁或斩波器故障不会导致对应的悬浮点失效，其可靠性比方案1高，但该点的最大悬浮力会降低，且任一悬浮控制器故障将导致该悬浮点失效。

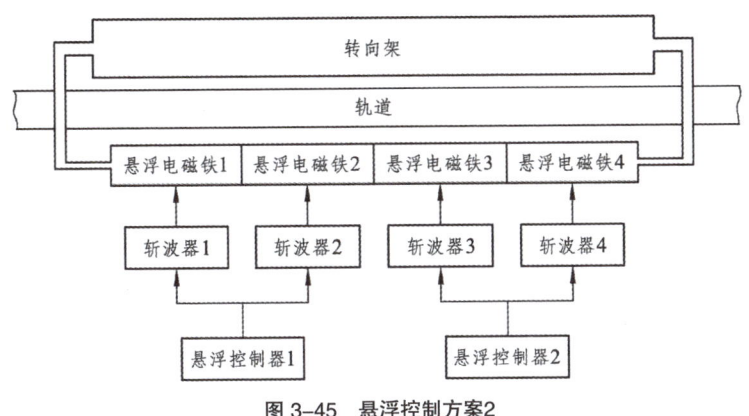

图 3-45 悬浮控制方案2

方案3如图3-46所示，将斩波器和悬浮控制器的个数都增加一倍，该方案成本比方案1和方案2高。该方案中，若某个电磁铁、斩波器或悬浮控制器故障，不会导致对应的悬浮点失效，其可靠性比方案1、2高，但该点的最大悬浮力仍会降低。

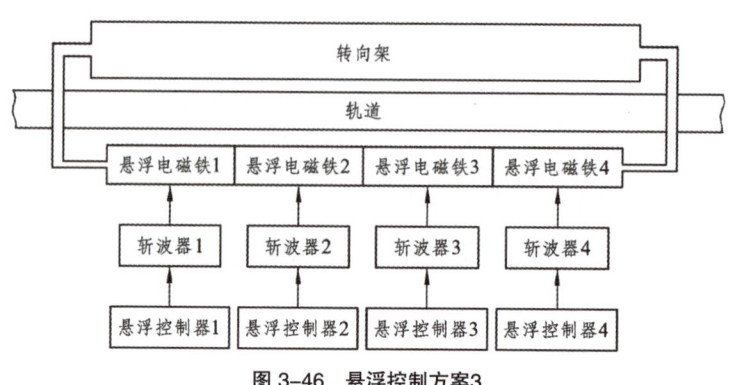

图3-46 悬浮控制方案3

方案4如图3-47所示，一组悬浮控制器和斩波器控制两个电磁铁，另一组悬浮控制器和斩波器控制作为热备份，一旦控制电磁铁的控制器或斩波器失效，则热备份的另一组系统投入工作。该方案的成本与方案3基本相同。在该方案中，若某个斩波器或悬浮控制器故障时，对应的悬浮点悬浮正常，且该点的最大悬浮力不会降低。但该方案需要对悬浮控制器和斩波器进行准确的故障判断，且对投切开关的控制较为复杂。

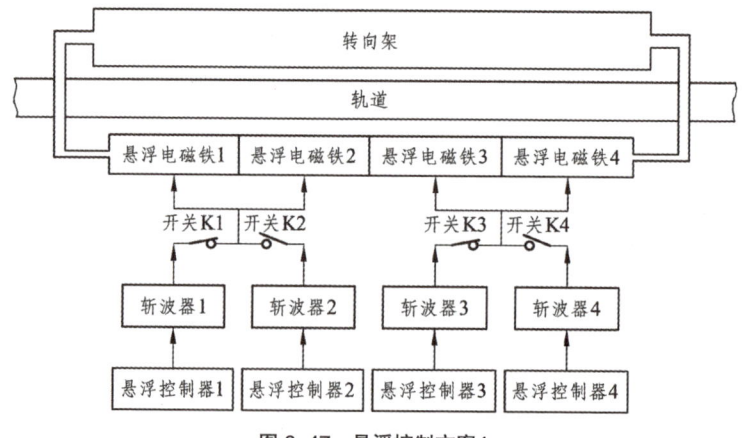

图3-47 悬浮控制方案4

3.2.4 现有高速磁浮交通系统低速应用可行性

1. 现有高速磁浮交通系统概述

常导EMS型磁浮，无论是高速还是低速，均是利用电磁吸力悬浮、利用直线电机驱动运行的。它们的悬浮原理相同，采用的技术手段也相同，只是由于对运行场合和速度的要求不同，车辆的结构、适应性各有差异。高速磁浮也会经历低速的起动、制动运行期。同样，低速磁浮车当牵引力足够时，也可达到近200 km的时速（col2000磁浮方案）。在一定条件下二者角色互换是可能的。

2. 高速磁浮交通系统技术特征

高速磁浮列车分为电动斥力型和电磁吸力型，电动斥力型高速磁浮列车在低速时不能实现悬浮，不能用于低速运行；只有电磁吸力型高速磁浮列车才能实现低速悬浮。这里我们仅讨论电磁吸力型高速磁浮列车，即德国TR高速磁浮列车低速应用的可能性。

悬浮系统包括悬浮电磁铁、悬浮传感器、悬浮控制器等三种类型的设备，其基本功能是实现车辆稳定悬浮并跟踪轨道，悬浮电磁铁同时具备悬浮励磁、牵引励磁和发电三种功能。悬浮系统原理上属于电磁吸力悬浮，通过传感器采集悬浮电磁铁与轨道间的间隙及车体垂向加速度等信息，通过闭环控制器调节电磁铁中的电流大小来实现稳定悬浮。

TR高速磁浮列车两相邻电磁铁使用搭接结构，通过空气弹簧连接在一起[76]，因此不同模块上的两相邻悬浮模块保持相近的悬浮间隙值，当相邻悬浮点的传感器故障时，通过相邻通信可以利用相邻模块的传感器信号正常工作，提高工作可靠性和冗余度。而当某一悬浮控制器失效时，通过空气弹簧调试该悬浮点的负荷，由相邻模块的搭接悬浮单元完成该点的悬浮控制，使该悬浮点能带故障运行，可见速悬浮系统的故障冗余度很高。另外，由于长定子轨道的表面为铺设定子电缆而被加工成齿槽交错结构，其外形特征会在悬浮控制系统的最前端悬浮传感器中体现，导致列车低速运行时，车体与轨道齿槽结构波动，出现齿槽效应。

1）高速磁浮导向系统特征

导向系统包括导向电磁铁、导向传感器、导向控制器等三种类型的设备，其基本功能是实现车辆横向稳定控制并跟踪轨道。与电磁悬浮系统一样，导向系统是多电磁铁结构，每个模块的运动有纵向、横移、沉浮、点头、摇头、侧滚6个自由度。而模块化机械结构解耦使得分散控制成为可能，通过解耦，系统可以分解为轨道两侧单个电磁铁的控制问题，称之为双电磁铁导向系统，这种双电磁铁导向系统可看作磁浮列车导向系统的基本单元。

导向单元主要由列车转向架、轨道和左右两侧的一对导向电磁铁模块组成，其结构示意图如图3-48所示。导向系统自身是一个不稳定系统，必须外加导向控制器对其进行主动控制才能实现稳定的导向功能。导向控制器是导向系统中的关键部件，其算法与悬浮控制算法有相似之处。导向系统的每侧电磁铁分为两组分别控制，因此是一个两点支撑系统，两个控制器之间相互耦合，并且耦合力的大小与导向系统的运动情况有关[77]。

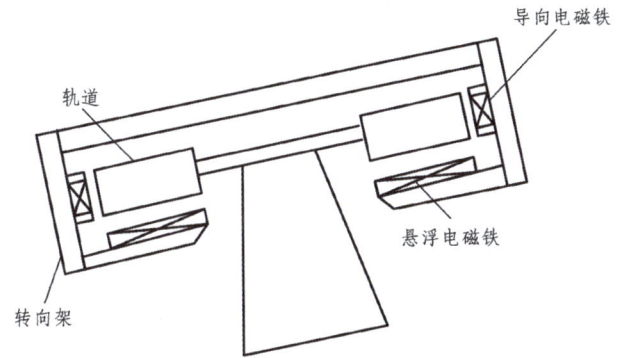

图 3-48　高速磁浮列车悬浮导向示意图

导向电磁铁的控制有两种，一种是单边控制，另一种是双边对中控制。单边控制的思路与悬浮电磁铁的控制一样，根据实际情况设定某一额定导向间隙值，调节电磁铁中电流大小，以实现悬浮间隙保持额定值，该方法的优点是简单方便，缺点是当额定间隙不合理时两侧导向单元将产生较大的耦合力干扰，使车体晃动，或某一侧电磁铁中的电流较大，而另一侧的电流较小。双边对中控制时，两侧电磁铁控制电流时综合考虑两边电磁铁与轨道间隙大小和磁铁电流大小，使两侧间隙保持相同值，且电流相关性不大。

2）高速磁浮牵引系统特征

高速磁浮的牵引系统采用长定子直线同步电机实现列车的牵引与再生制动。采用长定子同步电机的主要优点是，由于电机定子布置在地面，给电机供电的逆变器、高压开关等也就安装在地面，车辆的质量会明显降低。由于不受车辆尺寸的限制，电机的功率可以很大，以保证列车高速运行所需要的牵引力。另外，电机的动子磁极可以与悬浮系统共用，从而简化系统结构。

高速磁浮牵引系统由长定子直线同步电机、牵引变流器、供电所、开关站和定位测速和车-地通信等部分构成。

长定子直线同步电机的定子采用每极每相1槽1导体的最简化设计。定子铁心由硅钢片叠压而成。高压绝缘电缆压入定子槽中构成三相绕组。受绕组分布制约,定子磁势包含有较大的空间的高次谐波分量。受逆变器电压、容量和系统效率的限制,长定子电机采用分段供电的方法。

同步电机的动子采用直流励磁方式。控制励磁电流的大小可以控制磁极磁场的大小。因为电机与悬浮共用磁极,所以磁极的控制必须服从于悬浮要求。动子铁心上嵌入了发电机绕组,可以给车辆供电。

牵引变流器将变电器的工频高压交流电变换成电压和频率可变的三相交流电,经开关分段为电机定子供电。牵引变流器在牵引时为直线电机提供电能。当电机再生制动时,直线电机做发电机运行,电能由发电机流向牵引变流器并被转换成工频交流电送回电网,或被制动电阻消耗。电机采用动子磁极定向、直轴零电流的控制方式,以使定子电流控制与磁极电流控制完全解耦。

分段供电开关控制各段定子的供电时刻。具体为哪段定子供电需要由定位测速环节来确定。测速定位的作用是确定列车的位置与速度,确保运行的安全,同时要得到当前动子磁极的精确位置,以便为电机控制提供关键信号,实现控制的解耦。由于定位测速环节放在磁浮车上,必须通过及时无线通信传送到牵引变电器控制器,所以必须加装车地无线通信环节。

3. 高速磁浮低速应用可能性

1)高速磁浮列车的曲线通过能力

高速磁浮列车依靠电磁吸力将列车悬浮于轨道上,并利用电磁铁进行导向，实现列车与地面轨道间的无机械接触，再利用线性同步电机驱动列车运行。高速磁浮列车主要由车体和悬浮架组成，其中，悬浮架是由悬浮/导向模块与悬浮框架搭接所构成的弹性链接结构，车体通过摇枕和空气弹簧与悬浮架之间实现多点支承。

在高速磁浮列车的零部件和结构件中，影响车辆曲线通过能力的因素包括：

（1）导向电磁铁长度。

高速磁浮列车采用主动导向方式，导向电磁铁位于悬浮架两侧的内壁上，列车运行时位于轨道的两侧；弯道上，轨道呈圆弧形，导向电磁铁呈直线状态，若磁铁端部与中间部的间隙值过大，会导致通过弯道时导向电磁铁撞击轨道两侧。

（2）摇枕的摆动范围和拉力。

当车辆位于弯道上时，悬浮架受悬浮和导向磁铁的影响，沿轨道呈顺序折线排列，而车体仍保持直线状态；此时摇枕所具备的最大摆动范围和能承受的最大拉力将会影响车辆的过弯能力。

（3）相邻悬浮架对搭接电磁体的拉伸与挤压。

弯道上，相邻电磁铁之间的搭接结构材料所能承受的挤压和拉伸强度、刚度许用值也会影响车辆的过弯能力。

目前，在上海运营中的高速磁浮列车已达430 km/h的运营速度，其最小转弯半径为350 m。

2）高速磁浮列车的噪声水平

相对于现有轮轨交通车辆，高速磁浮列车具有诸多优越性，但其噪声同样是不可忽视的环境问题。

高速磁浮列车没有轮轨接触，没有轮轨摩擦噪声，在其低速运行时，噪声源主要为电磁铁噪声、冷却风机噪声、机械结构振动辐射噪声，这些噪声很小，可以认为是安静的列车，对环境没有严重的影响。但当其运行速度大于250 km/h时，高速磁浮列车在噪声方面的优越性减弱。有研究成果标明，德国高速磁浮列车TR07试验车在其最高速度时，距离测试段轨道中心25 m、3.5 m高处的噪声级别接近100 dB。其中，气流噪声（空气动力性噪声）是高速磁浮列车高速行驶时的主要噪声源。其产生的主要原因和部位是：分离气流在列车前端汇合、列车表面的湍流边界层、运动气流与列车边缘及附件之间的相互作用。由于空气动力性噪声随列车速度v大致以$60\lg v \sim 80\lg v$的规律增加，因此在车辆运行速度达到250 km/h以上时成为最主要的噪声源。

高速磁浮列车的噪声具有以下的特点：

（1）由于高速磁浮列车的噪声源主要为空气动力性噪声，因此其噪声频谱以中频为主要成分。

（2）高速磁浮列车的通过噪声可在很短的时间内达到峰值并下降，在时间历程上表现出很强的脉冲性。

3）高速磁浮列车的悬浮能力与载客能力

根据已有的数据，将TR高速磁浮列车载重能力与中低速磁浮列车载重能力比较，结果如表3-8所示。

表3-8 TR高速磁浮列车载重能力与中低速磁浮列车载重能力比较

指标	端车	中车
TR有效载重/空载质量	6.4/58.6=11.0%	10/58=17.2%
HSST有效载重/空载质量	10.7/17.3=61.8%	10.7/17.3=61.8%

可见，TR高速磁浮列车的载重能力远远不如低速磁浮列车。

而且，将TR高速磁浮列车（最高时速430 km）技术用于中低速磁浮列车后，就失去其速度优势，也就无法降低到站时间，从而无法有效增加载客能力。

所以，从悬浮能力和载客能力的角度分析，高速磁浮列车不宜用于低速的城轨交通系统中。

4. 高速磁浮列车低速运行的附加条件

从原理上看，高速磁浮用于低速是可能的，但实际实施中存在如下问题：

（1）在高速磁浮中，受车辆与圆曲线之间的侧向间隙限制、车辆二系结构中摆杆容许的最大位移量的限制以及线路轨道拟合误差与制造精度的限制，车辆的曲线通过能力比目前的低速磁浮差。前者所需的最小平曲线半径远大于后者。其原因是它们采用了不同的走行机构。高速磁浮架通过弹性纵梁来适应轨道扭转与不平顺，而低速磁浮采用迫导向机构。若要将高速磁浮用于低速，还需要对车辆行走机构做一些改动。

（2）高速磁浮车辆的每米自重比低速车辆大。磁浮车的自重由车辆质量与车载设备的质量构成。高速磁浮车由于速度高，可能出现的加减速度和动力学冲击比低速磁浮车大得多，其结构强度的要求大，自重自然也大。另外，高速车以远距离长时工作为目标，对车载设备如电磁铁的安全裕量要求高，这也增大了车辆质量。高速磁浮车作低速应用时进行适当的减重、减配是合理的。

（3）高速磁浮车的长定子电机采用每极每相1槽1导体的结构，初级磁势的空间谐波分量大，牵引时，容易产生较大的电磁噪声。为减小噪声需要对电机初级结构进行改动，如定子绕组可以采用分布式绕组。另外采用PWM技术降低定子电流中的谐波分量也可以降低牵引电磁噪声。其他噪声（例如空气噪声）在低速时可以忽略。

（4）降低高速磁浮系统的造价是其能够低速运行的主要问题。高速磁浮系统的造价主要由线路、车辆和供电三部分构成。高低与低速的线路结构不同，造价差别很大。另外，高速线路上布置有直线电机，沿线有开关站和供电所，这些都需要投入大量的资金。

3.2.5　中低速磁浮技术的独有特点与不足

1. 中低速磁浮交通的独有特点

中低速磁浮列车最独特之处是其支撑列车重量和列车转弯导向的原理。 中低速磁浮列车依靠电磁吸力悬浮支承列车，实现列车的非接触运行。悬浮控制系统通过检测间隙变化和振动加速度，进行主动控制，调整电流使悬浮力发生变化，使悬浮间隙始终保持在约8 mm的额定间隙。通过弯道时的导向力由悬浮力的横向分力提供，即悬浮系统也兼有电磁力导向的功能。每个电磁铁有2个磁极，钢轨断面呈独特的"F"形，如图3-49所示。悬浮兼作导向功能带来的一个优点是简化了走行部的设计。

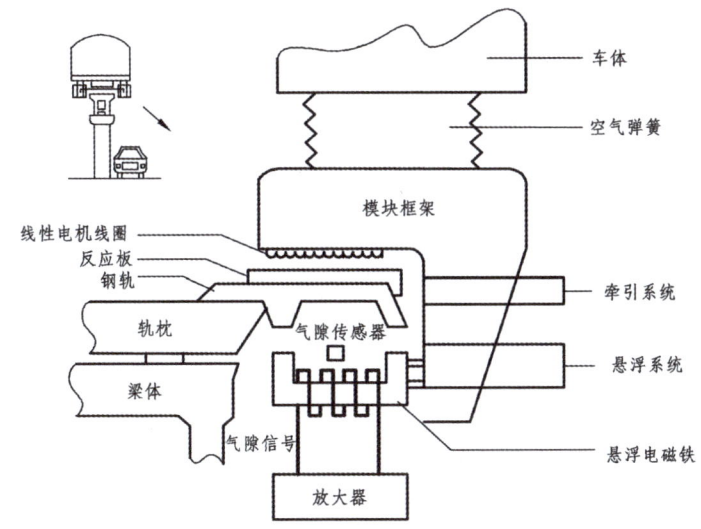

图 3-49　中低速磁浮列车独特的悬浮与导向原理

中低速磁浮列车另一个独有特点是悬浮架结构。该结构要适应直线电机、悬浮电磁铁、车体支撑弹簧、制动装置,以及必备安全装置的安装;要在机械结构上保证通过曲线时,车体不会对电磁导向力形成过大的约束,但又必须具备一定的复位能力,从原理上说这两者的要求是矛盾的,即较强的车体复位能力必定会削弱电磁导向力;该结构还必须使一个悬浮架上4个悬浮控制力在调整时尽可能不会相互影响。因此,中低速磁浮列车的悬浮架采用了左、右侧可分离式结构,通过相互悬吊组合成一个悬浮架,通过空气弹簧支承列车重量,通过滑动导轨减小曲线通过时车体对悬浮架电磁导向能力的约束。

中低速磁浮列车的第三个独有特点是与线路的耦合关系。磁浮列车悬浮架包住悬浮轨道运行,由于其噪声低,因此尽可能采用高架桥结构以降低建设成本。由于桥梁具有变形挠度和刚度,而悬浮控制又需要将悬浮间隙通过主动控制保持在额定值,因此车轨耦合振动问题有别于传统铁道车辆的车轨耦合振动问题。由于需要不断调整悬浮间隙，悬浮控制对车辆和桥梁都是一种外部能量输入激励，使它们的振动状态发生变化，而这些变化又会对悬浮间隙产生影响，因此车辆、桥梁和控制共同组成了一个自激振动系统。当上述自激振动系统对外部激励的响应能够迅速收敛时，就可实现稳定、安静的悬浮；当对外部激励的响应既不会扩大，也不会完全收敛，而是保持在一个振幅范围内达到动态平衡时，也可实现稳定但不安静的悬浮，因为持续的动态调整产生的一定程度的振动会产生噪声；而当对外部激励的响应不能收敛，而是由小到大不断扩大时，最终将不能保持稳定悬浮，发生偶尔打轨甚至悬浮崩溃现象。

除了上述3个方面的独特性之外，列车的直线电机推进原理、液压基础制动原理、列车供电原理、信号与运行控制原理等，均与其他制式轨道交通具有共性基础。

因此，中低速磁浮交通要推向市场、产业要取得技术创新，需要重点关注其独有特点。

2. 中低速磁浮交通的不足

国内在中低速磁浮产业化中可能存在的一些不足有如下几个方面：①拟建设的两条磁浮交通系统，采用技术参考了日本HSST方式，如果规模化推广运用可能存在知识产权障碍；②目前走行部结构形式，使得牵引电机的效率和功率因数偏低，根据日本的数据，列车速度为110 km/h时，牵引效率约为0.75，功率因数约为0.57，应用经济性还有进一步提升的潜力；③悬浮架与车体之间采用了数量较多的小气囊空气弹簧悬挂，安装不便，受力不均匀，对中复位能力也较弱；④我国在电子元器件等基础件制造方面的技术水平与国外先进技术仍有一定差距；⑤传感器技术的耐用可靠性还有待进一步加强；⑥电气设备的轻量化水平还有提升的空间。

因此，在发展我国中低速磁浮列车产业化的过程中，应当针对目前技术的不足，发挥技术创新的巨大作用加以解决。特别是在悬浮架结构方面，在充分借鉴成熟技术方案的同时，要挖掘中低速磁浮技术的潜在优势，走出一条技术创新的路子，通过创新形成具有我国磁浮列车技术特征，结构上更加先进，性能上更加卓越的中低速磁浮列车技术。

在中低速磁浮交通工程技术方面，目前国内中低速磁浮轨道、道岔在沿用日本的技术方案的基础上，局部略有变化。但在轨道和道岔的制造、铺设、检测和维护方面，尚未形成我国自身的技术体系，技术成熟性方面还有差距。轨道结构尚需进一步优化，轨道设备制造工艺、检测技术、维护标准亟待建立。磁浮线路工程结构虽借鉴了高速铁路线路、城市轨道交通工程结构的技术，但其结构类型、结构标准方面，尚未体现磁浮交通振动小、车辆荷载均布的特点，其技术水平也还有提升空间。即便是磁浮线路的空间线形，其空间线形与磁浮列车运行轨迹的匹配规律也有待于进一步探索，比如竖向曲线的线形影响磁浮列车运动振动的规律尚未探明。

3. 我国突破中低速磁浮关键技术的对策

根据我国中低速磁浮列车技术特征和现状，从提高性能和提高质量入手，形成具有自主知识产权的中低速磁浮列车技术，重点是通过创新解决列车与线路耦合振动问题，进而达到进一步降低造价，提高性能的目的。

（1）提高质量。加大对中低速磁浮列车所涉及的基础电子元器件的科研投入，在科研立项中向这些研究倾斜，进一步提高系统的可靠性；在电气设备的制造中充分吸收航空航天电子设备的轻量化经验，以需求为导向对电气设备的小型化和轻量化提出要求，以系统设计的观点挖掘轻量化的潜力。

（2）提高性能。在遵循悬浮架结构基本原理的基础上，鼓励创新探索，充分研究高速磁浮列车和国外各类磁浮列车概念的技术方案，突破日本既有技术方案的局限，取得自主创新成果。

（3）降低成本。以列车线路耦合振动研究为突破，利用国内自主研制成功的车轨耦合振动试验装置，对该问题展开理论和试验研究，通过中低速磁浮列车的创新设计，达到降低悬浮控制对线路和车辆结构敏感性要求的目的。

4. 我国中低速磁浮交通的相关标准

中低速磁浮交通产业化的前提是成熟可靠的技术和完整的标准体系。尽管磁浮交通在车辆、线路、运控等方面可以参考目前我国城市轨道交通的相关标准，但是由于中低速磁浮交通在原理、技术、结构和运用维护方面有其特殊性，因此有必要建立专门的标准体系。

北控磁浮团队在国家科技支撑计划项目的支持下，组织编制了中低速磁浮交通系列标准。这些成果的取得对北控磁浮团队从事的中低速磁浮交通产业起着重要的推动作用，在北京S1线等的前期工作中起到了重要支持作用，南车株机公司在磁浮列车的工程化研制中，也逐渐形成了磁浮列车企业标准体系，在长沙机场线的建设中发挥了重要支持作用。

（1）已初步形成的中低速磁浮国家行业标准见表3-9。

表 3-9 北控磁浮体系国家行业标准执行进展情况

序号	标准名称	分工	进展情况
1	中低速磁浮交通车辆通用技术条件	参编	住建部2011年8月9日第1121号公告批准发布
2	中低速磁浮交通设计规范	参编	送审稿预审
3	中低速磁浮交通工程施工及验收规范	主编	送审稿待预审
4	中低速磁浮交通供电技术规范	主编	进入全国范围内征求意见
5	中低速磁浮交通运行控制技术规范	主编	
6	中低速磁浮交通悬浮控制系统技术条件	主编	
7	中低速磁浮交通车辆电气系统技术条件	主编	住建部2012年12月6日第1544号、1545号、1546号公告批准发布
8	中低速磁浮交通轨排通用技术条件	主编	
9	中低速磁浮交通道岔通用技术条件	主编	

（2）北京S1线3项指导性技术文件见表3-10。

表 3-10 北京S1线指导性技术文件

序号	标准名称	进展情况
1	北京市中低速磁浮交通示范线（S1线）西段工程初步设计技术要求	发布实施
2	北京市中低速磁浮交通示范线（S1线）西段工程限界专题报告	
3	北京市中低速磁浮交通示范线列车总体技术条件	

（3）北控已经形成的19项企业标准见表3-11。

表 3-11 企业（工程化体系联盟）标准

序号	标准名称	分工	进展情况
1	中低速磁浮交通设计规范	Q/CYBGMJ 001—2008	"十一五"国家科技支撑计划项目发布北京交委项目修订
2	中低速磁浮交通工程项目建设暂行规定	Q/CYBGMJ 002—2009	
3	中低速磁浮交通工程施工及验收规范	Q/CYBGMJ 004—2009	
4	中低速磁浮交通运行控制技术规范	Q/CYBGMJ 005—2009	
5	中低速磁浮交通供电技术规范	Q/CYBGMJ 006—2009	
6	中低速磁浮交通维护规程（共5个部分）	Q/CYBGMJ 007—2009	
7	中低速磁浮交通车辆	Q/CYBGM 001—2008	"十一五"国家科技支撑计划项目发布
8	中低速磁浮交通车辆电气系统	Q/CYBGM 002—2009	
9	中低速磁浮交通道岔	Q/CYBGM 003—2009	
10	中低速磁浮交通轨排	Q/CYBGM 004—2009	
11	中低速磁浮交通悬浮控制系统	Q/CYBGM 005—2009	
12	中低速磁浮交通车辆检修规程第1部分	Q/CYBGMJ 003.1—2009	
13	中低速磁浮交通线路轨道检测技术规范	Q/CYBGMJ 008.1—2013	北京科委项目发布
14	中低速磁浮交通线路道岔检测技术规范	Q/CYBGMJ 008.2—2013	
15	中低速磁浮交通运行控制系统检测技术规范	Q/CYBGMJ 008.3—2013	

（续表）

序号	标准名称	分工	进展情况
16	中低速磁浮交通车辆运用检测技术条件	Q/CYBGMJ 009—2013	北京科委项目发布
17	中低速磁浮交通车辆组装后的检查与试验规则	Q/CYBGMJ 010—2013	
18	中低速磁浮交通车辆总装配技术条件	Q/CYBGMJ 011—2013	
19	中低速磁浮交通车辆包装运输技术条件	Q/CYBGMJ 012—2013	

中低速磁浮交通标准均属于在国内首次开展研究及制订，具体标准先行于实际运用，因此有一定的技术难度，也填补了国内的空白。但由于中低速磁浮交通还没有商业线路的长期运行考核，这些标准的适用性还有待验证和进一步完善。

3.3 新型中低速磁浮列车系统技术方案的发展研究

3.3.1 直线同步电机驱动的被动导向磁浮列车方案

常导磁浮列车，无论是高速还是中低速系统都涉及悬浮、导向与牵引三个环节。在常导高速磁浮系统中，悬浮与牵引均用长定子同步电机来实现。为使磁浮车具有导向力，需额外增加电磁导向系统。这增加了磁浮车的复杂性和车辆的质量。

在中低速磁浮列车中，悬浮电磁铁采用U形结构，列车的导向问题自然得到了解决，因为这种形状的悬浮电磁铁具有自导向能力，不需要额外的导向环节。中低带磁浮车大多采用短定子直线异步牵引电动机，电机的损耗大、效率低。由于电机和逆变器安装在车上，车辆的自重大。

在直线同步电机驱动的被动导向磁浮列车方案中，悬浮与牵引功能均通过长定子同步电机实现，这与常导高速磁浮相同。而导向功能是采用在长定子电机的定子铁心与动子电磁铁（即悬浮电磁铁）的铁心上开出多条等宽纵向槽的特殊结构来实现的，如图3-50所示。

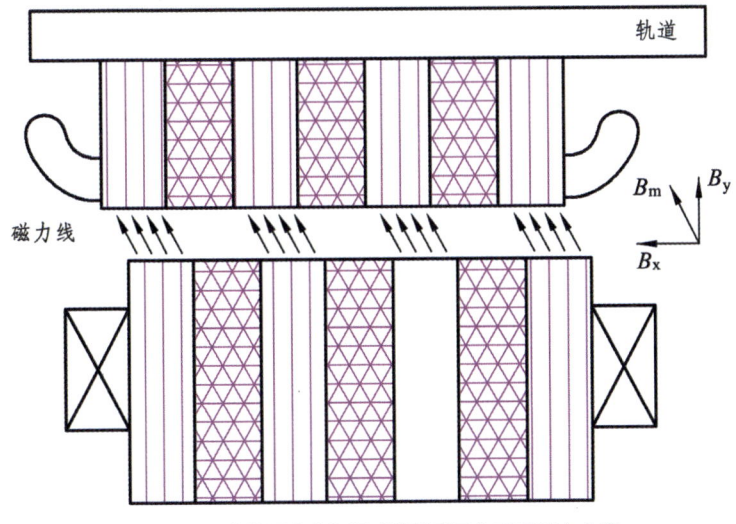

图 3-50 直线同步电机驱动的被动导向磁浮列车方案

在正常情况下，定子与动子的铁心中心线重合，定子与动子间的磁场只有纵向 B_y 分量。而当悬浮架横向移动时，定子与动子的铁心中心线也产生横向位移，此时定子与动子间的磁场将具有横向 B_x 与纵向 B_y 两个分量。磁场的横向分量 B_x 产生的电磁力是复位（导向）力，即在该力的作用下，电机的定子与动子的铁心中心趋于对齐，横向位移越大，导向力越大，所以能够实现自导向功能。

与目前的高速磁浮列车相比，这种方案没有额外的电磁导向系统，磁浮车的结构大大简化。由于采用长定子电机，车辆自重轻，系统简单，具有常导型高速与中低速磁浮列车的优点。

3.3.2 准连续直线异步电机驱动的磁浮列车方案

受绕组及初级铁心在两端开断以及短初级结构的影响，直线感应电机中存在所谓纵向端部效应问题，即由于初、次级的相对运动使电机的气隙磁场出现在入端区被削弱、在出端增强的现象。电机次极运行速度越高，磁场被削弱的程度越严重。纵向端部效应使LIM的气隙磁场畸变，出力减少、损耗增加、效率降低[78]。

磁浮车往往使用多台相同的直线感应电机，例如在HSST100L磁浮车中每台车使用10台直线感应电机。受转向架结构的限制，电机的长度较短，仅1.8 m左右。

电机气隙磁场分布规律提示我们，若将各直线电机间的距离缩短，当电机运行时，电机的出端气隙磁场可以进入下一台电机的入端，从而使第二台电机的入端磁场增强。于是各台电机的磁场就能够实现连续并保持磁场的幅值基本为常数。图3-51是这种方法的示意图。

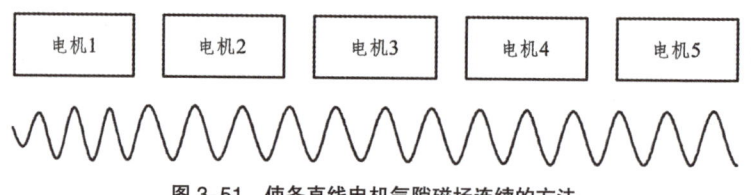

图3-51　使各直线电机气隙磁场连续的方法

若电机的气隙磁场按图3-51那样分布，表明它与一台等长的电机等效。由于各台电机的气隙磁场连续，中间电机的端部效应可以基本上被消除。低速磁浮车中各电机的端部效应也就降低到原来的$1/N$，N是电机的串联台数。牵引电机的效率将因端部效应的削弱而增高。若采用"长"电机的思路统一设计，这台等效"长"电机的功率、效率等指标可以提高。因此它可以部分地解决传统低速磁浮车直线电机效率低的问题。

有限元计算表明这种方案是可行的。图3-52和图3-53是有限元分析模型和结果。

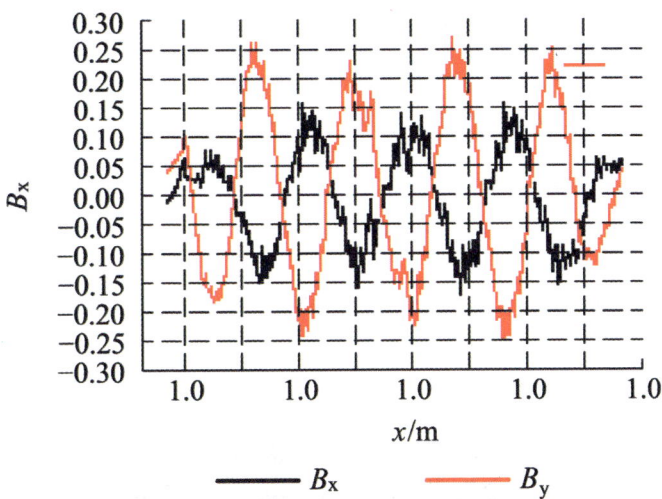

图 3-52 两台相邻的电机

图 3-53 电机的气隙磁场

3.3.3 永磁混合悬浮集中绕组同步驱动磁浮列车方案

MagMotion公司的磁悬浮运输系统（简称M3）是悬浮、导向和驱动一体化的系统，如图3-54所示，永磁铁和悬浮控制线圈安装在车上，电机定子安装在地面，为三相。三相绕组与永磁体阵列相互作用，产生列车的悬浮力和驱动力。

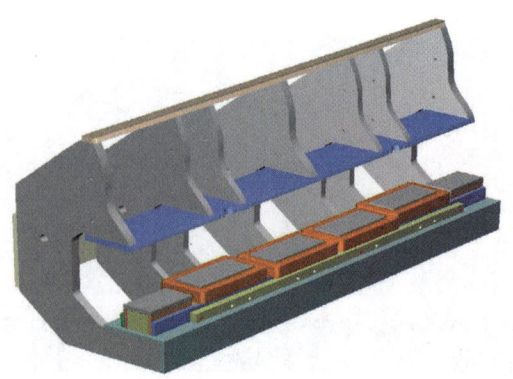

图 3-54　M3车辆悬浮架

图3-55是第一代原型车的悬浮架结构示意图,永磁铁在悬浮架上均匀分布,永磁铁外绕悬浮控制线圈。带永磁铁的悬浮架向上吸引层叠钢制悬浮轨(见图3-56),从而向车辆提供主要悬浮力。永磁体外部的控制线圈起悬浮稳定控制作用,在列车的悬浮过程中,根据列车的悬浮气隙调节控制线圈中电流的大小,从而改变控制线圈的悬浮力,使车体重量和永磁铁及控制线圈的总悬浮力达到动态平衡。

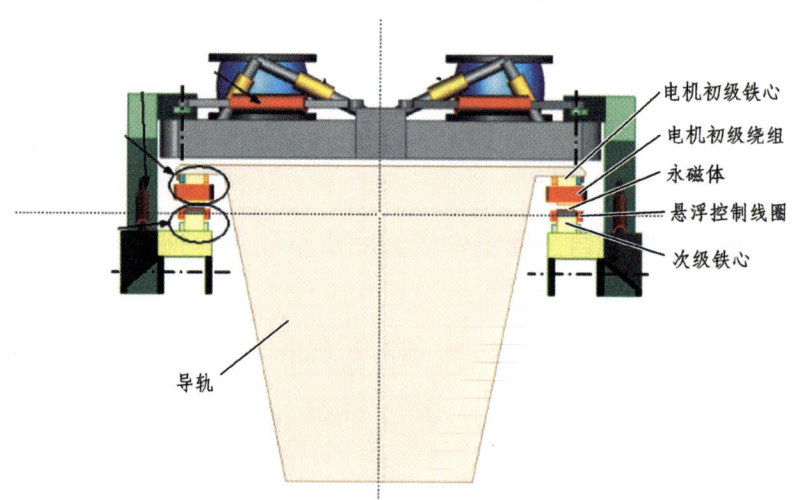

图 3-55　M3车辆悬浮架结构简图

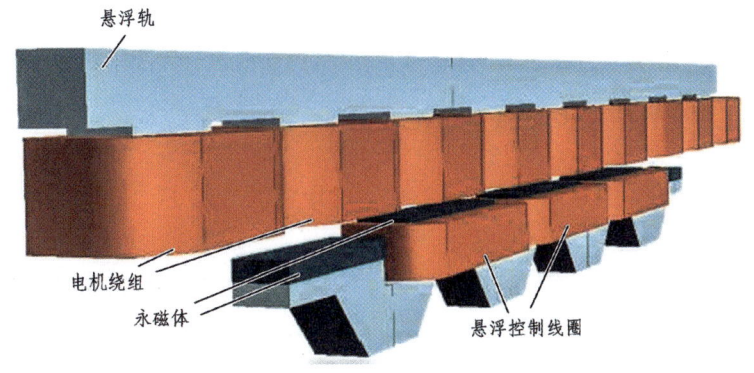

图 3-56 M3车辆磁铁与悬浮轨

M3系统的导向力同样由永磁体提供，如果车体横向移位，磁体将产生很强的回复力。

M3系统驱动采用同步直线电机的原理。定子安装在轨道两侧，由三相驱动绕组和悬浮轨构成，电机绕组为集中绕组，通过对三相绕组供电产生运动磁场波，与列车上安装的磁体相互作用从而产生驱动力[79]。

M3系统由于是永磁体向车辆提供主要悬浮力，故使用较小的电磁力即可稳定悬浮间距。当车体静止时，悬浮控制线圈所需的功率仅为几瓦特，当列车运行时，控制线圈耗能约为200 W/t，为其他磁悬浮系统的1/5。驱动力用于克服空气阻力，与靠摩擦推动的轮轨系统相比，能耗降低50%以上。由于M3系统能耗低且结构简单，故在推广和应用方面具有一定的可行性。

3.3.4　永磁混合悬浮异步直线电机驱动磁浮列车方案

电磁永磁混合悬浮异步直线电机驱动型磁浮列车是在传统EMS型悬浮技术上的延伸，并伴随着永磁制造工艺的进步而发展。将永磁材料加入传统的EMS型电磁铁中，就构成了电磁永磁混合磁浮系统。该系统由永磁体提供基本的悬浮力，由电磁部分提供快速调整力，共同保证悬浮的稳定性；由异步直线电机提供驱动力。其原理如图3-57所示。

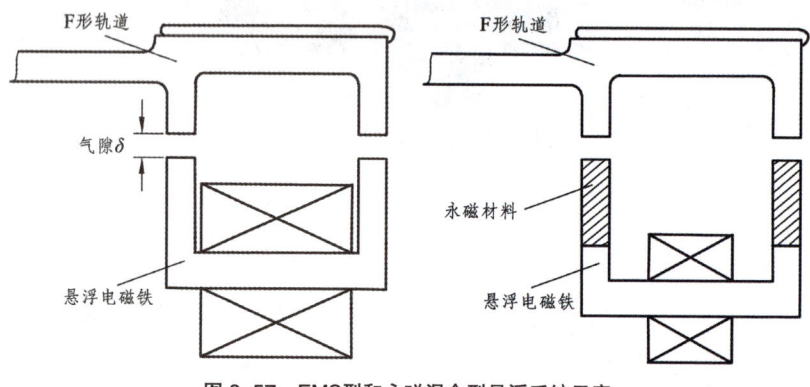

图 3-57　EMS型和永磁混合型悬浮系统示意

电磁永磁混合悬浮异步直线电机驱动型磁浮列车是近年来发展出的一种新型磁浮列车，不仅具有传统EMS型磁浮列车运行平稳、无噪声、无有害废气等优点，同时也具备悬浮功耗低、发热小、易于实现大气隙悬浮等优点，有较大的理论研究和实际应用价值[80]。

目前对这一方向的研究仍停留在实验阶段，现有系统的缺点是由永磁产生的悬浮力随气隙的变化率大。这一特性不仅加大了电磁悬浮的控制难度，而且使得永磁装置与F形轨道存在吸死问题。吸死是指气隙为0，在吸死状态下，永磁体与轨道间的吸力远大于列车重量，一旦发生吸死故障，很难将列车与轨道分离。这成为实现工程应用的最大障碍。要解决这一问题，需要探究一种永磁吸力随悬浮气隙变化率小的永磁电磁混合悬浮结构。

3.3.5 中低速永磁电动悬浮与同步驱动磁浮列车方案

Magplane是一种典型的永磁电动悬浮方案，其结构如图3-58所示。

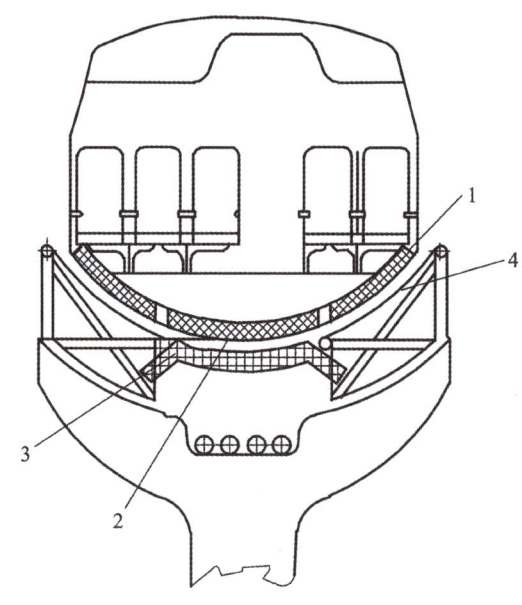

图 3-58 Magplane列车结构图

1—车载悬浮永磁体；2—车载推进永磁体；3—定子绕组；4—导体板

在永磁同步直线电机的牵引作用下，车载磁体与导体板发生相对运动，从而切割导体板产生电流，产生悬浮力。列车不能实现静止悬浮，其起浮速度大约为5 m/s。在静止状态或没有达到起浮速度前，车身靠固定车轮来支撑。呈U形的导轨在提供悬浮力的同时也为车辆提供导向力。所以它不需要安装专门的导向磁体。车载推进磁体，即长定子直线同步电机（LSM）的动子磁极也采用钕铁硼永磁体，并与悬浮磁体一样采用Halbach阵列结构，可以使气隙内的磁场强度最大，同时车厢内的漏磁非常小，确保乘客的身体健康不会有损害。

Magplane的概念结构非常简单，很有特色。但目前尚未进行工程试验，其商业运用尚需时日。Magplane的主要优点是：

（1）Magplane车辆使用永磁体来悬浮和推进，不用耗费电能来励磁，不用安装伺服控制系统就可以在导电板导轨上保持高达10 cm的悬浮气隙，相对于其他形式的磁浮列车，整个系统造价要低得多。

（2）使用永磁体消除了像德国TR那样采用传统电磁铁对励磁供电系统的要求，也没必要像日本的MLU那样因为采用超导磁体而必须在车上带着一个复杂的制冷和保温系统，一旦意外停电，导轨本身的涡流损耗和同步直线电机线圈的被动发电状态可以自然地起到临时刹车和减速功能。这使得Magplane相对于其他磁悬浮系统有着更高的安全性能优势。

（3）因为采用薄板导轨和简单的永磁体，系统运营、保养和调试的费用大大降低。

（4）由于悬浮气隙大，Magplane车辆对路面高度变化没有EMS系统那样敏感。金属板导轨产生的悬浮力是连续的，所以乘坐舒适性好。

3.3.6 小结

以上论述的各个新型中低速磁浮列车系统以目前的中低速磁浮列车系统中所存在的某个或多个问题为突破口，给出了解决方案，各自极具鲜明的特色。悬浮、导向与直线同步电机驱动的"三合一"方案省去主动导向部分，有利于系统的简化；将短直线异步电机拼接成准连续的长电机可以减小端部效应的影响，提高牵引系统的效率；永磁混合悬浮集中绕组同步驱动方案除降低了悬浮功率外，由于采用同步电机驱动，悬浮气隙增大，可降低对轨道精度的要求；永磁混合悬浮异步直线电机驱动系统既有效地降低了悬浮功率，又实现了与当前已有线路的兼容；中低速永磁电动悬浮与同步驱动磁浮列车方案不需要复杂的悬浮控制，系统安全可靠。

尽管上述中低速磁浮列车系统有各自的特点，但它们也有各自的不足或问题。例如：采用长定子同步电机驱动时，系统的造价普遍较高，对中低速系统是否经济合理还未有定论；采用直线异步电机驱动时，由于电机的工作气隙大，效率、功率因数低的问题目前还没有好的解决方法；永磁混合悬浮中可能会出现"吸死"现象，而这是很危险的；永磁电动悬浮不能实现静浮，需要"助跑"，等等。这些问题有的会影响系统的性能，有的则会危及安全。在解决了相关技术问题后，新型中低速磁浮列车系统推广应用的前景还是光明的。

4

中低速磁浮交通产业发展战略研究

中低速磁浮交通新兴产业是装备制造业交通运输重点领域的一个重要部分。在过去的规划中，交通运输重点领域的重点任务是高速列车及配套设备。目前，国内高速列车的发展充分表明，该项任务已完成了其战术目标，并逐步实现了中国标准高速列车的自主创新。

为保持、延伸、发展、完善我国在交通运输领域的技术优势，持续推进我国在装备制造领域，特别是在轨道交通装备制造领域自主创新能力的提升，进一步开拓战略新兴产业尤为重要。

城市公共交通是我国城镇化发展战略的一个重要支撑，目前共有6种制式服务于多元化的城市轨道交通需求，其中普遍采用的是传统地铁轻轨交通制式，其他5种交通制式包括市域铁路、单轨列车、悬挂列车、有轨电车和中低速磁浮列车。

中低速磁浮交通在6种制式的城市轨道交通中，具有低振动噪声环境影响、满足城镇化的中等客运量需求、综合能源消耗较低、适应小弯道和大坡道地形等显著优点，尽管其推广运用的步伐很慢，但始终受到国内外高度关注，例如近期韩国新开通了一条商业示范线，我国北京S1线和长沙机场线2条示范线也已开通运营。

在技术和制造层面，中低速磁浮交通属于"机械－电气－线路"一体化程度很高的现代复杂机电产品，对机械与电气设备轻量化、电子元器件可靠性、传感器技术、悬浮控制技术、机电一体化系统设计等方面，具有较高的要求。

在中国高速、重载铁路已取得举世瞩目的成就之后，将中低速磁浮交通视为轨道交通领域的新兴战略产业，抓住我国新型城镇化发展机遇，扶持其研发、制造和应用恰逢其时。这将有力地提升我国在装备制造领域的自主创新和系统集成能力，带动基础核心技术如传感器、检测和控制、电子元器件、复合材料、轻合金材料、机械和电子设备制造工艺、线路工程建设等多学科、多领域综合能力的发展，强化我国轨道交通装备制造领域关键共性技术的基础研究，使轨道交通运输领域的产业链条进一步延伸。

本章将详细地对中低速磁浮交通新兴产业的战略意义、市场需求、产业基础、战略规划、核心技术、产业链条、创新体系、政策机制、人才队伍、重点任务等各个方面进行分析，在此基础上，形成有利于发展壮大中低速磁浮交通新兴产业的战略规划，使得我国在城市轨道交通领域能够通过中低速磁浮产业的发展，满足经济社会发展的切实需求，实现习总书记提出的"努力占领世界制高点，掌控技术话语权"的要求。

4.1 中低速磁浮交通的战略意义和市场需求

4.1.1 中低速磁浮交通是技术创新的载体

磁浮交通技术是国家工业水平和创新能力的一种体现。目前，已成功开行商业示范磁浮线路的德国、日本均为世界公认的工业强国；美国作为传统工业强国且以技术创新领跑世界，始终关注并一直在进行多种方式磁浮交通技术的研究，并且在非交通领域的磁浮应用方面取得了成就；加拿大也在近年提出了一种新的城市磁浮交通概念；韩国作为技术创新的后发国家，以日本中低速磁浮技术为基础，通过新建一条线路以求迅速追赶在磁浮交通技术领域的差距并最终实现创新突破；巴西、俄罗斯、中国等一些新兴经济体也在不断地进行磁浮交通技术研究。这表明，在具备一定经济基础之后，磁浮交通作为一种尚未得到应用普及的新技术，越来越被视为一种实现技术创新的载体，也是国家工业创新能力、技术水平和综合实力的一种体现。

目前，国际磁浮交通领域发展分高速和中低速两个层面。高速磁浮交通以德国常导列车和日本超导列车为代表，前者在我国上海实现了商业示范运行，后者已达到工程化运用水平并拟向美国输出技术以实现商业示范运用；中低速磁浮则以日本常导列车为代表，日本、韩国已分别开通一条商业示范线路，韩国正在规划建设第二条运营线路，中国拟于2015年建成2条商业示范运营线路。（编者注：长沙机场线已于2016年正式通车运营；北京S1线正在稳步推进中，其金安桥站至石厂站段已于2017年12月30日开通试运营。）通过中低速磁浮交通产业发展，充分利用磁浮交通非接触运行的优势，可逐步推动磁浮交通的未来发展。

4.1.2　中低速磁浮交通适应我国新型城镇化需求

《国家新型城镇化规划（2014—2020年）》已正式公布，是今后一个时期指导全国城镇化健康发展的宏观性、战略性、基础性规划。我国新型城镇化规划确定在2020年时，要提升东部城市群综合交通运输一体化水平，要将公共交通放在城市交通发展的首要位置，加快构建以公共交通为主体的城市机动化出行系统，积极发展快速公共汽车、现代有轨电车等大容量地面公共交通系统，科学有序推进城市轨道交通建设，同时要壮大先进制造业，推动城市走创新驱动发展的道路，建设创新基地，集聚创新人才，培育创新集群，完善创新服务体系，发展创新公共平台和风险投资机构，推进创新成果资本化、产业化，等等。由于中低速磁浮交通正处在发展初期，国内还没有形成示范效应，因此规划中未正式提及中低速磁浮交通在新型城镇化中的地位和作用。但是中低速磁浮交通特点鲜明，其中等运量、低噪声、小弯道、大坡道等特点，尤其适合城市轨道交通需求，因此以我国新型城镇化对交通的需求为目标，以中低速磁浮交通技术及产业为载体，以示范线建设和技术创新为手段，可为新型城镇化提供有力的交通支撑。

4.1.3　发展中低速磁浮交通产业有利于产业升级

现阶段中国劳动人口的变化不断推动工业产业链向高端延伸，并进行产业升级，依靠人口红利推动经济增长的阶段已经成为过去，而且我国经济高速发展还面临由此带来的越来越大的环境和资源压力，因此，中国制造业的转型升级势在必行。轨道交通产业与国民经济息息相关，是制造业的重要部分，发展轨道交通已成为当前我国经济转型发展的重要抓手。中低速磁浮交通系统是"机械-电气-线路"高度一体化的复杂机电产品，以发展中低速磁浮交通技术和产业为契机，是在轨道交通产业具体实现创新驱动发展的一个有力措施，可以为传统轨道交通产业带来新的活力，促进传统轨道交通产业链向非传统轨道交通领域延伸。

我国铁路高速、重载和城市轨道交通的发展，已促成了传统轨道交通的产业升级。客运已覆盖了350 km/h以下的速度范围，大秦线年重载运输能力已突破4亿吨，机车已覆盖33 t以下轴重，货车已覆盖40 t以下轴重，地铁轻轨已形成3个系列。但铁路产业升级仍然面临以下3个方面的任务[81]：①需要提升出口轨道交通装备的层次，特别是要努力输出高铁装备；②从单纯设备出口上升到铺设整条铁路，输出系统、标准和服务；③在城市轨道交通领域，提升多元化轨道交通装备的自主研发和创新能力。发展中低速磁浮交通产业可以成为实现这些目标的着力点。

目前在世界范围内，中低速磁浮交通一直备受关注，发展潜力巨大，但产业还远远没有形成规模。其中一个重要原因是中低速磁浮交通系统的市场定位不明确，阻碍其推广运用的建设成本、主要技术经济指标等系统综合竞争力还有待提升。目前，我国中低速磁浮交通技术已与国外处于基本相同的水平，但我国新型城镇化为发展中低速磁浮交通新兴产业提供了国外无法比拟的优势。利用已有的技术基础，有针对性地解决制约其推广运用的问题，通过创新进一步提升系统综合性能，充分利用磁悬浮交通非接触运行的特点，发挥中低速磁浮交通在增效节能、改善环境方面的巨大潜力，以形成中国特色的中低速磁浮交通产业，可以实现产品的自主研发和技术标准，甚至取得国际领先的技术突破。因此，中低速磁浮交通新兴产业具有很好的发展前景，有利于传统轨道交通产业升级，并由此展示中国由制造大国向制造强国发展的决心和能力。

4.1.4　我国城市轨道交通发展现状与未来需求

路网建设方面，截至2014年12月，我国已建成城市轨道交通线路101条，22个城市拥有城市轨道交通，运营线路总里程达3155 km，居世界第一。［编者注：2017年年末，全国（数据未计港澳台）开通城市轨道交通线路165条，运营线路长达5033 km，共计34个城市开通城轨交通并投入运营。］"十二五"期间，全国城市轨道交通建设总投资超过一万亿元。

客流量方面，全国22个已开通运营的城市，2013年全年客流新增23亿人次，达到110亿人次，日均总客流量已超过3000万人次，比2012年全年增长26%。北京、上海、广州3个中心城市客流量不断地刷新历史纪录，日客流量分别超1000万、800万和600万已成常态；深圳、南京、重庆等城市日客流量约200万人次；一些近年来新开通地铁的城市如武汉、成都、西安、天津、杭州等城市的日客流量也在向百万人次接近。（编者注：截至2017年年末，全国34个已开通运营的城市，中国内地城轨交通全年累计完成客运量184.8亿人次，比上年增长23.9亿人次，增幅14.9%。北京、上海、广州、深圳日均客运量在300万次以上，其中北京日均客运量已超过1000万人次，上海在900万人次以上，广州在700万人次以上。）

市域辐射规模方面，北京、上海、广州3个中心城市的地铁建设已突破地域限制，城市群轨道交通已现雏形。2010年，连接广州和佛山的国内第一条城际地铁广—佛线开通运营；上海地铁11号线延伸至江苏昆山花桥，而毗邻上海的苏州、太仓也正在谋求上海地铁11号线的一条支线能够"再延伸"，并纳入苏州市城市轨道交通网规划中，与规划中的苏州轨道交通S1线衔接，实现长三角交通一体化发展；至2020年，北京将建成长达1000 km、辐射周边地区的地下交通网络。

我国城市轨道交通路网建设、客流量、辐射规模方面的数据表明，城市轨道交通装备制造业存在巨大的内需市场，按照每千米平均5辆车的保守密度估算，到2020年的车辆需求量超过3万辆，列车装备制造业直接产值约3000亿元，而城市轨道交通建设还将带动工程机械装备制造业、土木工程建设行业、电力行业等相关行业发展，投资带动的总产业规模约2.5万亿元。

轨道交通装备制造业不仅要满足产业规模需求，还要能够满足新型城镇化带来的多元化的公共交通服务需求。目前，我国城市和市域轨道交通基本上由地铁轻轨单一制式承担，在满足市域铁路、中小运量快捷客运需求、适应复杂城市地形等很多方面已勉为其难，因此，提升城市群综合交通运输网络和综合交通枢纽的水平、改善中小城市和小城镇交通条件，并为此提供多元化的轨道交通产品，仍是目前轨道交通产业的薄弱环节。近年来有轨电车的规模发展，为城市轨道交通带来了变化，但由于其与汽车共用道路、运量小、速度较低等不足，无法担负起提升我国城市公共交通水平的重任。而中低速磁浮交通的特点对解决这些问题具有优势，将向城市轨道交通注入极大活力，有利于改变我国今后城市轨道交通发展仅仅只依靠地铁轻轨的局面，具有与传统地铁轻轨共同提升城市综合轨道交通水平的潜力。

4.1.5　六大制式城市轨道交通系统的特点

城市轨道交通制式主要有市域铁路、地铁轻轨、有轨电车、单轨（含悬挂式）列车、自动导向轨道系统和中低速磁浮列车6大制式。这6大制式除了中低速磁浮列车和悬挂式单轨列车之外，在我国均有实际线路投入运用，满足不同的客运需求。

其中地铁轻轨制式是我国城市轨道交通的绝对主力，其次是市域铁路。跨坐式单轨列车仅在重庆市有2条线路，自动导向轨道系统仅在上海章江开发区有1条线路，国内有些城市也在讨论建设悬挂式单轨交通系统的可行性，但这些列车均采用大量橡胶轮胎，滚动阻力大于钢轮钢轨滚动摩擦，承载能力受到轮胎最大承载限制，且轮胎磨损与回收产生的消耗很大。

市域铁路中有的采用干线通勤列车或动车组方式，有的采用地铁方式，这两类方式的供电制式不同，车站车场的运营管理模式也不同，干线铁路与地铁的换乘便利性差，地铁作为市域铁路的运营速度又显得较低，因此我国市域轨道交通实际上仍未形成一种成熟有效的模式。

有轨电车近年在我国逐渐形成规模，它通常与汽车共用道路，其最大优点是采用电力驱动无废气排放，因此亦可视为一种利用沿道路铺设供电设施以提供电力的电动汽车，但必须按规定路线运行，有轨电车在欧洲运用非常广泛，特别适合小运量、较短乘距的公交需要。

中低速磁浮列车作为一种特色鲜明的轨道交通工具，还未在我国正式投入商业运用，目前世界上也只有2条示范运营线路，总里程约15 km，规划或建设中的线路有3条，其中2条分别是我国北京S1线和长沙机场线。［编者注：因书成稿时间所限，当时中低速磁悬浮商用线路只有日本名古屋8.9 km的中低磁悬浮线（2005），韩国仁川机场6.1 km中低磁悬浮线（2012）。中国第一条中低速磁悬浮线——长沙黄花机场至长沙南站线已于2016年正式通车运行。］

每一种轨道交通制式，都有其特点和存在的合理性，否则在激烈的市场竞争中难以立足。但有些制式如地铁轻轨无疑是城市轨道交通的常备选项，而有些制式如单轨列车、自动导向轨道系统由于其仅能满足特殊需求，因此市场规模有限，可以作为公共交通规划中的补充或特殊选项。至于有轨电车，其在欧洲已有一百多年历史的沿革，城镇化进程和人口密度与我国不同，仍属于常备选项，但在我国的新建规模和效果还需要在实践中进一步探索，因为在我国有限的开通有轨电车的城市中，其城市交通拥堵问题并没有因此而得到缓解，但对减少汽车尾气排放是非常有利的。中低速磁浮交通系统则还处于起步发展阶段，需要充分借鉴国内外中低速磁浮的技术现状、发展趋势，积累示范线的运用经验，制订合理的市场目标，通过技术创新和规划产业发展战略，使之成为城市轨道交通规划中的常备选项。

各制式的轨道交通，相互之间既有某些方面的突出优势，也有某些方面的劣势，它们之间形成互补，提供多元化的城市轨道公共交通服务（见图4-1）。

选用哪种制式的轨道交通系统，需要综合考虑客流需求、建设成本、线路纵横断面、车站及布局、环境影响等多个方面。各种制式城市轨道交通系统的技术特点如表4-1所示。

（a）低成本、小运量（略高于公交车）、零排放有轨电车　　（b）大运量地铁

（c）市域通勤铁路　　（d）大运量、高速度城际铁路与其他城市交通

图 4-1 各种制式的轨道交通满足多元化的公交出行需求

4.1.6　我国磁浮交通产业的战略地位

轨道交通的主要装备可分为：客运机车车辆（含高速列车）、货运机车车辆（含重载列车）、城市轨道交通列车、调车和工程作业车。

中国和谐系列高速列车已具有世界先进水平。 2004年，国务院及铁道部确定了推进铁路技术装备现代化"引进先进技术、联合设计生产、打造中国品牌"的方针，基于关键技术必须全面转让、价

表 4-1 各种制式轨道交通系统的主要技术特征

制式	市域铁路	地铁	轻轨	有轨电车	跨座式单轨	悬吊单轨	自动导向轨道系统	中低速磁浮交通
每方向小时最大客运量/万人	3~7	3~8	2~4	0.8~1.0	1~2	~1	~1	2.0~3.0
路权	专用	专用	专用	道路共用	专用	专用	专用	专用
建设本成/(亿元/千米)	1~4	4~12	3~5	0.7~1	2.5~3	1~1.5	0.5~1	2.5~3
建设周期/年	1~2	3~5	3~4	1.5~2	2.5~3	1~2	0.5~1	2~3
供电方式	25 kV 50 Hz	1500 V DC	1500 V DC	750 V DC	1500 V DC	750 V DC	750 V DC	1500 V DC
平均线路长/km	50~150	20~30	15~25	15~20	15~25	10~15	5~10	10~25
站间距/km	3~10	1~3	1~3	1~2	1~3	1~2	1~2	1~3
最大运用速度/(km/h)	120~160	80~120	80~100	60~80	60~80	50~70	60~80	100
每单元车长度/m 可扩展至/m	约26 300	25~40 180	25~40 120	20~30 75	约30 120	约30 60	约30 60	约45 135
正线最大坡道/‰	20	40	30	—	60~80	60~80	60~80	70
正线最小水平曲线半径/m	300	300	100	20	50	50	20	50~70
轴重(磁浮车按左右悬浮铁心)/t	16~20	12~18	8~12	~6	~11	~8	~5	~6
最大加速度/(m/s²)	0.8~1.1	1.0~1.3	1.3~1.5	1.1~1.15	0.833	1.0	0.8~1.3	1.0~1.3
制动减速度/(m/s²)	1.0~1.2	1.0~1.3	1.5~3.0	1.3~3.0	1.1	1.0	1.0~1.3	1.3
列车通过时最大噪声压级/dB(A)		轮轨75~85						60~70
15 m处振动值VLZ10/dB(A)		75						<60

格必须世界最低、必须使用中国品牌的三项原则，通过"引进消化吸收再创新"模式，分别从德国西门子、法国阿尔斯通、日本川崎重工和加拿大庞巴迪等高速列车生产企业引进高速动车组技术，通过消化吸收，不仅实现了本土化生产，还通过自主创新进一步提升了运行速度。通过"高速列车自主创新联合行动计划"的实施，研制了设计时速380 km的CRH380动车组系列。迄今已生产各型高速动车组1000列以上，每天上线运行的高速列车在1000对以上，开通运行的高速铁路线路超过1.1万千米，约为世界高速铁路总里程的一半，还有1万千米以上在建高速铁路。对新造高速动车组的年需求量约100列，同时正在研制具有完全自主知识产权的中国标准高速动车组。中国高铁技术先进、安全可靠、成本具有竞争优势，已成为中国的一张高科技产业的名片，其成功和广泛应用，也极大地推动了世界高速铁路的发展，是我国实施高端装备"走出去"战略的重要抓手。

中国重载机车车辆的制造也达到世界先进水平。中国的重载运输起步较晚，但发展迅速。尽管我国的重载机车车辆在轴重和列车总重2个指标上不如重载铁路发达国家，但我国大秦重载铁路的年运输能力已经超过4.4亿吨，其"速度–密度–重量"综合指标世界领先。重载列车先进装备制造国家有中国、美国、俄罗斯、德国、奥地利等，我国重载机车车辆制造已跻身世界先进行列，其中电力机车轴功率已达到1600 kW，33 t轴重机车已研制成功，40 t轴重货车已向发达国家出口，内燃机车的装车功率已达4474km（约6000马力），重载机车车辆装备大量出口重载铁路发达国家。中国也是最大的电力机车需求国，每年需求约1000台大功率电力机车，近年来对内燃机车的需求有所萎缩，每年约800台，而全世界对内燃机车的总需求超过电力机车。

城市轨道交通涉及多种制式,产品类型非常丰富。我国地铁、轻轨列车交通系统成套建设具有世界先进水平;现代有轨电车、中低速磁浮列车交通系统正处于发展起步阶段,具有全部技术基础,但缺乏足够的实际制造和运用经验,新产品开发的力度和能力有一定局限性。例如,有轨电车的制造基本上是通过与国外企业或人员的合作获得技术,在中低速磁浮列车方面目前基本采用了日本中低速磁浮技术路线。而在单轨列车、自动导向轨道系统、悬吊式列车等方面国内的研究还处于探索阶段,既有运用产品均由国外引进。

由此不难发现,我国装备制造领域与很多其他工业领域类似,由于过于依赖"引进消化吸收再创新"的模式,一直摆脱不了在开拓创新、培育市场、引导发展方面处于被动的状态,而且面临着技术壁垒所带来的"走出去"制约。因此,在中低速磁浮交通产业发展中,应当从过去的"引进消化吸收再创新模式"转变到"创新、创造、创业"的模式,要有开拓引领的信心。

中低速磁浮交通是一种尚未普及的新型城市轨道交通系统,正因为尚未普及,所以存在巨大的创造空间。例如,美国面向最后零公里的出行需求,推出了连接停车场和其他活动中心的"M3摆渡式快速磁浮系统"概念;加拿大提出了类似城市BRT快速公交的"MAGLINE快速磁浮系统"概念;中德合作提出了基于高速磁浮列车TR系列的前期车型TR04的中速磁浮车概念。这表明,在面向城市公共交通需求方面,磁浮交通系统的创新竞争及开拓新兴市场的研发活动是非常活跃的。我国决不能放弃中低速磁浮交通领域的创新发展机遇,应当结合我国新型城镇化发展对交通需求的特殊优势,加大对中低速磁浮交通新兴产业的创新能力培育,以期在这一领域获得突破性的进展，既满足我国公共交通需求又在创新驱动发展方面发挥新兴产业的战略引导作用。

4.1.7 中低速磁浮轨道交通的特点与市场定位问题

1986年日本在筑波世博会上，首次向世界首次展示了中低速磁浮列车的可行性，并借2005年世博会之机正式推出了已具有商业化成熟度的HSST100L型中低速磁浮列车，从样机到商业化，花了差不多20年的时间，由此也可窥见一个新系统形成的过程并非轻而易举，同时也再一次向世界显示了日本在技术创新方面的能力。自从1986年第一次展示出中低速磁浮交通系统概念后，多个国家对该系统显示出浓厚兴趣，并开始了中低速磁浮列车的研究工作，我国也不例外。

相比其他制式的城市轨道交通，中低速磁浮列车在以下方面具有显著的优势：①对环境振动的影响很小；②产生的环境噪声非常小；③坡道和弯道能力都很强。传统的地铁轻轨制式不具备这些优势，特别是在振动、噪声对环境影响方面，更是任何一种传统的轨道交通制式无法匹敌的。在坡道和弯道能力方面，除了市域铁路、地铁轻轨这两种制式，其他制式的城市轨道交通系统均能够与中低速磁浮列车竞争，甚至超过它，例如，有轨电车的弯道能力就远远强于中低速磁浮，但它们在运量、速度、振动噪声影响方面又不如中低速磁浮列车。

因此，发展中低速磁浮列车新兴产业首先面临的就是市场定位问题，只有充分拓展出发展空间，让市场起主导作用，中低速磁浮交通新兴产业才能做大做强。但正如表4-1所显示的那样，目前的市场环境，迫使中低速磁浮列车必须在技术指标和建设成本方面更具有竞争力。因为仅仅是市域铁路、地铁轻轨和有轨电车这3种制式的传统轨道交通系统，就已经覆盖了从速度60 km/h中小运量非中心市区，到速度100 km/h大运量的市中心，再到速度160 km/h的中大运量市域客运需求。中低速磁浮交通系统必须扬长避短，确定其市场位置，形成足够大的市场空间，否则就有可能像单轨列车或自动导向轨道系统一样，由于仅仅只能满足少数特殊需求而导致市场空间非常狭小，难以支撑一个新兴产业的发展。

（1）**短期市场目标**：以既有时速100 km的中低速磁浮技术首先实现2条商业示范线的运用，展示技术成熟度、明确建设运用成本、量化运输指标，在成功示范的基础上，推动在其他线路上的运用，使之成为低振动噪声和大爬坡能力等综合指标要求严格的特殊区域的首选系统。

（2）**中期市场目标**：通过综合成本控制和进一步提高系统可靠性和可用性，使系统能够作为具有中等运量需求的、轨道交通又较为薄弱的大、中城市的优选系统，根据系统运用经验和进一步技术创新，使系统能够作为地铁、轻轨的补充或替代，能够分享国内巨大的内需市场。

（3）**中长期市场目标**：充分利用磁浮列车非接触运行特点，通过创新突破，通过提升装车功率，进一步提升技术指标，使之成为一种兼具"高速度、小弯道、大坡道、低振动、低噪声、低成本、低维护"的新型城市交通系统，实现具有世界领先水平的、以单一制式覆盖时速160 km以下的城市与市域轨道交通需求的新型交通系统，培育出国内外广阔市场，引领技术发展。

有了明确市场目标，就可据此规划中低速磁浮交通产业的发展目标和路线图。

4.1.8 发展中低速磁浮交通产业的战略意义

明确了中低速磁浮列车各个时期的市场目标后，就可有针对性地制订中低速磁浮列车的技术指标，并据此确定我国发展中低速磁浮列车的技术路线。使中低速磁浮列车作为一个战略新兴产业发展壮大，具有以下几个方面的重要战略意义：①展示我国的工业技术和创新能力，服务于技术和品牌强国战略；②实现创新驱动发展、创新开拓市场、创新引领发展的战略目标；③为城市轨道交通提供综合性能指标方面更具有竞争力的系统，为国家新型城镇化发展提供交通支撑；④在轨道交通领域高速、重载取得巨大成就的基础上，进一步形成我国中低速磁浮交通战略新兴产业，不仅实现产品的自主研发和技术创新，促进轨道交通产业升级，也能达到在城市轨道交通领域"努力占领世界制高点，掌控技术话语权"的战略要求。

4.2　中低速磁浮交通的产业概况及产业基础

4.2.1　国际轨道交通装备制造业的基本情况

据德国铁路工业信息咨询公司的相关统计，2010年全球铁路市场容量约为1.3万亿元人民币，其中轨道交通装备市场容量为7 500亿元人民币，亚太、西欧和北美自由贸易区是全球最大的三个市场。到2015年，全球铁路市场容量增长至约1.6万亿元人民币，平均增长率约为4.1%，国际市场对整车需求的年均增长率为2.0%~2.5%，对修理服务的需求年均增长率为2.9%~3.4%，略高于整车。我国"十二五"期间仅城市轨道交通的年均投入就达到约2000亿元人民币，约占全球轨道交通装备市场总量的15.4%。

目前全球共有170家轨道交通装备制造商，拥有330家制造工厂。轨道交通装备制造最强的国家为中国、德国、法国、加拿大、日本和美国等国家。在轨道交通装备供应方面，西门子、阿尔斯通和庞巴迪三大跨国公司占有全球市场50%以上的份额。在世界轨道交通装备制造商新造领域十强排名中，中国南车跃居全球第一位（编者注：经国务院同意，国务院国资委批准，中国北车股份有限公司、中国南车股份有限公司按照对等原则合并组建为中国中车股份有限公司，该公司为A+H股上市公司，于2005年6月8日，在上海证券交易所和香港联交所成功上市。），排名前五依次为中国南车、庞巴迪、中国北车、阿尔斯通、西门子，世界其他重要的轨道交通装备供应商还有美国GE公司、GM公司、日本川崎重工等。

在轨道交通产品创新能力方面，如果从推出具有影响力的交通系统产品的能力来看，日本、西欧名列前茅。最具代表性的系统有德国、日本的磁浮交通系统，西欧多种多样的现代有轨电车，各具特色的日本、法国、德国、西班牙高速列车，美国和德国的内燃机车技术，欧洲的下一代高速列车，美国和加拿大的新概念磁浮列车等。中国南车和中国北车虽然在新造领域已在全球前5席中占据2个席位，但在推出具有影响力的多元化轨道交通创新产品方面却很薄弱，与其新造能力极不相称，虽然我国在高速列车方面已取得举世瞩目的成就，但在高速铁路"走出去"中还未形成重大突破。

在轨道交通未来发展趋势方面，高速、重载、城市轨道交通仍将面临提高运用经济性、降低工程建设和制造维护成本、减轻环保压力、通过信息化和检测技术进一步提高智能化和系统安全可靠性等方面的要求。而为满足多元化、个性化的公交客运需求，各种能体现企业创新能力的非传统轨道交通产品仍将是各企业所热衷的研究目标，其中就包括磁浮技术在交通领域的应用。尤其是在中低速磁浮轨道交通领域，相关国家基本处于同一水平，而我国又具有其他国家所无法比拟的新型城镇化发展时机，因此应当抓住这一历史机遇形成突破，实现创新引领发展。

4.2.2　我国轨道交通领域制造业发展现状

在高速、重载、地铁轻轨及围绕这三者的工程建设、维护作业机械等应用背景和市场巨大需求的推动下，近十年来我国轨道交通装备制造业发展迅猛，产品质量显著提高，并以中国标准高速列车为代表，开始了"由中国制造向中国创造""由中国速度向中国质量""由中国产品到中国品牌"的3个转变，有能力向世界输出轨道交通系统成套技术。但是迄今为止，中国出口的轨道交通装备运营最高时速在140 km以内，只有向哈萨克斯坦出口的一款机车为时速200 km，这与中国作为一个轨道交通装备制造业大国的技术水平和地位很不相称，也说明要实现3个转变任重道远。

1. 高铁领域的产业基础

目前，我国高速列车自主设计水平已处于国际领先的地位，已经具备高速列车核心技术的设计与制造能力。设计技术主要来源于企业内部、大学和研究院所。我国每年在高速列车自主设计研发方面的投入资金已占企业销售收入的5%以上，用于支持新业务发展的研发设计。

表4-2列出了我国高速列车三大主机生产企业在高速列车再创新期间的研究经费投入。通过大强度的投入，我国在高速列车集成技术、车体技术、转向架技术、牵引传动与控制技术等关键零部件，以及头型设计、振动模态、气密强度与气密性、弓网受流、隔声降噪和材料等方面，迅速取得重大突破。创新研究还形成了一批专利技术，2007年—2009年，四方机车获得186个专利；2007年—2010年，长客公司获得267个专利；2007年—2010年，唐山机车获得110个专利，如图4-2所示。研发成果的转化率约90%。

表 4-2　主要企业在高速列车再创新期间的研发投入

科研经费/万元 年份	南车四方	北车长客	北车唐车
2007年	18 484	16 356	—
2008年	34 907	27 919	9700
2009年	41 248	29 478	17 200
2010年	—	54 480	39 300

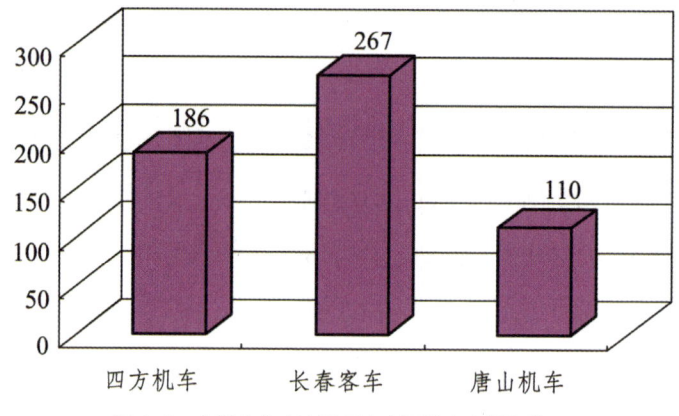

图 4-2　主要企业在高速列车方面的专利授权情况

目前，高速列车的创新设计主要是三大主机企业联合同类企业、国内相关科研院所和高校等开展技术攻关，在高速列车车体、转向架、空调系统、旅客界面、辅助供电等多个方面开展了创新设计，运用仿真分析技术、试验测试技术在线跟踪监测开展上述领域创新研究，采用自行研发的途径在企业内研制并开发、投入生产。企业创新设计的途径和创新类别的比例，如图4-3和表4-3所示。政府和铁路总公司采用资金和市场支持的方式，支持企业的创新设计。高校基础研究对企业创新能力有比较大的帮助作用。

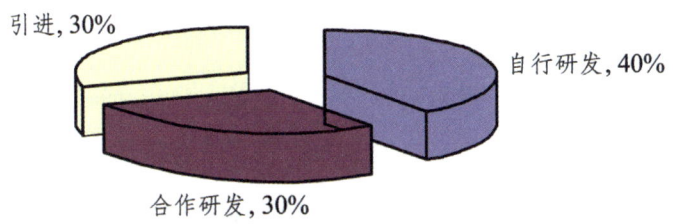

图 4-3 高速列车企业创新途径比例图

表 4-3 创新类别的比例

创新类别	各项所占／%
重大的创新（全新的技术和产品等）	50
新平台的开发（如产品的升级换代）	30
逐步、渐进的改良（如使用更先进设备、改进生产方法、提高质量等）	10
用于降低成本的创新	10
合计	100

高速列车取得的巨大成就与国内需求、经济发展、市场培育、产业基础、研发投入等具有很大的关系。

2. 城市轨道交通领域的产业基础

我国地铁轻轨系统的设计、制造能力均达到国际先进水平，也是国际轨道交通市场的重要供应商；在现代有轨电车车辆装备方面的设计能力，目前我国还主要依赖与国外的合作；在单轨列车、空轨列车、独立导向轨道车辆装备方面，由于市场有限，我国还处于技术探索阶段。其中，现代有轨电车近年来在我国被很多地方政府视为一个新的产业方向，市场不断升温，特别是作为现代有轨电车系统核心部分的低地板车辆，得到了地方政府、市场及行业的极大关注。

据统计，中国目前有25个省（区、市）的72座城市提出了建设现代有轨电车线路的意向或规划，超过40座城市已经有了实际行动。（编者注：据不完全统计，至2017年，共有91座城市提出建设现代化有轨电车线路的意向或规划现代有轨电车线网，约565条线路，规划里程达10 378 km，发展势头迅猛。）因此，现代有轨电车在中国或将迎来新的建设高潮，各车辆装备制造企业也将其作为新的发展机遇，并且地方政府也热衷于发展这一产业，作为地方经济发展的抓手。而在中国相关国产化政策的背景下，世界上主要的有轨电车供应商如Bombardier（庞巴迪）、Alstom（阿尔斯通）、Siemens（西门子）、CAF、Vossloh（福斯罗）、Ansaldo（安萨尔多）、Stadler/ABB（斯塔德勒/ABB）、Inekon等公司很难直接获得中国市场订单。中国北车、中国南车、成都新筑股份等国内公司或者通过自主研发，或者通过买断知识产权，或者通过合作研发等方式，已制造出中国本土的现代有轨电车，并积极开拓中国乃至全球的现代有轨电车市场，其中唐山客车股份已实现了向土耳其出口有轨电力。这里简要介绍有关企业在这一新兴领域的研发活动。

（1）中国北车长春轨道客车股份有限公司（简称"长客股份"）是国内研制现代有轨电车比较早的车辆厂，其自主研发的低地板现代有轨电车已经于2013年8月在沈阳浑南新区成功运营，包括70%低地板车辆和100%低地板车辆。2013年5月，公司在合肥市高新区新建"造修基地"，研发、设计、制造城市轨道交通车辆、城际轨道交通车辆、现代有轨电车、低地板轻轨车等产品。公司也计划在上海建设现代有轨电车生产基地。

（2）2012年10月，中国北车集团大连机车车辆有限公司（简称"大连机车"）与意大利安萨尔多百瑞达公司签订技术引进合作协议，首次将风靡欧洲的"无辫"现代有轨电车及地面供电系统技术引入中国。公司已在珠海动工建设国内首个现代有轨电车及地面供电系统生产基地，将在2014年实现投产，国产化率达到80%。目前，公司正在以BT模式建设珠海现代有轨电车1号线项目。2013年9月，公司又中标北京西郊线现代有轨电车车辆采购项目，将为西郊线提供31列100%低地板现代有轨电车。而大连机车也将在2014年5月为大连市建造现代有轨电车，取代目前运行的70%低地板有轨电车。

（3）中国北车唐山轨道客车有限责任公司（简称"北车唐车"）的现代有轨电车是与LogoMotive公司联合设计的，北车唐车在包括转向架在内的技术上拥有完全自主知识产权。2010年，北车唐车在福建泉州投资并控股设立北车泉州公司，制造现代有轨电车，并与泉州市约定以BT方式建设泉州市现代有轨电车线路。目前，北车唐车正在大力推进南平市武夷新区有轨电车旅游专线项目的建设。北车唐车在国外也有订单，在2012年12月签订了土耳其萨姆松市的100%低地板有轨电车采购合同，首列车已于2013年11月29日空运至土耳其。

（4）南车青岛四方机车车辆股份有限公司（简称"南车四方"）已通过完全技术转让方式，引入捷克斯柯达低地板有轨电车产品技术，完全掌握了二次改进和深度开发的主导权，生产型号为15TForCity的现代有轨电车。2014年2月17日，南车四方生产的100%有轨电车样车在青岛下线，车辆在国内首次采用永磁电机驱动。2013年4月，南车四方与青岛市政府已签订BT合作协议，修建城阳区现代有轨电车示范线；11月，南车四方与佛山铁投、高明高建正式签约出资组建佛山南车，并建设佛山南车修造基地，佛山南车还计划通过BOT+TOD的模式建设长约8 km高明现代有轨电车示范线项目。

（5）南车南京浦镇车辆有限公司（简称"南车浦镇"）引进庞巴迪最新一代的flexity2平台，并根据中国实际的使用环境进行适应性改造，实现了100%和70%低地板有轨电车技术本土化生产。2012年，南车浦镇中标苏州高新区有轨电车1号线项目；2013年，南车浦镇又连续获得南京麒麟、河西总包项目。2013年7月30日，南车浦镇与安徽皖投共同出资成立合肥南车，主要组装和维修地铁、城际轨道车辆和有轨电车。2013年8月27日，苏州南车轨道车辆有限公司投资协议签约仪式举行，主要用于有轨电车等轨道车辆的组装和维修。

（6）2012年6月，南车株洲电力机车有限公司（简称"南车株机"）与西门子公司签署100%低地板有轨电车技术合作协议，西门子将向南车株机转让Combino车辆的全套技术；8月，南车株机研发的储能车在株洲下线；11月，南车株机与广州市签署新型轨道交通装备项目协议书，共同建设储能式现代城市有轨电车交通系统项目，目前广州市新型有轨电车海珠试验段正在建设；12月，南车株机与宁波市鄞州区政府签约，计划在鄞州区中心城区共同建设新型有轨电车营运示范线，并将在宁波设立现代有轨电车生产基地。2014年1月，南车株机成功中标淮安市现代有轨电车一期工程车辆采购项目。

（7）成都新筑路桥机械股份有限公司（简称"新筑股份"）控股子公司长客新筑，于2012年从长客股份引进了现代有轨电车相关技术，公司具备了制造现代有轨电车的能力。2013年5月，新筑股份与新津交投签订《新津现代有轨电车示范线项目投资合作合同》，新筑股份以PPP的方式参与新津有轨电车示范项目的整体投资建设。

3. 轨道交通产业规模

根据铁路总公司数据，2015年全路投入运营的动车组在1500列以上，大功率机车成为主要干线的主力机型，在1.3万台以上，新型空调客车将达到3.6万辆，70 t级及以上通用货车占货车保有量的30%。在城市轨道交通车辆需求方面，仅"十二五"期间，中国城市轨道交通就建成投入运营2500 km左右，年均500 km左右，总投资超过1万亿元。到2020年年末，全国建成总里程预计在7000 km左右，覆盖全国主要大中城市。如果按照地铁营运里程4.2亿元/千米的平均造价计算，2011—2015年总投入达1.05万亿元，每年平均2100亿元；2016—2020年间总投入达1.26亿元，平均每年超过2500亿元。根据在建和规划地铁轻轨线路建设规模，预计到2020年对城市轨道交通车辆的需求量将达到3万辆。

4. 轨道交通制造业创新能力

以高速动车组、大功率机车、重载货运车辆为代表，我国轨道交通装备制造业在客车、机车、货车等各种类型轨道车辆方面已形成技术平台，具有较强的创新开发能力，产品在国际市场上已具备强有力的竞争力。但是，我国轨道交通发展中形成的"引进消化吸收再创新"模式，虽然在迅速缩小与国外先进水平差距上发挥了巨大作用，形成了本土化生产的先进轨道交通装备制造业平台，但在进一步由中国制造向中国创造发展的过程中，需要提高开拓性和创造性，真正实现我国的轨道交通装备业从"引进"到"引领"的转变。

4.2.3 我国轨道交通装备制造业的优势与制约因素

我国轨道交通装备制造业的优势体现在以下3个方面。

（1）有巨大的内需市场。铁路运输和城市轨道交通在中国经济发展中发挥着不可替代的作用，是可续发展的重要保障，为我国轨道交通装备制造业提供了广阔的市场空间，以2008—2010年为例，机车、客车、动车组、货车、城市轨道交通车辆的年复合增长率分别达到2.7%、10.8%、65.1%、2.5%和37.6%。2015—2020年，国家铁路年均投入将达到2500亿元，城市轨道交通年均投入接近3000亿元。

（2）已形成了各类产品的技术平台。电力机车覆盖了9600 kW以下的型谱，最大轴重已达到33 t；内燃机车覆盖了4500 kW以下的型谱，最大轴重达到25 t；客车覆盖了时速200 km以下的型谱，动车组则覆盖了城际时速300～380 km、200～250 km、160～200 km等需求范围的型谱；货车具有64 t、70 t和80 t载重系列和23 t、25 t、27 t和30 t轴重系列，轴重40 t的矿车已向发达国家出口；地铁轻轨列车已形成A、B、C三种车型，满足国内各层次城市轨道交通需求；各类型有轨电车已在全国全面铺开；工程车和特种车如钢轨打磨车、接触网综合作业车、路基捣固车、路基清理修复车、架桥机、大型盾构作业设备、各类检测车设备等高端复杂产品均已实现国内制造并形成技术平台。除了高速动车组正在积极实施

"走出去"战略外,其他各类产品均已实现出口,且部分产品已开始向发达国家出口。(编者注:预计到2020年,我国动车组的出口量将超过150列。)

(3)交通系统配套产业完善,经济拉动作用显著。我国具有的完整工业体系,在线路建设、各类工程机械、供电设备、列车运用维护作业,以及其他各类机电产品方面,已围绕轨道交通形成了一个巨大的产业链,轨道交通所带动的产业规模成为我国经济结构转型的一个重要抓手。据测算,高速铁路投资带动比为1:10,城市轨道交通的投资带动比为1:2.56。

我国轨道交通发展也存在发展的制约因素和薄弱环节。仍以高速铁路和有轨电车产业发展为例,可以发现,目前我们取得的巨大成就,是在国家装备制造业发展规划中,把轨道交通装备制造业作为重点任务,通过科研支持、市场规划、高强度投入而取得的,遵循的技术路线主要是"引进消化吸收再创新"模式。但目前高速列车仍面临走出去知识产权的壁垒和标准的约束,正通过组织开展中国标准高速动车组的自主创新,研制出真正意义上的中国高速列车。这说明自主创新在高速列车走出去的过程中将发挥极其重要的作用。在城市轨道交通有轨电车新兴产业方面,尽管市场巨大,但略显畸形,因为这一市场并非是真正为解决交通需求所形成,更多的是地方政府为发展产业而形成的,因此各大企业纷纷设立子公司,以换取地方政府的市场份额,在规划方面的科学性有待实践检验。且有轨电车的核心技术,大多数还在掌握在国外公司,即使中国已拥有了高速列车领域的国际领先的技术平台,但发展自主技术的现代有轨电车的能力仍然很弱或仍然没有加以足够重视,还没有走出"引进消化吸收再创新"的模式，有可能导致有轨电车产业自由发展，恶性竞争，只迎合用户而缺乏以创新引导用户的信心，慢慢让轨道交通装备制造企业更重视引进，失去了创新的原动力。

在发展中低速磁浮交通新兴产业中，最关键的就是创新。通过创新在知识产权上占据主导地位，不仅仅是打破知识产权障碍，而且要利用知识产权确定自身的技术优势；通过创新实现技术升级，占领世界制高点，掌握技术话语权；通过创新开拓出广阔市场。而实现创新的关键正如习总书记所指出的，要破除体制机制障碍，注重人才的使用和培养。

4.2.4　中低速磁浮交通的产业基础

中低速磁浮交通虽然在悬浮支撑和导向、走行机构、道岔原理等方面有其独有特点，但在牵引制动、车体结构、供电技术、运行控制、通信信号、线路站场等很多方面也有与其他轨道交通制式一样的共性基础。

1. 车辆

磁浮列车车辆与轮轨车辆结构产业化相似性见表4-4。除了悬浮控制技术是磁浮列车的专用技术，其他核心部件基本相通，在产业化方面完全可以利用轮轨车辆制造企业的制造平台和生产装备。目前，北京S1线的磁浮列车由中国北车唐山轨道客车有限责任公司生产，而长沙机场线的磁浮列车由南车株洲电力机车有限公司生产。

表 4-4　磁浮列车与地铁轻轨列车产业化相似度

序号	磁浮列车结构	轮轨车辆结构	技术相似度	备注
1	车体	车体	90%	铝合金或者钢结构
2	悬浮架	转向架构架	70%	铝合金或钢结构焊接成型
3	悬浮导向系统	轮轨接触系统	0%	轮轨车辆无类似结构
4	直线电机	直线或旋转电机	70%～90%	直线电机与旋转电机的区别，地铁也有用直线电机
5	空簧悬挂	空簧悬挂	70%	磁浮列车是小气囊
6	制动系统	基础制动	50%	磁浮列车为液压模式，轮轨车辆也有用，不普及。夹钳作用方式不一样

2. 线路

中低速磁浮交通所采用的高架式线路与目前的铁路及城市轻轨的线路具有共性技术，施工方法具有继承或借鉴作用。可以说，线路的土建工程具有良好的工程化基础，但在车轨耦合振动方面，中低速磁浮列车与线路的关系比传统轨道车辆更加复杂，这也是其独有特点。

目前，国内中低速浮轨道、道岔在沿用日本的技术方案的基础上，局部略有变化。但在轨道和道岔的制造、铺设、检测和维护方面，通过几条试验线路的建设，虽已初步形成我国自身的技术体系，但技术成熟度方面还需要进一步完善，轨道结构尚需进一步优化，轨道设备制造工艺、检测技术、维护标准亟待建立。磁浮线路工程结构虽借鉴了高速铁路线路、城市轨道交通工程结构的技术，但其结构类型、结构标准方面,尚未体现磁浮交通振动小、车辆荷载均布、车轨机电耦合影响的特点,其技术水平也还有提升空间。即便是磁浮线路的空间线形,其空间线形与磁浮列车运行轨迹的匹配规律也有待于进一步探索,如竖向曲线的线形影响磁浮列车运动振动的规律尚未探明。

中低速磁浮交通的悬浮和导向,需要在线路上铺上"F"形状的轨排,如图4-4所示,F轨不仅是承载的主体,也要作为悬浮和导向磁浮的响应板,需要有相当高的不平顺精度要求(毫米级)。因此,F轨是中低速磁浮有别于传统铁轨的重要线路特征。

图 4-4　磁浮线路

F轨整体一次成型轧制和轨排制造、安装要求是中低速磁浮交通实现产业化的重要基础(见图4-5),是中低速磁浮交通系统工程实施的关键技术之一,关系到中低速磁浮交通产业化实施的成本和效益,目前世界上仅有日本、韩国和中国轧制成功。

北控磁浮公司、国防科大、莱钢集团和工程化合作体系,完成了适合中低速磁浮交通F轨的特种材料、炼钢、连铸过程研究,前后共研制了4组轧辊和配套工装进行轧制试验和轨排制造试验，直接和间接投入数千万元，历时2年时间，终于成功实现了F轨型钢一次成型轧制，使我国成为世界上少数能够进行F轨型钢一次成型轧制的国家，为中低速磁浮交通产业链打牢了非常重要的一环。

图 4-5　F轨的制造

因此，我国在传统轨道交通领域所取得的巨大进步，所形成的技术平台，所培养的一大批优秀科技人员，所形成的产学研用体系，足以支撑中低速磁浮交通新兴产业的发展。近十年来，我国城市轨道交通的飞速发展，为城市轨道交通系统的客流分析、线路规划、站场布局、运用维护等积累了相当多的宝贵经验，而且我国从20世纪80年末就已在中低速磁浮列车方面开展了相关研究工作，在工程化方面已建设了上海临港、北控唐山和南车株机3条试验线路，目前已有北京S1线和长沙机场线2条商业示范线路正式开工建设（编者注：长沙机场线已于2016年正式投入运营。）。这些基础工作表明，我国中低速磁浮新兴产业已具备极好的发展基础。

4.3 中低速磁浮交通技术和产业的前景和规模

产业发展前景方面，我国经济正处在结构转型的关键时期。以人为本发展新型城镇化，实现城镇化、工业化、信息化和农业现代化四化同步的目标，需要公共交通提供强有力的支撑。城镇化所带来的交通需求，主要表现在：一是城镇旅客出行量快速增长；二是客货运需求结构发生变化，出行目的多样化、个性化需求提高，中转换乘的需求大幅增加；三是城际交通高速化、快速化通道需求增加；四是城市交通基础设施压力增大，特别是大城市内不同城镇组团间的大运量快速通勤的公共交通需求加大；五是城市过境交通比重增加，城市群区域内各城市过境交通流量需合理组织疏导；六是城市密集带资源日趋紧张，对交通运输的集约化、生态环保提出更高要求[97]。

过去三十多年快速城镇化带来的区域发展不平衡问题决定了在新型城镇化的过程中，交通建设发展模式的变化。如果中低速磁浮交通系统能够扬长避短，充分发挥非接触运行、坡道与弯道能力强、噪声振动低的优势，则不仅可以使其具有接近干线铁路准高速的速度能力，还同时可具有接近有轨电车的小弯道能力，也就是说可以用一种制式的磁浮轨道交通系统，来实现过去需要若干种制式轨道交通综合应用才能达到的效果，因此作为一种战略新兴产业，中低速磁浮交通将具有十分广阔的产业前景。

但产业开拓初期需要政策大力扶持，需要国家引导，需要加大公众对磁浮交通系统的宣传认识，需要有城市交通规划和市场倾斜政策，需要有创新的商业模式增加中低速磁浮交通的持续发展能力。

在产业规模方面，在新型城镇化建设推动下，预计城市轨道交通和城际铁路的建设将加速，2012—2015年城轨地铁的新增里程是2011年年末的2倍，年均投资接近3000亿。随着中低速磁浮交通战略地位的进一步明确和示范带动效应，作为一项具有鲜明特点的新型交通工具，如果中低速磁浮能够实现高速度、小弯道、低噪声的完美结合，将可在年约3000亿的投资中占据越来越重的比例。根据中低速磁浮列车的市场目标，短期依托北京S1线第一段、长沙机场线和深圳八号线（编者注：因各种因素限制，深圳8号线已弃用磁悬浮方案。）等商业示范或正式运营线路，需要列车约80列，交通系统产业链条的规模约为200亿元，中期市场目标规模为年均800亿～1000亿元，而如果实现中长期市场目标，年均产业规模预期将达到年均1000亿～1500亿元，即占据目前城市轨道交通的三分之一以上。

4.4 中低速磁浮交通的战略规划

4.4.1 产业发展战略目标

到2020年,通过2条中低速磁浮商业示范线的建设及使用和深圳地铁八号线(编者注:已弃用磁悬浮方案。)的运用示范,并进一步通过技术创新和突破,实现中低速磁浮更高速度的商业示范线的建设、运用和示范,使中低速磁浮列车成为具有"高速度、小弯道、大坡道、低噪声、低振动、低成本、低维护"综合特点的交通系统,实现传统轨道交通难以靠单一制式达到的综合性能,其指标达到国际领先的水平,使中低速磁浮交通系统成为一种城市轨道交通系统的常备选项,而不是仅满足特殊需求的特殊选项,使这种交通系统在我国新型城镇化中发挥应有的作用。这一目标的实现将能够为中低速磁浮交通新兴战略产业开拓出一片新的市场,使产业得以在市场主导下发展、壮大。

具体的战略目标:

(1)以独特的技术,赢得中低速磁浮交通市场。

(2)通过2条商业示范线验证,形成中低速磁浮交通标准。

(3)发展新技术,提高可靠性,提升中低速磁浮交通技术指标。

(4)建立协同创新中心,提高中低速磁浮交通创新能力。

（5）建立产业联盟，培育中低速磁浮交通产业链。

（6）发展新技术，应用大市场，打造中国中低速磁浮交通品牌。

（7）通过先进技术、可靠产品和低成本运行，实现中低速磁浮交通"走出去"。

（8）通过稳定并扩大队伍，聚集中低速磁浮交通人才。

4.4.2 既有资源、技术的整合和集成

实现上述战略目标，需要整合、集成既有资源和技术。我国中低速磁浮交通的研究起步于20世纪80年代末，已有20多年的研究历史和积累，但工程化进展较为缓慢，2条商业示范线于2014年才正式开工建设。在长期的研究中，我国形成了多个中低速磁浮研究团队。韩国对中低速磁浮的研究起步于2005年，但其商业示范线路已开通。比较中韩两国的发展历程，可以发现，韩国在中低速磁浮发展中一直以著名的轨道交通装备制造企业Rotem公司为主导，在关键技术方面依赖国际支持，在技术原理上充分借鉴了日本方案，但又没有完全依照它的方案，在轨道、车体支撑方面有自己的改进，在短期内取得了显著效果。我国在中低速磁浮发展中，前期一直以研究院和高校为中心，直到2005年，上海磁浮公司、北控、南车集团等企业相继介入后期的工程化研究，形成一种竞争态势，关键技术全部由各家自主研究，且各自建设有试验线，甚至轨距也不统一。但各家商业化磁浮示范线的建设一直非常谨慎，发展缓慢。

不同的发展模式主要是由中国国情与韩国不同所造成。中国轨道交通装备制造业相对韩国要发达得多，市场要大得多，中国各大

企业对于独立自主掌握新技术有一种渴望，而在知识产权、分工合作、利益分配方面没有一种传统的良性机制，容易形成一哄而上、一哄而下的局面。由于我国以潜在市场为导向的创新研究动力不足，而一旦有市场又希望依靠与国外合作的拿来主义，因此在发展中低速磁浮交通产业中，应当高度重视自主创新的作用。

一方面要巩固现有技术成果；一方面要面向未来创新突破，打开市场空间。而无论是哪一方面，要做好做强均需要整合集成既有资源和技术，实现引导用户开拓市场的目标，共同把磁浮交通系统市场做得更大，同时也要充分发挥国家磁浮工程中心与各高校和研究机构在磁浮技术产业发展中的基础支撑作用。通过用户整合、产业内部整合以及产业系统整合，明确战略目标，构建良好的中低速磁浮交通新兴产业的产学研用体系，为新兴产业的发展壮大提供保障。

4.4.3　商业模式创新带动产业起步

中低速磁浮交通系统是一个新兴的城市轨道交通系统，应当注意到日本、德国等磁浮交通先行的国家，在系统商业化方面也面临很大的挑战。其中，日本中低速磁浮交通示范线2005年开通运营至今已有9年，还没有在本土形成第2条商业线路，原因之一是日本轨道交通发展已趋饱和，客观需求有限；另一个原因是市场定位尚不十分清晰，是作为既有城市轨道交通市场的补充者，还是传统轨道交通的替代者，还不是很明确。韩国第一条示范线路是连接机场的6.1 km线路，也是期望通过示范性运营进一步明确中低速磁浮交通未来的市场定位。

我国发展中低速磁浮交通产业正面临其他国家所不具备的、前所未有的良好机遇。一是我国城市对公交出行的需求旺盛，公共交通供给与需求存在巨大差距，因此我国城市轨道交通正处于大发展时期，供给与需求关系同日本、德国的情况有很大不同；二是在我国大部分的中小城市轨道交通建设还是空白，市场发展潜力巨大；三是我国市域铁路发展相对城镇化进程严重滞后，城市群内轨道交通连接目前已有依靠地铁的趋势，但地铁的运用速度还不能很好满足这一需求。因此，不管中低速磁浮交通是作为补充者还是替代者，其建设与发展都是对城市公共交通的有力支撑，有了成熟的技术基础后，用户将是中低速磁浮交通系统应用与中低速磁浮交通产业发展的最有力的推动者。

在中低速磁浮交通战略新兴产业的起步阶段，应当走以用户为主导的路线，通过商业模式的创新带动产业起步。抓住新型城镇化对我国城市轨道交通的重大机遇，初期按照用户需求形成"市场→信息→科技→产业"的逆向发展机制，强化以用户为主导的中低速磁浮交通持续创新能力和中低速磁浮交通高端产业发展的独特作用，兑现科技成果的产业化、集约化和效益化，形成以用户为主导的中低速磁浮交通产业和产品的创新体系，随着产业起步，通过技术创新再进一步开拓出新的更广阔的市场。

4.4.4 产业可持续发展的途径

中低速磁浮交通产业是否可持续发展，关键在于市场的接受程度，在于服务市场的能力，在于系统的优势是否能充分发掘，总之取决于市场的生命力。要具有强有力的竞争优势和无可替代的特点，才能开拓出广阔的市场，才能把中低速磁浮交通作为一项新兴战略产业支撑起来。而要做到这一点就不能仅仅满足于既有技术状态，必须不断地寻求突破，不断地降低成本，以创新驱动发展。

习近平同志在河南考察时提到，装备制造业是一个国家制造业的脊梁。先进制造业发展目标能否实现，综合实力和竞争力能否有大的提高，关键是能否在增强自主创新能力、推进创新驱动发展方面趟出一条路子来。要加大投入、加强研发、加快发展，努力占领世界制高点、掌控技术话语权，使我国成为现代装备制造业大国。要加快构建以企业为主体、市场为导向、产学研相结合的技术创新体系，加强创新人才队伍建设，搭建创新服务平台，推动科技和经济紧密结合，努力实现优势领域、共性技术、关键技术的重大突破。这也正是中低速磁浮交通产业可持续发展的途径。

我国中低速磁浮交通系统的研究已具备扎实基础，采用既有技术的中低速磁浮列车线路建设已破土动工，而且在面向中低速交通产业未来发展的技术方面已有重大突破，有望拓展出巨大市场空间，产业具备了可持续发展的基础。

4.4.5　国家政策扶持

作为一项新兴的交通系统，中低磁浮交通产业做大做强，在其发展初期离不开国家政策的扶持。具体有：

（1）中低速磁浮交通的政府引导。中国高铁之所以今天取得如此辉煌的成就，成为中国的一张名片，是政府积极支持和引导的结果。中国铁路总公司代表政府部门，积极采用"引进消化吸收再创新"的模式，以巨大的市场，换取国外先进技术，再通过科技部的项目支撑,实施"高速列车自主创新联合行动计划",研制成功了今天代表中国名片的CRH380系列动车组。我国的城市轨道交通同样具有巨大的市场,中低速磁浮交通技术不仅具备了与国外同类技术相同的水平,有能力实现商业示范运行,而且在创新突破方面,已走在世界的前列,性能显著提升的我国自主设计的第2代磁浮列车关键技术已取得突破性进展,完全有计划、有能力在中低速磁浮方面占领制高点,掌控技术话语权,创建中国中低速磁浮交通的品牌。在这些工作基础上,政府加以政策引导,可迅速推进中低速磁浮交通战略新兴产业的形成。

(2)中低速磁浮交通产业的政府扶植。磁浮交通是一种完善之中的新型轨道交通,目前在我国还处在试验或示范阶段,无法量产,生产成本高,短期内形成规模化产业比较困难,因此需要政府在金融方面进行扶植,包括对装备制造企业、用户和项目建设期间的优惠或免息贷款支持。

(3)中低速磁浮交通技术科研支持。科技部在前期分别对高速、中低速磁浮交通项目给予了一定的支持,设立国家863计划项目,取得了今天已经让人看到希望的成绩,然而,中低速磁浮技术在悬浮和导向控制的稳定性、减振悬挂、磁浮列车电气效率、车线耦合振动、降低建设成本等基础研究和关键技术方面均需要进行长期有效的攻关。因此,国家重大科技立项应向中低速磁浮交通产业突破创新研究给予支持。

(4)对中低速磁浮交通产业联盟的政策支持。高速列车的成功还与科技部引导下成立的高速列车产业联盟密切相关,联盟成员单位有高速列车生产的主机厂,以中国科学院、中国铁道科学研究院等为代表的研究机构,以及以清华大学、浙江大学、西南交通大学、北京交通大学为代表的高等院校。产学研的有机结合，在协同创新模式下，共同发展中国高速列车技术。因此，中低速磁浮技术创新和产业化发展，可以采用产业联盟的做法，来凝聚优势创新力量，自律行业规范，共同发展中低速磁浮交通的产业。

（5）对人才、团队、平台和运行机制创新的政策支持。中低速磁浮交通是一种新型的轨道交通，目前我国还没有一条商业运行线路，也没有形成产业，人才和团队的培养和稳定需要重视。目前，国家磁浮交通工程技术研究中心已经转移到同济大学，其作用、地位和创新能力有待进一步加强，因此，构建代表国家目标，富有创新能力的"磁浮交通技术协同创新中心"是及时而且是必要的。

4.4.6　明确重点任务形成发展路线图

短期重点任务：尽快完成2条商业示范线的建设和开通运营（其中，长沙机场线已于2016年正式投入运营），完成第2代中低速磁浮列车的全面试验验证，形成和完善我国中低速磁浮交通的标准体系，促进中低速磁浮交通战略新兴产业的起步。

中期重点任务：通过示范线的运营，评估系统的性能指标和竞争能力，通过第2代中低速磁浮的试验验证，确立中低速磁浮列车的市场地位，推广更多运用线路，使中低速磁浮交通战略新兴产业得以顺利发展。

远期任务：使中低速磁浮列车成为一种具有"高速度、小弯道、大坡道、低噪声、低振动、低成本、低维护、环境指标友好"等综合特点的交通系统，努力使其综合性能指标达到国际领先水平,使这种交通系统在我国新型城镇化中发挥应有的作用,为中低速磁浮交通新兴战略产业开拓出一片新的市场,使产业在市场主导下发展、壮大。

根据不同时期的重点任务,形成产业发展路线图:

(1)在2年时间内建成并开通2条商业示范线路(长沙机场线现已开通);完成第2代中速磁浮列车整车研制和试验线验证。

(2)到2020年辐射到新开工4、5条商业线路,并使中国中低速磁浮交通系统在规模和性能两方面都形成世界影响力。

(3)探索进一步提高中低速磁浮列车的最高运行速度至160 km/h的可行性,形成城际磁浮交通模式,并和城市内部的磁浮交通或其他城轨交通无缝换乘,形成有效的"城际-城郊-城区"一体化磁浮交通模式。

4.5 中低速磁浮交通产业链

4.5.1 传统轨道交通产业链

传统轨道交通装备产业链主要包括线路建设及相关机电设备、铁路运输设备、城市轨道交通设备及机车车辆配套零部件制造等行业。围绕建设国内最大、世界一流的轨道交通装备研发与制造基地,配合国家构建快速客运网络、大运量货运通道和城市轨道交通运行体系,强化自主创新,加强技术改造,大力发展零部件,已形成了以中国铁建、中国中铁、南车集团和北车集团为龙头的产业集群。

1. 高速铁路产业链

高速铁路产业链涉及六大核心系统及其产业,如图4-6所示。产业链条包括了桥梁隧道建设所涉及的工程机械、水泥、建筑材料,轨道铺设所涉及的钢铁、轨道生产加工、机床设备,运营前期的车辆和配套设施采购涉及的机车及车厢的生产、电气化信息信号设备以及计算机控制系统,最终的运营养护环节涉及的机车车辆零部件、养护耗材、车站运营等。根据铁路总公司的相关数据对高铁总投资的各项构成进行测算,在高速铁路投资中基建部分占比最大，为40%～60%（包含桥梁、隧道和车站建设、铺轨等）；动车采购占10%～15%（包括整车、车轴、紧固件、控制器件等零部件），其余部分占比为25%～40%（包括通信、信号及信息工程、电力及电力牵引供电等），高速铁路投资带动比约为1∶10。

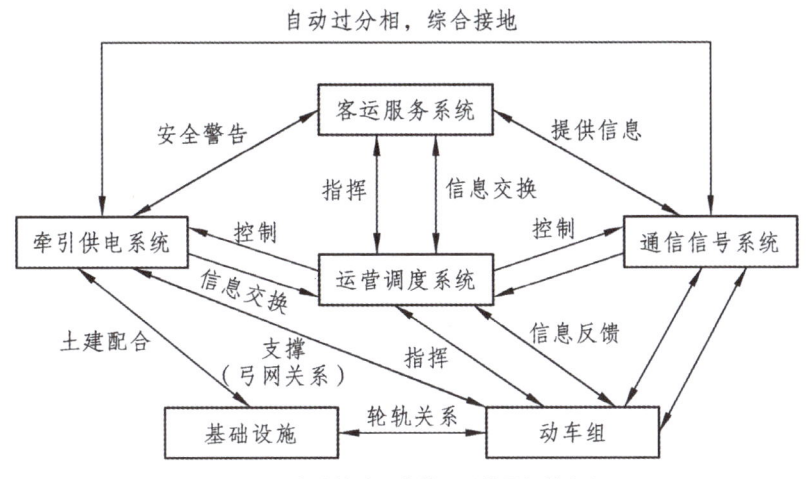

图 4-6 高速铁路六大核心系统及相关产业

2. 城市轨道交通产业链

与动车类似，城市轨道交通产业链涉及工程建设、列车制造、供变电、风水电、通信信号、客运服务等六个方面。根据测算，各部分所占投资比如表4-5所示。城市轨道交通建设的投资带动比约为1∶2.56。

表 4-5 城市轨道交通建设投资测算

工程建设	列车制造	供变电	风水电	通信信号	客运服务
45%～60%	9%～10%	5%～8%	2%～5%	4%～8%	5%～8%

4.5.2 中低速磁浮交通产业链

中低速磁浮交通产业仍是轨道交通产业的一部分，不仅具有传统轨道交通产业链的特点，也是传统轨道交通产业链的延伸。

中低速磁浮交通是机械、电气、土建高度一体化的复杂机电产品，是使传统轨道交通产业链条进一步延伸至以铝合金为主的机械制造、轻量化机电产品设备、轻型列车总成及配套零部件制造业，其中列车设备对产业链中企业产品小型化、轻量化的要求较传统轨道交通产品更高，在小型化、轻量化方面可以充分借鉴航空航天领域的经验，或延伸到航空航天领域相关企业。

以中低速磁浮列车重点项目为着力点，以资源整合为手段，打造若干磁浮列车龙头企业是进一步优化、丰富产业链的具体措施。而围绕着磁浮交通系统的生产、配套和应用，又将形成一个涉及很多传统和新兴产业的产业集群，从而在很大程度上改变现有的产业结构和产业布局，使磁浮技术辐射到其他应用领域，最终可望形成磁动力产业的聚合。

1. 日本中低速磁浮商业示范线路产业价值链

日本中低速磁浮商业示范线路总长8.9 km，设1个车辆基地，9个车站，线路一端为1.4 km的隧道线路，其余7.5 km为高架线路，曲线处采用钢梁，直线段采用混凝土梁，选线基本沿既有公路。总预算8.3亿美元，其中土木工程预算5.0亿美元，机械与电气工程预算3.3亿美元，折算约为每千米0.933亿美元，土木/机电预算比为1.52∶1。

该线路实际建设经验表明，地下隧道段每千米造价约为266亿日元，高架段每千米91亿日元，即高架段约为隧道段造价的三分之一。

日本中低速磁浮交通系统的总投资构成占比细分如表4-6所示。

表4-6 日本中低速磁浮各部分在总投资中的占比

线路与轨道	车站和建筑物	车场	车辆	变电站和配电	信号和通信	土地（变电站/车场）
37%	19%	4%	14%	12%	9%	5%

线路直接造价占总投资的60%，车辆占14%。这两部分的投资占比接近我国高速铁路投资占比的上限（线路60%，动车组15%），车辆占比高于城市轨道交通车辆的上限（10%），线路占比与城市轨道交通占比上限相当（线路60%）。

2. 韩国仁川机场中低速磁浮联络线投资

仁川机场联络线总长6.1 km，设1个车辆基地，6个车站，速度指标和线路实际最小曲线与坡道均略高于日本中低速磁浮交通系统。总预算4.86亿美元，折算约为每千米0.797亿美元。

3. 有利于系统推广的成本估算

以上各方投资预算表明，降低中低速磁浮交通造价至关重要，也是该交通系统能够推广应用的关键。由于系统属于中等运量，因此高昂的造价将使该系统在与其他系统竞争中处于不利地位。

根据目前国内2条商业示范线的建设情况，国内轨道交通行业装备制造重点企业认为，具有系统推广竞争力的系统造价目标不应高于每千米3亿元人民币。

美国联邦运输局（FTA）认为该系统可被美国接受的系统成本不应超过每千米0.5亿美元（略高于3亿人民币），而且美方期望通过进一步降低土木基建的成本，使系统每千米造价达到0.375亿美元，大约相当于每千米2.5亿人民币，但是美国对日本中低速磁浮的分析认为，目前要显著降低基建成本的期望可能过于乐观[82]。

4.5.3　低速磁浮交通产业的投资规模

国内对地铁与轻轨的造价也有一种粗略的共识，认为轻轨高架线路的造价大致为地铁造价的三分之一，这与日本中低速磁浮线的建设经验有共同之处，目前国内中心大城市的地铁平均造价为每千米6亿～8亿元，如果按此粗略比例考虑，轻轨的造价在每千米2亿～2.6亿元。中低速磁浮与轻轨系统的运量相当，目前北京S1线和长沙机场线中低速磁浮的直接造价为2.5亿～3.0亿元，接近轻轨的造价，但在选线方面比轻轨更加灵活。

4.5.4　中低速磁浮交通产业链条各部分的价值

1. 工程建设

福斯特·米勒公司独立成本估算一条双向"基本"高架线路（不包括车辆、车站、变电站、辅助设施、信号/通信系统、车场、土地等），基本造价约为每千米0.219亿～0.3125亿美元，FMI认为该系造价为每千米0.25亿美元（即基本造价约每千米1.5亿元人民币）。基本高架线路的细分成本比例如表4-7所示。

表 4-7　工程建设成本分析

预应力混凝土梁和附件占比	混凝土柱、基础占比	其他（人行道、桥等）占比	轨、轨枕和附件占比	感应铝轨条（LIM电机用）占比
62%	19%	5%	13%	1%

2. 列车制造

美国FTA的研究认为，总系统成本构成中14%左右是车辆；日本中低速磁浮线路目前共采购了10列3辆编组的列车（包括备品备件），单位成本为每辆300万～400万美元。这已大大超过了美国FTA期望的每辆约150万美元的目标。

按FTA的估算，我国中低速磁浮列车每辆车（5模块）的造价应在1000万元人民币左右，但对于初始车辆研制的投入，应进一步考虑提升成本，因此车辆系统的成本应控制在不超过每辆车1500万元人民币，这一数字略低于日本。

3. 供电系统

日本中低速磁浮总系统成本构成中，12%左右是供电设备，这相当于"全高架"丘陵线估算成本中9000万～9500万美元是供配电系统的成本（相当于每千米6500万元人民币）。此类成本包括市电连接线、电力转换（DC 1500 V）、调节、变电站、配电等的成本。假定这些区段馈电有备选的馈电线路可供使用，则一条供电线路中断不会停止整个系统。这与常规的电气轨道交通相似。

4. 运控系统

日本中低速磁浮总系统成本构成中约9%为列车控制/保护、信号通信系统的成本。按"全高架"线路估算成本，相当于这些系统成本为6500万～7000万美元，约相当于每千米4800万元人民币。

5. 车站系统

日本中低速磁浮总系统成本构成中，约17%为车站（含装备）成本，使用"全高架"线路的估算成本，相当于约1.3亿美元，或者每个车站1000万～1200万美元，这远远超出了美国FTA每车站200万美元的预期。这一巨大的差别可能是不明确系统中到底包括哪些组成部分所致（如日本的预算中是否包括停车场、非标准的车站功能、进站道路等）。按日本估算，每个车站的造价约为7200万元人民币。

6. 中低速磁浮交通系统在我国的综合成本估算

在表4-8中，车辆造价按我国实际情况进行了估算，其他部分则参考了日本中低速磁浮线的预算。如果不考虑车辆的话，直接造价约为每千米3亿元。

表4-8 我国建设中低速磁浮交通系统的直接造价估算 （亿元）

工程建设	车辆	供电	运控	每个车站	按全高架、20千米长复线、10个车站总造价
每千米1.5	每千米0.5	每千米0.65	每千米0.48	0.72	69.8（折算为每千米3.5）

这一造价在与轻轨系统的竞争中不具优势，应当进一步努力使中低速磁浮交通系统的直接造价不超过每千米2.5亿元。

4.6 中低速磁浮交通人才队伍建设

4.6.1 企业人才队伍的建设与局限

企业人才在企业的研发、生产、销售、服务各个环节中均发挥重要作用。轨道交通装备近十年的快速发展、高速铁路建设和以动车组/大功率机车为代表的高端设备制造、围绕轨道交通的工程建设等，使轨道交通装备制造企业和工程建设企业对优秀人才形成了强大的吸引力，也为聚集和培养优秀人才搭建起了平台。

企业人才队伍的优势是，人才能得到全方位的行业技术培训，具有较高技术水平、实践能力、现场服务水平、解决实际问题能力。而且为进一步提升企业的创新能力，夯实学术基础，绝大部分轨道交通龙头企业已建有各类工程技术中心、工程实验室和博士后工作站等，具备了相当好的硬件条件，目前轨道交通企业与国外的技术交流也日趋活跃，有一定的国际视野。

但企业人才队伍的局限性也较明显：一是大部分企业工程技术中心、实验室或博士后工作站的高层次人才，与企业研发生产服务的一线人才之间没有形成统一体，存在脱节的现象；二是企业在前瞻性技术创新方面的机制不够健全，对潜在技术创新的主动性不足，企业的研发活动更多的是被动地适应市场，而不是主动地开拓市场，这就决定了企业人才在创新能力方面还很不够；三是企业人才的探索精神也受到企业运行机制的制约，因为企业的主要目的是服务市场，特别是轨道交通关乎运用安全，因此对创新技术的应用和探索持非常谨慎和保守的态度，例如一些非常有创意的设计，如果国外没有先例的话，就很难得到国内企业的接受认可和尝试；四是企业的国际化过程更多的是在技术层面，而在学术层面、研究层面主动发声显现科研创新能力的现象并不多见，反观在一些国际行业期刊上，国外企业专家结合其创新产品的论文发表则非常活跃。

4.6.2 院校人才队伍的建设与局限

高等院校的职责是为社会输送人才，其职能分为教育教学和科学研究。后者的人才队伍建设优势在于与国际学术界联系紧密，在支撑行业发展的基础研究方面有很强的实力，国际学术期刊的论文发表也日趋活跃，有较强的探索精神和前瞻性眼光，在高速铁路发展中，高校的研究支撑作用就发挥得较好。

但高校人才队伍也有其局限性。这体现在以下几个方面：一是对其探索性科研目标价值的评估没有行业的参与，因此一些有价值的创造性工作不能得到国家或行业及时的支持，而一些可能脱离实际的探索却获得了支持，成果很多，但对行业的支撑却有限，总体成效大打折扣；二是对于轨道交通这种具有鲜明特点的领域，高校研究人员绝大部分没有企业经历，对工程化的认识有局限性，因此科学研究和科技成果与行业的结合、对行业的支撑力度还不够充分；三是国际合作过多地集中在学术研究范围，没有辐射到行业技术，作为一个具有强烈行业背景的学科，如果学术不能通过技术得到牵引、技术不能通过学术得到支撑，就会出现你搞你的技术，我搞我的学术的脱节现象，两者都不能达到很高水平，这就是目前我国科研创新中比较突出的科技、经济"两张皮"现象。而国外在技术与科学结合方面做得较好。

至于研究机构的人才队伍建设，一些研究机构更像企业，而一些研究机构则又像高校，能把两者很好结合起来的研究机构，在技术发展战略和战术两方面都发挥作用的并不多见。

4.6.3 以国家磁浮产业联盟聚集人才队伍

我们需要研究用一个什么样的平台、用一种什么样的机制把企业人才队伍与院校人才队伍有机结合，取长补短。国家磁浮产业联盟可以发挥人才聚合的作用。产业联盟的作用是为创新活动构建平台，在产业发展中提炼科学问题，为产业前瞻性、探索性研究提出目标。在此目标下，各创新活动主体可共享资源，但可提出不同的技术路线和技术方案，院校人才可以在这一平台下实现与行业的紧密联合，企业人才可以在这一平台下培育创新能力和水平。这样才能构建起中低速磁浮产业有效的用产学研创新体系。

4.6.4 以重点任务为契机多领域培养人才

在中低速磁浮交通产业发展中，短期、中期和长期有不同的发展目标和重点任务，短期重点任务是巩固既有技术，形成示范效应，确立后期技术创新目标。这些重点任务，对各类人才培养的研究提出了具体要求，通过实战可以培养中低速磁浮交通所涉及的各领域人才。

4.7 中低速磁浮交通发展任务

4.7.1 近期任务

尽快完成2条商业示范线的建设（长沙机场线已完成建设并投入运营），开通运营中低速磁浮列车，形成示范效应。同时对既有的技术成果进行巩固，保障中低速磁浮产业的良好开局和起步，并确立下一步磁浮交通的技术创新目标。

4.7.2 中期任务

到2020年，通过技术创新，提升中低速磁浮产业的竞争力，确立其在多制式城市轨道交通系统中的地位和作用，开拓适应中低速磁浮交通的客运市场，并取得具有国际水平的成果，扩大中低速磁浮的商业服务范围，逐步建立起我国中低速磁浮交通的品牌。

4.7.3 长远任务

做大做强中低速磁浮交通战略新兴产业，完善磁浮交通技术，进一步取得创新成果，使磁浮交通成为具有鲜明特色，满足多元化需求的未来城市轨道交通的常备选项,并带动磁动力产业在非交通领域的应用。

参考文献

【1】王海艳. 中国新型城镇化路径探讨[Z]. 2013.

【2】张立群. 城镇化进程取得巨大成就[N]. 光明日报，2012-10-15（13）.

【3】吕荣胜，孙扬. 我国交通运输能源消耗研究综述[J]. 经济问题探索，2012，1（11）：178-182.

【4】梁凤英，高峰. 城市交通拥堵的根本原因[J]. 世界环境，2013，1（1）：62-64.

【5】何玉宏，谢逢春，郝忠娜. 国内外城市交通拥堵治理分析及借鉴[J]. 城市观察，2013，1（2）：136-144.

【6】王庆云. 中国交通发展的演进过程及问题思考[J]. 交通运输系统工程与信息，2007，7（1）：1-11.

【7】王炳晰. 中国城市交通可持续发展[Z]. 2008.

【8】张铁映. 城市不同交通方式能源消耗比较研究[D]. 北京：北京交通大学，2010：78.

【9】王炜. 城市交通系统能源消耗与环境影响分析法[M]. 北京：科学出版社，2012.

【10】章轲. 机动车尾气30年增加14倍 车管将引入总量控[N]. 第一财经日报，2012-12-28（4）.

【11】李清彦. 聚焦中国城镇化能源问题[R]. 能源效率与可持续发展城市论坛，2013.

【12】潘家华.推进城镇化应当考虑能源未来需求问题[N].亮报，2013-01-09.

【13】马莹莹.新能源革命与中国特色城镇化选择[EB/OL]．(2013-03-05)．https://www.china5e.com/news/news-268389-1.html.

【14】徐明明.拿什么支付新型城镇化的能源账单[N].大众日报，2013-05-16（18）．

【15】张倪.城镇化应合理解决城市环境污染问题[N].中国经济时报，2013-09-23（A10）．

【16】李佐军，盛三化.城镇化进程中的环境保护：隐忧与应对[J].国家行政学院学报，2012（4）：69-73.

【17】郭占恒.中国城镇化面临三大结构性调整[N].中国经济时报，2012-11-16（A11）．

【18】朱重德，沈忠东.磁悬浮高速列车对环境电磁辐射影响的预测[A]// 2002全国电磁辐射环境学术会议[C].北京，2002.

【19】齐洪峰.中低速磁悬浮列车运行电磁环境的分析[J].机车电传动，2012（5）：62-65.

【20】唐锐，吴俊泉.中低速磁浮列车在我国城轨交通中的应用前景[J].都市快轨交通，2006．19（2）：12-16.

【21】徐安，李永善.磁悬浮技术在德国的发展[J].城市轨道交通研究，2001，4（2）：64-68.

【22】陈贵荣，常文森.磁悬浮列车发展综述[J].国外铁道车辆，1993（1）：1-4.

【23】ＭＡＦ，罗芳，韩亮.HSST-100的全面运行试验与名古屋东山坡线工程[J].国外铁道车辆，2001（2）：29-31.

【24】长野秀洋，王渤洪.常导型磁悬浮交通系统——HSST磁悬浮列车的最近动向[J].变流技术与电力牵引，2002（6）：8-9.

【25】李宁，陈革.常导中低速磁悬浮列车受流方式选择及受流器结构设计[J].电力机车与城轨车辆，2007，30（2）：14-15/19.

【26】陈贵荣.唐山中低速磁悬浮列车试验线牵引供电系统[J].机车电传动，2007（5）：37-40.

【27】杨光，唐祯敏.高速磁浮列车运行控制系统体系结构研究[J].中国铁道科学，2006, 27（6）：68-72.

【28】张志洲，张惠霞.韩国磁悬浮列车发展[J].国外铁道车辆，2006（4）：8-12.

【29】韩国首列无人驾驶商用磁悬浮列车 最高时速110公里[EB/OL].（2014-5-16）.http: //www.xinhuanet.com/world/2014-05/16/c_126506654.htm

【30】张佩竹.中低速磁浮交通工程的自主研发与创新[J].城市轨道交通研究，2010（增刊）：372-276.

【31】张佩竹.我国中低速磁浮交通工程的自主创新技术研究[J].铁道工程学报，2009, 133（10）：90-94.

【32】王皓.实地探访京产磁悬浮[N].北京日报，2014-5-7（4）.

【33】高锋，等.适用于城市轨道交通的中低速磁悬浮列车[J].城市建设，2010（3）：30-31.

【34】李希宁，佟来生.中低速磁浮列车技术研究进展[J].电力机车与城轨车辆，2011, 34（2）：1-4.

【35】瑶摘.我国首台自主研发的中低速磁浮列车下线[J].军民两用技术与产品，2012（2）：25.

【36】李晓春.中低速磁浮列车关键电气系统研究[D].成都：西南交通大学，2013：58.

【37】常文森，尹力明.磁浮列车技术的研究试验[J].城市公用事业，1997（6）：4-5/44.

【38】陶诗骏.磁浮列车牵引系统工程应用问题研究[D].长沙：国防科学技术大学，2010：72.

【39】张佩竹.长沙磁悬浮试验线定线参数研究探讨[J].铁道工程学报，2002（2）：6-10.

【40】王旭.低速磁浮列车运行控制系统关键技术研究[D].长沙：国防科学技术大学，2007.

【41】秦凤华.中低速磁悬浮产业化"破茧"[J].中国投资，2009（6）：66-69.

【42】潘.地方政府债台高筑旧债难还又添新债[N].中国青年报，2013-06-14（2）.

【43】简炼.中低速磁浮交通产业化发展和商业模式研究[M].广州：广东？济出版社，2012.

【44】邹伟，程千懿.我国机动车保有量达2.64亿辆[EB/OL].（2015-01-27）. http：//www.xinhuanet.com/tortune/2015-01/27/c_1114154020.htm.

【45】钟啸.审批权下放，城轨？来机遇期[N].南方日报，2013-07-02（A16）.

【46】陈建辉.我国初步形成中低速磁浮交通基本标准体系[N].经济日报，2012-09-27（1）.

【47】刘钢."智能"与"绿色"：未来城市交通的发展方向[N].中国改革报，2009-06-16（2）.

【48】连级三.磁浮列车？理及技术特征[J].电力机车技术，2001，24（3）：23-26.

【49】贺媛.中国能源结构与？济模式转变[D].上海：华东理工大学，2011.

【50】严陆光.关于我国高速磁悬浮列车发展战略的思考[J].中国工程科学，2002，4（12）：40-46.

【51】张瑞华，等.一种新的高速磁悬浮列车——瑞士真空管道高速磁悬浮列车方案[J].变流技术与电力牵引，2004（1）：44-46.

【52】王雪云.超导磁通钉扎连接作用的数值模拟分析[D].哈尔滨：哈尔滨工业大学，2011：63.

【53】上海工业大学上海电机厂.直线异步电动机[M].北京：机械工业出版社，1979：5-6.

【54】YAMAMURA S. Theory of Linear Induction Motors.Wiley Interscience，1972：35-45.

【55】佘龙华，李剑锋.中低速磁浮列车运行控制系统的方案及其实现[J].城市

轨道交通研究，2006.9（4）：38-40.

【56】王滢，连级三，张昆仑.基于交叉感应回线的磁悬浮列车测速定位系统[J].机车电传动，2002（2）：33-36/47.

【57】王旭，刘志，龙志强.磁浮列车测速定位方法综述[J].兵工自动化，2008，27（1）：69-70/82.

【58】贾文婷.城市轨道交通列车运行控制[M].北京交通大学出版社，2012：117.

【59】陈广飞.LKJ2000列车运行监控装置速度系统常见故障分析判断与处理[J].中国科技博览，2014（6）：430-431.

【60】金学松，等.高速列车安全运行研究的关键科学问题[J].工程力学，2009：8-22/105.

【61】张永煮.中低速磁浮列车状态综合监测及轨道不平顺预测的研究[D].长沙：国防科学技术大学，2008：80.

【62】杨志华.中低速磁浮列车悬浮系统仿真研究[D].成都：西南交通大学，2014.

【63】孙玉绘，吴峻.基于ADuC812的电涡流位移传感器[J].仪表技术与传感器，2008（03）：14-15.

【64】吕梁，樊树江，吴峻.电涡流间隙传感器的温度补偿[J].传感器与微系统，2006．25（5）：37-38/41.

【65】龙遐令.直线感应电机的理论和电磁设计方法[M].北京：科学出版社，2006.

【66】沈本荫.现代交流传动及其控制系统[M].中国铁道出版社，1997.

【67】尚敬，等.磁悬浮列车直线感应电机恒转差频率磁场定向控制[J].大功率变流技术，2010（1）：54-58.

【68】赵志苏.基于随机工程误差的磁悬浮列车轨道设计方法[J].工程设计学报，2008.13（5）：338-340/346.

【69】陈元华.基于结构优化设计的客车轻量化研究[D].长沙：湖南大学，2009：87.

【70】卢耀辉.提速客车车体轻量化问题的研究[D].成都：西南交通大学，2003.

【71】谢素明，等.高速列车结构振动噪声预测与降噪技术研究[J].中国铁道科

学，2009，30（6）：77-83.

【72】罗芳，张昆仑.磁悬浮列车U型悬浮电磁铁电磁力的数值计算与分析[J].机车电传动，2002（3）：32-34/39.

【73】上海市电子电气技术协会.常用电工材料手册[M].科学出版社，1992.

【74】GIERAS J F. Linear Induction drives[M]. Clarendon Press，1994.

【75】龙志强，陈慧星，常文森.考虑电磁铁故障的磁浮列车单悬浮模块的容错控制[J].控制理论与应用，2007，24（6）：1033-1037.

【76】郝阿明，李晓龙，刘恒坤.高速磁浮列车悬浮搭接结构控制研究[J].铁道学报，2014.36（05）：39-45.

【77】郝阿明，龙志强，常文森.高速磁浮列车导向系统的鲁棒控制器设计[J].铁道学报，2008，20（6）：40-45.

【78】GUO X，ZHOU B，LIAN J. New method to reduce end effect of linear induction motor[J].Journal of Modern Transportation，2012（6）：88-92.

【79】蒋超华.永磁混合磁浮列车驱动电机及其控制研究[D]成都：西南交通大学，2014：84.

【80】陈慧星，李云钢，常文森.电磁-永磁混合磁悬浮系统的悬浮刚度研究[J].中国电机工程学报，2008，28（27）：148-152.

【81】梅新育.分析：铁路产业"走出去"大有可为[EB/OL]．(2012-05-30).http://m.afzhan.com/News/Detail/19833.html.

【82】G S.对HSST磁浮技术应用于美国城市交通的评估[Z].美国交通部联邦运输局FTA-MD-26-7029，2002.

课题组成员名单

顾国彪　中国工程院院士

丁荣军　中国工程院院士

刘友梅　中国工程院院士

郑健超　中国工程院院士

钱清泉　中国工程院院士

乐嘉陵　中国工程院院士

施仲衡　中国工程院院士

沈志云　中国工程院院士、中国科学院院士

李仁涵　中国工程院三局研究员

孙帮成　唐山轨道客车有限责任公司　高级工程师

张卫华　西南交通大学　教授

高仕斌　西南交通大学　教授

张昆仑　西南交通大学　教授

罗世辉　西南交通大学　教授

简　炼　深圳地铁集团有限公司　高级工程师

林国斌　西南交通大学　研究员

陈　玮　深圳中国工程院院士活动基地　主任

刘志刚　西南交通大学　教授

曹广忠　深圳大学　教授

麦瑞坤　西南交通大学　副教授

符　玲　西南交通大学　讲师